墨色事业

从英国内战
到美国内战的报纸史

A History of Newspapers from the English Civil Wars
to the American Civil War

MATTHEW J. SHAW

[英] 马修·J.肖/著

陈盛/译

上海教育出版社
SHANGHAI EDUCATIONAL
PUBLISHING HOUSE

献给

艾米莉和安布罗斯

我们的确没有像生物学家研究马铃薯、甲虫那样研究过报纸。

——罗伯特·E. 帕克（1923 年）

前言

　　这是一本关于新闻制作和印刷的书，讲述了从英国内战^①到美国葛底斯堡战役^②这两百多年间油墨、纸张、印刷机和活字的历史，以及当时在英国、欧洲大陆和美洲的人们制作、阅读报纸的故事。本书也阐述了新闻是什么，以及新闻这个概念如何成为公共生活的中心。同时，本书还向读者展示，报纸不仅仅是单纯的信息载体，它还帮助定义了共同体，并提供娱乐、建议、谎言、广告和讣告。某些时候，例如，在旧制度^③统治下的法国，报纸被视为政权的威胁。出于类似的原因，报纸也被当作公民社会的一个至关重要的组成部分，是建设新生的美利坚共和国的一大支柱，破坏它可能导致整座大厦轰然倾覆。报纸上从极端严肃的新闻到诽谤下流的八卦，应有尽有。它们或引得卫道士们勃然大怒，或被指斥为冗长乏味的出版物，满纸浮华的辞藻，颇有让成年男性在俱乐部里睡着的魔力。考虑到两百年间不同形式的

① 1642—1651 年。（全书脚注皆为译者注）
② 1863 年。
③ 16 世纪晚期至 1789 年期间法国的社会、政治、经济体制，即法国大革命前的旧制度。

报纸出版物的多样性，我们有充分的理由认为，与其说这是版式方面的清晰的演变史，不如说这是一系列有时相互矛盾的自主发展史。但是，面对如此错综复杂的混乱局面，我们需要开辟出一条道路来。历史方法不仅有助于展示报纸是如何形成的，还能体现它们在回应地方需求或特色时所表现出的不同之处。

本书除了采取历史和评论的方法，还提出了若干假设，其中之一就是新闻产业具有很强的地域性。中央和外围、殖民地和宗主国——社会的方方面面都深深地影响了报纸发展、分发和制作的方式、人们的阅读习惯以及新闻的含义。现在，地方报纸和全国性报纸各有一套截然不同的内涵，但随着时间的推移也有所变化。如果要比较，它在欧洲、美洲各地的变化方式各不相同。本书将新闻界视为一项国际性的新发明，它使刊物、人员、想法能够定期横渡海洋、穿越国界。本书涵盖了从英国内战到美国内战 ① 这段很长的历史时期，但关注的焦点局限于手动印刷时期，而不是报纸生产的工业时代，尽管诸如铅版印刷、电报之类的技术创新在 19 世纪中期便已就位。这种描述势必是一幅高空鸟瞰图，而不会仔细地检视地面。然而，就像报纸一样，本书通过讲述富有人情味的故事，偶尔发表一些议论或观点，试图使阅读旅程变得生动、有趣。在试图讲述一个宏观层面的故事时，本书在故事的每个发展阶段都会重点关注微观历史，从而达到以小见大的目的。当然，就如此宏大的主题而言，我在写作过程中难免会有诸多遗漏。

贯穿本书的另一个概念跟新闻理念和阅读角色有关。人们从各种

---

① 1861—1865 年。

地方搜集信息。如今，这些地方可能是电视、脸书、推特，甚至可能是众所周知的饮水机①旁。上几代人也许是从布道、歌曲或戏剧中获得信息。这些传播载体、地点、模式具有一些共同点。报纸与其他所有这些信息的传播模式有关，并与之竞争，而且从它们那里获取养分。将报纸单独分割出来是一种错误做法，尤其是报纸所处理的内容远不止新闻。

关于信息、新闻或阅读的任何记录同时也是对差异、特权和排外的描述。得益于美国革命的思想体系和 19 世纪从事改革运动的新闻界，现在我们才可以将报纸视为一种使信息民主化的重要手段。但新闻也是有其代价的，对识字的要求通常就会把一些人排除在外。作为一种文学样式，报纸玩弄着知情人士和圈外人士的认知。在革命、战争或叛乱时期，信息的确就是权力，控制它是治理的一个极其重要的方面。当前，我们备受假新闻的困扰。对于金钱、权力和技术是如何塑造、控制新闻界的，它们又是如何操控那些被认为是真实的信息的流动的，有许多令人担忧的披露和暗示。在黑暗的早期现代②，这些都普遍存在。我们正在进入一个对于"什么是新闻"的看法被变化多端的媒体形式剧烈重塑的时代。同时，政治还从电视真人秀、社交媒体和老派宣传那里接收信号。如此看来，重新回顾新闻和报道是怎么产生的以及它们在公民社会里所扮演的角色，不论好坏，似乎都很恰当。

最后，新闻倾向于将一切简化成一个故事或一个角度，也许是为了平衡这种倾向，本书致力于描绘真实的人、事、物：沾满油墨的手、缓慢而沉重地向前滚动的报纸手推车、沙沙作响的报纸、报纸的价格

---

① 指办公室职员在能提供冷却饮用水的饮水机旁的闲聊。

② 约从 15 世纪中期到 18 世纪中期。

以及报纸的最终归宿——从夜壶到无所不在的卖鱼柜台，都有可能。新闻有它自己的物质史：报纸就是关于这个世界、创造于这个世界且全心全意关注这个世界的文本。而且，我们应该牢牢记住，记者和读者一样，也是人，也有崇高的目标，尽管正如 18 世纪英国作家塞缪尔·约翰逊（Samuel Johnson）注意到的那样，他们有时似乎"没有一丝追求真相的欲望，也毫无正派的想法"。[1]

目录

绪论

跟大多数书籍一样，本书也是历经数载而成。在开始严肃认真地研究、写作之前，我的脑海里已经有了对报纸的相当固定的看法：专栏里墨迹斑斑的文字，一张张大幅的脆纸，一大批隐形的撰稿人、印刷工和送报人，多亏了他们，每个早晨，信箱里和书报亭的货架上才会有报纸。这整个过程对于 20 世纪的人来说是很熟悉的。当然，我也知道这个行业发生了一些变化，暗示事情可能不像看上去那么稳定。我的青少年时代是在英格兰西南部的乡下度过的。跟许多人一样，我也当过兼职报童。20 世纪 80 年代涌现出大量新的免费报纸，我送的就是其中一种。它向人们提供关于当地汽修厂最近达成的新轮胎交易的新闻，或者一字 10 便士的分类广告栏里的出售一窝小猫的广告。后来，我开始送一种正式的日报，并极力避免加入人数较少的星期日报童的队伍，因为那天的报纸会变成又大又重的增刊汇编，足以引发青少年的坐骨神经痛。1986 年 3 月，埃迪·沙（Eddy Shah）创办了《今日报》，这给送报路线带来了一些改变（路线上订阅《每日邮报》或

《每日快报》的家庭最有可能尝试这种新的面向中端市场的通俗小报）。新报纸在经过大张旗鼓的宣传后，给我沉甸甸的原本只有黑色、白色和红色的报纸袋里增添了一些新的颜色，这要归功于最新的电脑排字和彩色胶印技术。它在内伦敦[①]之外印刷，而不是在舰队街[②]。彩色和数字技术的创新也进入了其他报纸，却没能发生在十年来最大的媒体剧变之前。在这场剧变中，老旧的印刷厂因遭到工会的激烈反抗而关门大吉，新闻国际公司（News International）则搬去了沃平[③]。依靠这些技术和制造上的变革，报纸及其老板们在 20 世纪八九十年代赚得盆满钵满。人们遗弃了舰队街上老旧的印刷厂，转而追求在伦敦船坞区之类的地方打造更高效、现代化、高科技（《金融时报》）甚至后现代的办公室和印刷厂（1991 年，第一加拿大广场，《每日电讯报》）。它们矗立于伦敦东部，脚下有着前港口的遗迹。这里曾是英国政治和商业帝国的心脏。广告收入意味着报纸几乎可以免费赠送，尽管上一代人担心广播、电影和电视带来的影响，但报纸的发行量依然稳中有升。人们仍旧保持着阅读报纸的习惯，于是主编们试着扩大报纸的尺寸。生活时尚类文章和观点文章越来越成为报纸的主要内容，而在红头通俗小报上，则是丑闻和名人新闻占据着主要版面。

　　然而，真正的变化一旦发生，就会来得十分迅疾。斯堪的纳维亚推出了免费日报。伦敦紧随其后，在 20 世纪末也开始分发免费日报。

---

① 大伦敦（Greater London）在行政上划分为伦敦金融城和 32 个区，伦敦金融城是核心，伦敦金融城外围的 12 个区组成内伦敦，内伦敦以外的 20 个区则为外伦敦。

② Fleet Street 一直到 20 世纪 80 年代都是许多英国报社总部的所在地，因此成为英国报业和新闻界的代名词。Fleet 在方言中是"小河"的意思，Fleet Street 因附近的弗利特河（the Fleet）而得名，汉译"舰队街"系误译沿用。

③ 史称 1986 年的"默多克沃平革命"。

这挑战了历史悠久的《伦敦晚旗报》①在首都的支配地位。美国于2003年开始发行免费的《纽约晨报》，2004年又有了《纽约地铁报》。在法国，从2002年起，巴黎人就可以免费拿到《20分钟报》和《法兰西地铁报》。随着思想左倾的不列颠人开始将"柏林版式"②的报纸夹在腋下，且公共交通工具上变得越来越拥挤，大报便缩小了它的尺寸（2018年，连这种开本也被刚变成小报大小的《卫报》所取代）。地方报纸逐渐被并入了更大的集团中。当然，家庭连上了互联网，报纸跟着也上了网。1994年年末，《每日电讯报》发行了它的第一个网络版。到1995年年中，全世界这样做的报纸已有150家。1996年，《泰晤士报》和《纽约时报》开始在互联网上出版。到了1997年，全球互联网上一共有1600种报纸。[1]有人预言将出现范式转移：由于广告收入模式，网络新闻可以免费获取，报纸在新世界里也能获得蓬勃发展，人们肯定会保持阅读报纸这个习惯，也一定更喜欢清晰、便携的印刷页面。

这一切并没有按照新世界的支持者所预言的那样发展。技术摧毁了这些安全网，同时让新闻变得无所不在且似乎免费。它使人们随时随地都可以通过笔记本电脑、手机和平板电脑获取新闻。跟在书报亭排队相比，这要容易得多，而且书报亭更热衷于卖巧克力条，而无意成为一个引人注目的传递信息的枢纽。2009年大衰退开始之初，美国每周都有两家报纸停刊，广告收入十年间下降了65%。[2]英国《卫报》透露，它在2011年到2012年损失了大约4400万英镑（2019年该报

---

① 即 Evening Standard，又译为《伦敦标准晚报》，创刊于1827年；standard 有标准、准则和旗子等多重含义。

② 柏林版式（berliner），欧洲大陆流行的三种主要报纸版式之一，以英国《卫报》为代表，它比小报版式（tabloid）略高略宽，比大报版式（broadsheet）略矮略窄。

称，多亏改用依赖读者慷慨打赏的模式，这才有了微薄的营业利润）。现在，一个没有报纸的世界并不是无法想象的。对许多人尤其是年轻人来说，这是一个已知的世界。对于新闻产业来说，除了要面对经济压力，现在还是一个转折点：美国第 45 任总统给本国最重要的两家报纸——《华盛顿邮报》和《纽约时报》贴上了"假新闻"提供者的标签，并将记者称为"人民公敌"。[3]

但是，在切入正题之前，我们不妨再看看我们是如何拥有报纸的，以及为什么我们最好还是要重视它们并了解它们的局限性。本书讲述了印刷形式的新闻是如何以及为何产生的。本书从 17 世纪中期开始讲起，当时正是一片混乱的英国内战时期，接下来沿着我们现在认为是报纸的东西的发展脉络，一直讲到克里米亚战争①和美国内战时期，此时现代报业显然已经建立起来了，制作一份现代报纸所需的一切（电报、记者、编辑、分发渠道乃至报业巨头）显然也已就位。我们将重点关注英美两国的英语新闻界。这不可避免地导致本书倾向于聚焦大都会，尤其是纽约和伦敦，但与此同时也要考虑其他更具地方性的新闻界的重要性。的确，新闻界所在的地理位置为了解其重要性以及报纸和所在地之间的紧密联系提供了一个重要的工具。社区、城镇、郡县或地区都可以通过报纸发出自己的声音。报纸是连接读者和其他地方的纽带，是他们观察更广阔世界的窗口，从而使他们能够更好地理解并应对地方、国家和国际事务。报纸的成长与民族主义和民族国家的发展有部分重叠。正如我们在下文将看到的，报纸在国族建构的过程中发挥了重要的作用。

---

① 1853—1856 年。

在某种程度上，本书刻意避免明确地划定一个范围来阐释报纸这种印刷品究竟是什么，因为它一直都是一种可变、易变、多变的载体。[4]本书认为不能将报纸从其背景中强拉出来，无论这个背景是八卦、杂志、剧院，还是报纸参与过的或正在参与的其他日常生活仪式。话虽如此，但本书也关心一种公认的特定载体是如何形成的。当然，在不同的地方、不同的时间，对不同的人来说，报纸的含义也会有所不同。报纸的最新定义指出，它是"定期由机械复制出来的，任何人只要付钱就能得到它，而且其内容一定要有多样性、普遍性、及时性和条理性"。[5]许多可能已经被归入报纸类的文本只符合其中一些要求，甚至完全对不上。早期报纸的出版是不定时的，或是持续时间很短。也许更为重要的是，即使它们的印刷有规律，也只能靠变幻无常的分发系统才能送到远方读者的手中，而该系统又是以一种相对无序的方式发展起来的。因此，常常发生的是，新闻是如此陈旧，以至于几乎不能算是新闻。在现代人看来，这些报纸的内容可能显得不那么井然有序，而是杂乱无章的，里面的文章段落竟是按照印刷商接收到的顺序直接排列而成的。

这些印刷页面主要给我们讲述了一个朝着一种有明确定义的可识别的最终产品发展的故事，但字里行间给人一种感觉：事情不一定会那样发生。报纸这种形式并非必然，也不是必然会不同于其他的新闻和写作形式。报纸经常并不那么关心新闻，除了新闻，它从广告到诗歌，到小册子或文章的选段，无所不包。与要求中心思想明确的书籍和主题统一的杂志不同，报纸是一种喜鹊式① 载体。几乎任何能逗笑、

---

① 像喜鹊一样喜欢胡乱收集零碎、无用或无价值的东西。

娱乐读者或使读者获悉一些信息的材料都能被报纸吸收并放在一起。随着时间的推移，漫画、广告、食谱、信件、观点文章、评论文章、诗歌、短篇小说、统计数字、幽默文章，甚至"猜猜球在哪儿"的比赛，都进入了报纸的视野。给"报纸是什么"和"它想干什么"下定义的任何尝试都需要涵盖它千变万化、包罗万象的性质。

报纸在这个世界上还是一种特别的物理存在，尽管它的存在很短暂。我们把它们叠起来，卷着夹在腋下，仔细剪下一些想留下来或寄出去的部分，或将它们钉在墙上。除了几个明显的特例，很少有报纸史著作，甚至更少有新闻史著作会认为报纸这一物理客体在社会中作为物质客体所发挥的作用跟作为信息源或文本所发挥的一样大。[6] 书籍也许能装点房间，但在吃炸鱼和薯条时却派不上什么用场，它不能吸干湿鞋里的水分，不能铺在衣柜抽屉里，也不能用来给兔子垫窝。报纸则能用来接滴落的油漆，用来在运送途中保护玻璃器皿和瓷器，溶解后作为混凝纸浆还可用来重新塑形。不大有用的是，街上永远都能看见报纸随风飞舞，咖啡馆的角落里、地铁或火车座位的后方永远堆满了报纸，铁丝网围栏上也老是郁闷地挂着报纸，但它们是（至少直到相对近期还是）我们现代生活中一个无所不在的组成部分。书籍在专卖店里贩售，在超市货架间的卖书区则显得有些格格不入。而报纸可以在街角叫卖，在火车站分发，在美国的街角则是由自动售货机贩售。与被集中搁置在书架上且常被限制在私人或室内空间里的书籍不同，报纸是我们日常世界的一部分。从许多方面来说，它们既是日常的纸质物体，又是文本信息的印刷载体。这种物理性、普遍性和短暂性的差异把它们和形式更高级的印刷书籍区分开来。当我出门送报前把报纸装进袋子里的时候，年少的我已清晰地意识到报纸是一种物理实体。考察它们的历史，需要考虑到它们通常厚重的物质性以及它们跟世界的物理联系。在 17 世纪的大部分时间里，伦敦的街头卖报业都被印刷店、小贩、报童和卖报的女人们控制着。他们跟报纸的写手、老板和读者一样，都是报业历史的一部分。第四等级 ① 的历史既是关于这个混乱复杂的现实的历史，又是一部追求发展客观新闻报道的历史。那么，报纸的故事既是关于人的，又是关于人所生活的社会以及报纸是如何改变这些社会的，也是关于各种不同的报纸的。

第四等级，即舆论领域，像其他三个等级——贵族、神职人员、平民一样，在社会上拥有发言权。第四等级这个概念最早兴起于 18 世纪：1752 年，由作家亨利·菲尔丁（Henry Fielding）提出，被他称为一个"极其庞大且强有力的团体"。[7] 随着读新闻的公众的产生和新闻工作作为一种职业形式不断地发展，一个讨论公共事务的空间得以创建起来，这在宫廷和议会之外创造出了另一种选择。于是，新闻界帮助创造了一个据说很理性的公共辩论空间，跟它一起出现的还有其他讨论场所，比如期刊、阅览室、沙龙和演讲厅。报纸不仅塑造出了阅读公众，而且帮助创造了可能挑战现状的批评公众。不出所料，政府密切关注着新闻界，并对它严加控制，仅逐步允许印刷报纸。在许多国家，最像我们现在所称报纸的是相当于《年鉴》② 的出版物，其他报纸则被禁。即使在新闻界被允许存在的时候，审查制度也继续限制着内容的发表，用罚款或监禁威胁反抗的作家和印刷商。官方和日益强大的新闻界之间始终紧张的斗争将贯穿本书。

---

① 指报刊、新闻界。18 世纪，英国议会在贵族、神职人员、平民的议席远处设置了记者旁听席，因而得名。

② 《年鉴》（*Annual Register*）创办于 1758 年的英国，又译为《社科年鉴》《纪事年鉴》《年度纪事》等。

报纸帮助创建的公共领域是一个可供选择的、可能更加包容的民主讨论空间,此外它还让人觉得它是社会的一个重要方面。它曾经是,或者说可以成为一个理性的空间,给那些愿意加入的人提供启蒙和进步的思想。正如哲学家伊曼努尔·康德(Immanuel Kant)主张的那样:"必须永远有公开运用自己理性的自由,并且唯有它才能带来人类的启蒙。"那么,传播、讨论新闻背后就有着一种道德上的使命感。而且,由于这个公共领域具有革命性的政治潜力,那些参与其中的人开始声称:因为它是一个公共的全国性的理性领域,所以政治权威的基础就在于它,而不在传统的或既定的政府形式里。报道当代事件的报纸也暗示要变革,建议人们可以创造属于他们自己的环境,而不是简单地继承它们。虽然新闻界做了许多事,但其决定性的特性过去是,现在仍是公开性,即公开行事。在通过信件发送信息的人的头脑中,其受众往往是有限的。与之不同的是,发行报纸就是为了使信息能够广泛地传播,它会假设存在着一群阅读公众。人们对公众的看法改变了人们对新闻界的看法。新闻界也可能从事着影响公众的工作。

　　1989 年,德国哲学家、社会学家尤尔根·哈贝马斯(Jürgen Habermas)的著作《公共领域的结构转型》(*The Structural Transformation of the Public Sphere*)的英文版出版发行。此后,历史学家和传播学者重新检视了新闻界在创建如此公共的领域的过程中所扮演的角色。哈贝马斯是在"二战"后开始研究"公共领域"这一概念的,这反映出他对民主国家的失败或腐败的担忧。他在 18 世纪英国蓬勃发展的咖啡馆^①和报纸文化中看到了某种理想的公共领域,人们在此可以展开理性的

---

① 一般作为常客聚谈的非正式俱乐部。

公共辩论，并创造出合法社会的替代形式。然而，在 19 世纪和 20 世纪，商业和国家的控制扼杀了这个理性、民主空间的生命力，导致真正的民主政治走向衰败。哈贝马斯是一个不太合格的历史学家，他在历史学上犯了很多错误，使得他在历史学界饱受批评（例如，他的咖啡馆例子最多只能算粗略，他的年表很简略，实际变化的细节又难以确定）。至于他的政治主张，批评者认为他的"公共领域"是属于中产阶级且压倒性地属于男性的。他的著作所主张的理性社会因将一部分人排除在外而遭到批评。但是，他的影响力依然相当大，尤其是在那些试图解释法国大革命所带来的文化、政治变革以及新闻界所具有的更普遍的影响力的人当中。历史学家们还声称哈贝马斯低估了咖啡馆和报纸在 17 世纪末及 18 世纪英国的重要性，认为公开辩论甚至比他说的更重要。

当然，哈贝马斯并不是指明新闻界在公开辩论形成过程中所扮演角色的第一人。报社从业人员非常热衷于宣传对他们的这个看法，正如我们在后面的章节里会看到的那样。例如，在美洲 1765 年印花税法案① 危机期间，报纸印刷商将自己描绘成面对专制暴政而不断发声的通情达理的人民。1923 年，比哈贝马斯早了几十年，前记者、芝加哥学派的社会学家罗伯特·E. 帕克（Robert E. Park）就已将报纸视为社区辩论的公共空间。在《报纸的自然史》（The Natural History of the Newspaper）一文中，他考察了现代报纸——这种被他视为劣质媒体的产品——的角色，认为："参与其中的作者和新闻界的动机，无论是有意识的还是无意识的，都是在城市里尽可能地复制农村的生活条

---

① 印花税法案（Stamp Act）：英国政府于 1765 年颁布的对北美殖民地人民征收直接税的法令，规定殖民地的法定文件、商业凭证等都需要加贴印花税票；于 1766 年被迫废除。

件。"[8] 对帕克来说，报纸就是 20 世纪城市居民互相交换八卦和最新本地消息的村中广场。报业从人们对社区的需求中获利，它在一个通常原子化、日益城市化的社会中为人们提供了一种连接。通过创造阅读社区这一概念，报纸主编、记者和政治家们结成了一类潜在的政治行动者（political actor），在塑造舆论方面发挥强大的作用。

新闻界创造或想象出的公众可以是多种多样的。早期的单页新闻纸（news-sheet）读的人极少。它们中有许多针对的是一类明确的受众，特别是由宗教派系定义的。在伦敦，报纸常常与政党或参与政治的捐助人有着密切的关系，它们的读者可能同样是有党派立场的。到了 19 世纪，报纸和期刊是为各种各样的团体制作的，反映了教堂或宗教，行业和协会，乡村、城镇、郡县和地区，军方，以及科学、医学和工程学的喜好。性别也能成为某些报纸的基础，不仅有向女性推销商品的期刊，还有女性制作的期刊（通常是周刊或月刊）。

这种做法在商业上是明智的，因为它可以依靠一类已知的渴望获得关于某个特定主题或带有某种倾向性信息的受众，但是，这些出版物也可能别有用心。它们能够塑造或宣传观点，能在社区内构建纽带，而且无论有意与否，都具有创建社区的潜力。在国家层面上，全国性报纸代表全体国民发声。早晨定时看报的读者可能会觉得存在一个更广泛的想象的共同体（imagined community），大家几乎同时仪式般地在做同一件事。政治学家、历史学家本尼迪克特·安德森（Benedict Anderson）把消费这些印着日期且表明存在一个他者社区（community of others）的"每日畅销品"的行为看作国族建构和民族主义兴起过程中的一个关键性组成部分。新闻界可能还强化或塑造了其他身份认同，尤其是可能反对国族意识或使国族意识复杂化的地方身份认同。而且，那些在殖民地读报的人可能发现自己通过读伦敦或巴黎发生的事情的定期报告而与宗主城市联系在一起。考虑到传播的性质和新闻采集实践的缓慢性、零碎性，报纸在世间留下的印迹可能是支离破碎的。与其说报纸使人联想到一个国家的人同时在边吃早餐边看新闻，不如说它提醒人们注意到了距离和分离、省和地区，或者使人想到社区，同样也想到冲突。仔细阅读报纸就会发现权力是不平等的，信息则拥有控制或争夺权力的潜力。

1

起源

我们的故事可能要从德罗赫达（Drogheda）开始讲起。它是爱尔兰东部的一个小镇，位于都柏林以北 50 千米处。在 17 世纪中期内战期间，它不幸地占据着博因河口的一个战略要地。1649 年，英格兰统治被推翻后，爱尔兰天主教联盟（Irish Catholic Confederation）便控制了爱尔兰的大部分地区。然而，同年 8 月，议会党人指挥官迈克尔·琼斯上校（Colonel Michael Jones）发动了一场突袭，英格兰人重新夺回了都柏林和拉斯曼斯（Rathmines）港口。一旦这个海港安全无虞，奥利弗·克伦威尔（Oliver Cromwell）就可以率一支 12000 人的军队与攻城炮一起上岸，试图再度征服爱尔兰。德罗赫达 6 米高的城墙和堡垒由 3000 多名保王党人守卫着，它成了第一个遭到克伦威尔攻击的城镇。其防御部队因士气低落、弹药不足而开始渐渐溃败。9 月 11 日，在克伦威尔提出投降条件却被拒绝后，克伦威尔的部队开始摧毁高墙，猛攻该镇。克伦威尔对剩下的守军和他们中间的天主教神父们毫不心慈手软，下令将他们全部杀死，还一并杀死了许多镇民。这种做法符合当时的战争标准。参与围攻的军队用守军指挥官阿瑟·阿斯顿（Arthur Aston）的木腿打爆了他的头，因为他们认为木腿里藏有金币（某些记载显示，他们后来在他的腰带里发现了 200 枚硬币）。死亡的具体数字不明，但也许共有 3000 名拒绝向克伦威尔投降的保王党士兵被冷酷地杀害了，还有 300 名守军在投降后被处死，其中一些是在收容他们避难的教堂里被处决的。按照古罗马的"十一抽杀律"[①]，十分之一的普通士兵被杀，许多幸存者被流放到西印度群岛上。16 个保王党军官的尸体被斩首。他们的头颅被送到都柏林，插在长枪上，立在进入城市的路上。

虽然以欧洲大陆——如果不是发生在英国——17 世纪战争的标准来看，德罗赫达大屠杀可能并不罕见，但它仍然是一个关注度很高的争议性话题，历史学家和与爱尔兰问题相关的各方人马对此争论不休。其实，上面段落尽管已经尽可能中立和客观了，但毫无疑问还是含有足以激怒任何一方的内容。克伦威尔本人从三个方面为这场杀戮辩护。根据战争法，进攻一方的行为都是正当的。他声称，这场杀戮还能被视为"上帝对这些双手沾满无辜鲜血的野蛮混蛋的正义审判"，尽管被杀的人中有许多其实并没有参与反抗英格兰的联盟叛乱，而且德罗赫达从来都不是一座联盟城镇。最后，克伦威尔认为，从长远来看，杀戮是一种善行，因为它会把其他城镇吓得立刻投降（在德罗赫达之后，只有四座城镇拒绝投降，但一个月后还是发生了韦克斯福德〔Wexford〕大屠杀）。对于保王党来说，克伦威尔指挥的军队的行为给他们送了一份大礼，让他们漂亮地打赢了宣传战。在大不列颠岛和爱尔

---

① 十一抽杀律（decimation）：在古罗马军队中，以抽签的方式处死（反叛士兵等的）十分之一。

兰，保王党的印刷厂迅速行动起来，印发材料称 3000 名死者中有 2000 名是平民，而且详细报道了那些被屠杀的人的惨状。例如，1649 年，印制于伦敦史密斯菲尔德区的匿名的《爱尔兰血战》（*A Bloody Fight in Ireland*）说，一位从都柏林来的船长带来了"夺取德罗赫达的消息"，他"无法在那儿逗留以便带来信件，但他本人就足以作为证据"。

然而，令人遗憾的是，这些发生在爱尔兰的可怕的谋杀、杀戮、大屠杀故事却一点儿都不罕见。虽然这样的派系暴力、德罗赫达和韦克斯福德被击败的守军的遭遇与在英格兰土地上对战争法的解读形成了惊人的对比（尽管保王党人和议会党人都犯下了许多暴行），但是任何读过或听说过三十年战争恐怖事件的人对此都不会感到陌生。在神圣罗马帝国内部，天主教联盟和新教联盟之间的争端演变成一场中欧战争，引来丹麦和瑞典的介入，最后发展成波旁势力和哈布斯堡王朝之间的对抗。从 1618 年至 1648 年的三十年间，疾病、饥荒、武装冲突使德国减少了三分之一以上的人口，男性人数减半。

小册子（快速印制而成的简短描述）为英格兰的读者们提供了一扇了解英吉利海峡那一边所发生的恐怖事件以及新教神学对自身事业的思考的窗口。正如一本小册子告诉其读者的那样，"瞧，就像在镜中，一个姐妹国家的悲伤脸庞，现在沉醉于痛苦中"。17 世纪早期和中期，深陷宗教和政治混乱的不止中欧国家、英格兰和爱尔兰。法国经历了由贵族成员及其追随者们发起的一系列叛乱，史称"投石党运动"。法国也暴力分裂成天主教派和胡格诺派。正如一封巴黎来信中所描述的那样，"令人非常害怕"的和"名人被处决"的消息被收集起来，印在小册子上。北美为这样的冲突提供了喘息的空间，至少少数情操高尚的移民是这么想的，比如清教徒前辈移民 [①]。但是，对于大多数人，且当然对于那片土地上的原住民而言，新大陆是一片充斥着暴力、疾病、流放和奴役的土地，这些苦难或是从外面引进的，或是刚遇到的。

那么，我们的新闻故事就从欧洲和美洲分裂，并饱受瘟疫、战乱和暴力的折磨开始讲起。国家的本质，君主、贵族和臣民之间的权力平衡，使得对《圣经》文本的正确解读和宗教传统的意义都成了问题。印刷品、手稿和口头辩论提供了各种各样的喧嚣声，观点通常都很强烈，没有丝毫妥协的余地。这是一个争论不休的混乱世界，迫切需要强加某种意义或权威。虽然中世纪的世界观可能被描绘成相对静止的，人们对事情的常态持有共同看法，但摒弃旧确定性所造成的震动意味着需要重新描绘世界，要给公众提供他们孜孜以求的新消息和新解释。变化及其速度导致需要定期更新，即我们现在所说的新闻。

当然，我们今天所说的"新闻"向来受到人们的追寻。生产时事信息需要一定的组织和技术能力，还需要在那些能接触到新闻和被排除在外的人中创建起一个信息等级体系。从一开始，新闻生产就与官方宣传联系在一起。公元 206 年至 220 年，中国的汉朝分发一种被称为"邸报"的政府新闻纸。它是由地方和中央政府发行、给官员们看的朝廷告示。遗憾的是，无论是手写的还是雕版印刷的早期邸报都没能保存下来，但我们还是能感受到它的余韵。作为一种载体，它一直延续到早期现代，京报 [②] 甚至持续到了 19 世纪。信息和信息载体与权

---

① 清教徒前辈移民（Pilgrim Fathers）：以英国清教徒为主的 102 人，乘坐"五月花号"到达北美，于 1620 年在马萨诸塞州的普利茅斯建立了殖民地。

② 清代北京由报房商人发行出售的类似报纸的出版物，内容包括内阁发抄的皇帝谕旨、大臣奏议等官方文书和有关政治情报，多则十余页，少则五六页，一月一期。

力中心是紧密联系在一起的。

在西方，书面新闻采用的是书信形式。在希腊和罗马世界里，写在一卷卷莎草纸上的信件确立了其作为公开和私下通信的常规手段的地位，将消息传遍整个罗马帝国。在尤利乌斯·恺撒（Julius Caesar）统治时期，这些原本秘密的告示被公之于众，于是罗马人还能从《每日纪闻》（*Acta Diurna*，又名为《每日正式记录》）中获悉最新的官方消息，这一直持续到君士坦丁时代。它最初只报道法律诉讼的结果，后来把更普通的公开通知也包括了进来，还有显贵人物的出生、婚姻和死亡记录，以及帝国或元老院颁布的法令。《每日纪闻》展示在古罗马广场等公共空间里。尽管展出后它们就会被写在白板上或刻在金属、石头上存档，但其实体同样未能保存下来。然而，我们从现存的其他文本中可以对它们的使用情况略知一二，比如吃饭时奴隶读《每日纪闻》给主人听以供消遣。一些迹象还表明，当时出现了我们或许可以称之为"第一批记者"的人：数量可观的书记员（actuarius）为元老院工作，负责收集和准备信息。

另外，还有人把报道《每日纪闻》、将其传播到各行省变成了一门生意。利用罗马庞大的陆路网和海路网，消息甚至传出了意大利半岛。从奥古斯都（Augustus）统治时期开始，或许在他之前很早就开始了，官方的信使们靠马匹或马车往来，并在固定的中转站稍作停歇。据估计，消息一天通常传播 40 千米，如果特别紧急，就可能达到 80 千米。这个系统意味着巨大的开支，于是理论上仅限于官方通信使用，尤其是机密情报。沿着道路，跨过海洋，商人们也有他们自己的信息共享手段，同行之间会分享经济消息，例如谷物的成本。其他形式的通信穿梭于这些网络中，由此把消息和口头传递的音信传到了帝国势力范围的边陲地带。在英格兰诺森伯兰郡（Northumberland）文德兰达（Vindolanda）的一个罗马军营里，人们发现了许多书写用的木板碎片。借此，我们可以知道一点关于帝国的通信网络如何把已知世界紧密结合在一起的知识。由于这里土壤的化学特性，这些木板保存得异常好，上面满是卫戍部队中具有广泛代表性的各色人物用墨水写的字，其中包括军营长官及其妻子和地位低得多的成员们。它们透露出当时人们的读写能力，以及读写与帝国权力运作的紧密关系。创建一个邮政系统需要投入巨大的成本，但它使罗马帝国的影响力甚至可以投射到寒风凛冽的文明边缘地带。控制了通信就意味着掌握了权力。

　　中世纪的欧洲同样重视书信交流。在塑造权力的主要支柱——教会、国家和越来越多的商人——的影响力方面，信息的书面传递发挥了至关重要的作用。人们花了几个世纪才替换掉罗马帝国有问题的通信网络。由于有一批基本能读会写的神职人员，教会始终坚持用书面语，宗教机构还通过修道院的文书房继续保有古典世界的一些知识。此外，一个由主教辖区和修道院组成的网络也构成了通信网络的固定节点。在这些网络节点上，信件可以在被送往目的地的途中在文书房被复制，副本寄存在藏书室里。尽管修道士们过着与世隔绝的生活，但对世界还是充满着兴趣，且开始记录他们那个时代的故事，其中最著名的可能要数《盎格鲁 - 撒克逊编年史》（Anglo-Saxon Chronicle）。我们不妨把它想象成一条缓慢移动的自动收报机的纸带，它毫无疑问是落伍过时的，但记录下了一些值得注意的事件——洪水、维京人和宗教神迹。[1]

　　修道院和其他宗教场所通常都位于地理上很关键的点，即使最初故意将其设在偏远的地点，它们也常会成为目的地本身。朝圣——即虔诚的信徒去特定圣人的圣地旅行——的盛行确保了有稳定数量的旅客能传递口信和书信。朝圣者的数量可能十分巨大：公元 1300 年，在教皇卜尼法斯八世（Pope Boniface VIII）宣布全大赦 [1] 来罗马神圣大教堂（Holy Basilica）的朝圣者后，约有 20 万人前去朝圣。罗马还充当着基督教世界的行政中心，引来了数千名祈祷者和求职者。他们中有许多人在通常很长的逗留期里都会给家里写信。教皇也有自己的信件。他有一个小团队，里面有约 40 名教皇信使，负责处理机密信件。这个精挑细选出来的队伍因把一些不太机密的信件交由那些在拜访了罗马或阿维尼翁（Avignon，从 14 世纪起，它就成了教廷的行政中心）后返家的人寄送而有所壮大。这样的系统稳步发展成为一个虽昂贵却惊人的通信和信息网络，只要它想，就能带来和传播任何消息。虽然如此，但信件仍可能需要几周或几个月才能送达，或者甚至连发出都需要这么久，出于经济方面的考虑，信件往往还被捆在一起。

教会、国家和贸易通常交织在一起。13 世纪时，格拉斯顿伯里修道院（Glastonbury Abbey，位于英格兰西部的萨默塞特郡）是这片土地上最富有的修道院之一，它大部分被沼泽环绕，布鲁河（River Brue）连接着它和更广阔的世界。修道院专门雇了一个佃户来维护一条八人座的船，以便把院长及其下属、厨师、猎人和狗从修道院摆渡到院长在修道院主体建筑以东的米勒（Meare）的避暑别墅去。他的职责还包括把院长的信件送去布莱德尼（Bleadney）和潘伯勒（Panborough），院长在那里有一座葡萄园和一个葡萄酒仓库。

西方基督教世界是由王国（kingdom）、公国（principality）和帝

---

[1] 这里是天主教用语，又称"免罪""赦免""特赦""赦罪"等，分为全大赦（全部）和限大赦（部分），指教会免除由罪招致的暂罚（包括现世的和炼狱中的）。

国（empire）组成的。在这个大杂烩里，世俗当局也渴望获得洞悉事态发展的能力。然而，尽管他们努力追赶教皇的势力所能到达的范围，但这种系统的开销致使他们无法实现信息对等。把统治者的旨意下达到臣民间加以传播是相对容易的，国家间交流则要棘手得多，新闻采集也是如此。跟教皇一样，王室也靠私人信使队传递信件和消息，这是一件昂贵的事。伊莎贝拉（Isabella）①是威尔士亲王、后来的爱德华二世的妻子。她一共雇用了 13 名信使，其中两人骑马，这么做主要是为了跟她在国外的家人保持联络。

国家官方事务产生了从税收材料到官方敕令的大量信件。到了 14 世纪，英格兰的行政司法长官们（sheriff）每年都有望收到数千份敕令。意大利城邦发展出一套复杂的金融记账系统，制造了大量的字据和信件。这有助于贸易的繁荣，同时使信息在宫廷和元老院之间传播。

这种信息采集——如果我们可以这样称呼它——也是政治需求驱动的。较小的国家，比如上面提到的意大利城邦，需要知道邻国在忙些什么，但它们跟自己的公民进行沟通则要直接得多。正因如此，外交工具，尤其是外国宫廷里的常驻特使以及用于加密信件的复杂密码，都是意大利人率先投入使用的。这些初代大使有一项重要职责，就是收集消息并汇报回国内。在别的地方，为了抢占土地和商业优势，君主们也有理由让自己消息灵通。外国情报，连远自黎凡特（Levant）来的都受到了高度重视。阿拉贡国王詹姆斯二世（King James Ⅱ of Aragon，1264—1327 年）的书信集给我们展现了一个广阔的通信网络，遍及他的家乡意大利境内和境外。成千上万封信件显示，有关商业和政治进

---

① 伊莎贝拉既是英格兰王后，又是法国国王菲利普四世的女儿，当时人称"法兰西母狼"。

展的报告源源不断地传来。在北欧，14世纪的王朝战争促使人们创造出更好的信息网络和一种与国家或王朝家族进行谈判的工具。有效的君主制有赖于——至少部分有赖于——创建并维持一个由训练有素的信使组成的像样的团队和培养起一个通信员网络。信息成了行使权力的一个必要的组成部分。

这些网络促生了新闻的早期形态，新闻情报的形式一直是千变万化的。它们将口述的和文字的结合在一起，主要局限于封闭的关系圈子。受信任的信使帮教皇或国王用言语传递机密信息，但也会带着介绍信，身上还有其他手写信件。那些没有自己的信使网的人会尝试把自己的书面信息放进官方信件里，从而在基督教世界的宫廷间传送。这样的网络一直是高度不可靠的，它完全依赖于天气状况、变幻无常的航运情况、泥泞的路况。战争和疾病，尤其是黑死病，在摧毁通信传播网络，耗尽王室的资金而使他们养不起一支信使骨干队伍的同时，又增强了人们对新闻和信息的渴求。这样的事件还滋生出许多谣言和八卦，虽使信息量激增，却严重损害了信息的可信度。在欧洲宫廷内部，必须开发出过滤信息的系统。

英格兰玫瑰战争期间（1455—1487年），有许多臣民不愿相信最新消息，比如胜败或重要人物的死讯，他们要见到实物证据才会信。目击证人也可以平息谣言：在以叛国罪处死沃里克伯爵（Earl of Warwick）后，爱德华四世将其尸体陈列在圣保罗大教堂里，这样就有一批证人能证明在伯爵死后不久就开始流传的伯爵仍活着的传言其实是谣言。为了传播官方公告，伦敦和其他英格兰城市雇用了一些官方公告传报员①，这种信息交流系统一直沿用到17世纪。

---

① 公告传报员（town crier）：旧时受雇在市镇街头或市场大声宣读公告的人。

但是，关于德罗赫达大屠杀的描述提醒我们，新闻既是客观的报告，又常常在操纵意见。中世纪时代，要紧的意见被限制在一个非常有限的圈子里。这一点在 15 世纪早期法兰西王太子查理（dauphin Charles）那儿得到了确认。在勃艮第公爵约翰（John, Duke of Burgundy）被暗杀后（王太子可能参与其中），王太子一派的人在盎格鲁 - 勃艮第联盟中散发手写信件以争取支持。当然，这种信件的受众极小，但足以证明人们相信书面文字拥有宣传的力量。

新闻与单页新闻纸

读写仍然是一项精英掌握的技能，但城市和商人阶层的发展大大增加了能接触到文字世界的人数。从 16 世纪起，有一股宗教力量开始推广阅读：新教的宗教改革运动特别强调个人以及个人与《圣经》内的宗教文本之间的关系。天主教对此的回应也是强调学校教育和教理问答，以便更好地驳斥异端邪说和异教信仰。

这通常被视为报纸诞生的背景。关于"第一份报纸"这个问题，存在几种说法。其中一种认为是威尼斯的月刊《手抄新闻》。它每份售价一个铜圆，当时威尼斯铜圆叫"格塞塔"（gazzetta），由此催生了英语单词"gazette"①。这些又名为"手写通知"（avviso，复数形式为 avvisi）的手写单页新闻纸把政治和财经消息传播到了威尼斯潟湖（Venetian lagoon）之外的远方，被发送或复制到欧洲各地的宫廷和城

---

① 现主要用于某些报刊名称中，可译为"某报""某公报"等。

市里。在遥远的东方，马可·波罗可能对此有所了解，明朝的中国已经在有限地传播官方和私人的新闻。德国有一个名叫富格尔（Fugger）的商人，他从他庞大的通信者网络中接收情报，以他的手写单页新闻纸作为回报，还用虚构的事和八卦绯闻给他的读物增添一点趣味性。

这些都不是印刷品，都不是定期发行，也都没有标注日期。以上所有特征都具备的是约翰·卡洛勒斯（Johann Carolus）于 1605 年创办的在斯特拉斯堡（Strasbourg）印刷的《所有突出的和值得纪念的新闻报道》。四年后，《通告：报道或新闻报》开始在沃芬比特（Wolfen-büttel）出版发行。然后，1618 年，《来自意大利、德意志等地的时事新闻》在阿姆斯特丹 —— 又是一座贸易城市——问世。被称为"科兰特"[①] 的原始报纸沿着这些贸易网络分销得既远又广。1620 年，第一份英语报纸诞生于阿姆斯特丹。两年后的 1622 年 5 月，尼古拉斯·伯恩（Nicholas Bourne，或者可能是纳撒尼尔·巴特［Nathaniel Butter］，从报纸扉页只知该出版商的姓名缩写为"N.B."）和托马斯·阿切尔（Thomas Archer）有了出版《来自意大利、德意志、匈牙利、波希米亚、巴拉丁伯爵的领地、法兰西和低地国家[②] 的新闻的周刊》[③] 的想法。尽管法律禁止报道英国事务，但两人的创新产品还是找到了现成的受众，不久就出版了，并在报头上印有期号。法国从 1631 年起有了自己的《公报》。1645 年，瑞典创办了《国内邮报》，现在仍然以网络版

---

① "科兰特"（courant）并非特定的报刊名，而是对以刊载新闻为主的印刷出版物的通称，最早用来指基于国外消息源的单页新闻纸，盛行于 17 世纪的欧洲。它源于荷兰语的 krant，意为 current of news（时事新闻）。现仅用于报刊名，比如《哈特福德新闻报》（The Hartford Courant）。该词英文为 courant，又可写作 coranto，荷兰语为 courante。

② 指荷兰、比利时、卢森堡三国。

③ 一般简称为《每周新闻》，它刊登了世界上第一篇书籍广告，是现代广告业的发端。

《英里克斯邮报》的形式继续发行着。到了 17 世纪中期，欧洲的重要城市互相效仿，纷纷配备了一种我们今天可能会认为是周报（或大约一周一次）的出版物。1690 年，美洲有了自己的第一份英语报纸——波士顿的《国内外公共事件报》，它只出了一期。报纸走进了欧洲各地人民的日常生活，在一周里创造了一个时间点，让人们停下来，思考更广阔的世界，与他人沟通交流、讨论新闻。报纸和印刷文字的物理存在变成了寻常的东西，成为日常生活的一部分，不仅局限于精英阶层，而且扩散到了社会的各阶层。比如阿德里安·范·奥斯塔德（Adriaen van Ostade）的画作《在织布小屋里读新闻》（*Reading the News at the Weaver's Cottage*）就捕捉到了这样的画面。它是描绘荷兰社会里的读报群体的几幅画作之一。也许只需要花上几品脱啤酒的钱，也许是几周或一个月前的报纸，但在简朴的环境里或是在酒馆跟他人一起享受到的读报乐趣跟在豪宅里得到的一样多。[2]

但这是新鲜事吗？而且，从哪方面可以判定它是新闻（news），而不是信息（information）？自从伟大的维多利亚时代对第四等级的诞生进行了描述以来，报纸史就津津乐道于这一新的印刷类期刊的起源故事。在报纸宇宙的创世大爆炸中，肯定有一些有价值的实验数据，可以帮助我们查明墨色事业最初的源头。与这种创世大爆炸不同的是，新闻衍生的历史势必漫长得多且更为复杂。新闻和信息能够通过各种各样的媒介进行传播，从威尼斯的格塞塔等手写的单页新闻纸到信件和嘴巴，不一而足。15 世纪中期，约翰·古腾堡（Johannes Gutenberg）发明了铅活字。它与印刷技术的逐步推广结合在一起，为信息交流提供了一个强有力的新渠道。然而，新的文本形式与传统的抄写和手写这种交流、传播方式并行不悖。当时，在欧洲、美洲和亚洲各地，我们都能看到有很多庞大的用以交换想法、情报、主张、秘密和八卦的通信网络。政治、贸易和军事生活都有赖于这种信息的流动，教育、大家庭① 生活乃至宗教虔诚也都以自己的方式依赖它。印刷文本对此有所致敬。例如，《德意志的哀歌》（*The Lamentations of Germany*）除了复印了一封 "德意志的牧师们写给在伦敦的荷兰教堂的信"，还选录了一些别的信件。

印刷品和手稿只是这种信息交换的一种形式，口头表达为它提供了另一种形式。正如历史学家乔德·雷蒙德（Joad Raymond）提醒我们的那样，新闻是 "通过口口相传进行传播的" [3]。最早的新闻印刷形式反映了这种密切关系。布道、戏剧、民谣等口头文化广为流传，那种内容源自口头文化、与口头文化的联系最为紧密且针对一个更广大的读者群印制而成的廉价小册子也行销甚广。例如，据估计，16 世纪下半叶，民间流传着 60 万到几百万首民谣；小册子价格低到连英国的一位临时工都买得起。16 世纪早期，反对英国教会改革的人用时事与猛烈攻击的言论相结合的民谣发声。小册子相当于文本形式的布道、演讲或街角辩论，同样把新闻和观点混在了一起。在信奉天主教的欧洲，宣传——本义是 "要被传播的东西"——就是把遵照特伦托会议决议的神职人员的建议、主张或指责以印刷的形式提供给人们。

当然，这样的出版物不同于 19 世纪以后理想中的客观报道。通常极端的偏见或虚构捏造对其结构、目的和反响都是不可或缺的。它们运用传统的比喻手法营造出一种永恒感，这不同于现代新闻的规律性和即时性。民谣把事件包裹在被雷蒙德简明地描绘成 "特定事件背

---

① 大家庭（extended family）与核心家庭（nuclear family）相对，大家庭包括住在附近或生活在一起的祖父母、姑妈、叔叔等，核心家庭只包括夫妻及其孩子。

后亘古不变的犹如天意的"叙事模式中。然而，它们仍然满足了人们对于更新信息、新闻、音信的渴望。我们同样能察觉到与之相反的冲动，即对"没有新闻"的渴望。例如，让-路易·盖·德·巴尔扎克（Jean-Louis Guez de Balzac）在 17 世纪二三十年代因他的新闻信件而闻名于世，却在 1653 年的一封信中写道："真的，如果你想让我高兴，你就会查禁以通报（relation）、公报、日报（ordinaire）、号外（extraordinaire）等为名的一切东西。"[4]

早期出版物诞生于一个与现在完全不同的法律背景下。那时没有新闻自由，政府及其审查官密切监视着什么可以出版，或什么不能出版。例如，亨利七世于 1487 年发布一道敕令，禁止"编造消息和故事"。1557 年，书商公会①得到了王室特许状，从而在英格兰和英联邦自治领内获得了对谁可以成为印刷商以及这些印刷商可以印什么的控制权。该公会只给那些公认的"具备技术、能力且品行良好"的人发许可证。政府正常的必要的运行模式是保密的，但人们也认识到无须完全扼杀新闻，甚至有人支持一种观念，即正确信息有助于提升政治和宗教的忠诚度。例如，亨利八世想宣布他与阿拉贡的凯瑟琳（Catherine of Aragon）的婚姻无效，于是确保了一场复杂的论争运动得以开展，以支持他的这种举动和与罗马教廷的决裂。在伊丽莎白一世统治时期，对法国新教的同情和对这类产品有市场的认识使政府允许经过翻译的法国新闻出版物大量流入英国。1592 年，这些英译本中有一些首次以有编号的连续出版物的形式，而不是以聚焦于一个时间点的单独文本的形式出版。这一过程帮助创造了人们对更多新闻的预期，也鼓励人

---

① 书商公会（Stationers' Company），全称为"虔诚的文具商和报纸制造商公会"，是英国伦敦一个由图书印刷商、出版商、装订工等组成的同业公会。

们更多地消费文本。文本形式反映了新闻对时间流逝和现在的关注。分期连续发行还鼓励人们收集，甚至搜寻全套。这种本能在令人惊叹的报纸收藏品中结出了硕果，比如那些现藏于英国国家图书馆的查尔斯·伯尼牧师（Reverend Charles Burne）的藏品。这种材料实体的诞生绝不是必然的，而是与 17 世纪欧洲的印刷史密切相关。

1665 年，为了躲避可怕的伦敦大瘟疫，英国议会迁往相对安全的牛津。虽然该市没有一家大学出版社，但它也不再受到印刷规定的约束，无须再将印刷业务局限于伦敦。1665 年 11 月 16 日，印刷商莱昂纳多·利奇菲尔德（Leonard Lichfield）用手动印刷机印出了《牛津公报》的创刊号。[5] 这或许是一个不祥的开端，但也是英国出版第一份报纸的普通日子。在此之前，存在着其他形式的印刷新闻，但在我们可以称之为报纸的这种形式出现以后，它是第一。尽管可能还有其他报纸自称是第一份英国报纸，但在这场头衔争夺赛中，就内容性质、物理形式、周期性和持续时间而言，《伦敦公报》①的前身——《牛津公报》都是最有把握赢的。如今，它以《年鉴》的形式，作为有关王室、法律和政治事务的官方记录仍然出版着。它成了王室的正式记录，刊载大量新闻，且通过挑选和呈现新闻影响舆论和政治风向。

如果我们将《牛津公报》算作第一份英国报纸，那么牛津大学的校长、牛津郡惠特尼的教区长沃尔特·布兰德福德牧师（Reverend

---

① 《公报》是联合王国的官方公共记录，上面有关于公司、破产、立法、官职任命、荣誉授予等方面的通知。其官网为 https://www.thegazette.co.uk/。它由三份出版物组成：《伦敦公报》《贝尔法斯特公报》和《爱丁堡公报》。其中，《伦敦公报》一般被认为是英国最古老的报纸，也是英国持续发行时间最长的报纸。它因查理二世躲避伦敦大瘟疫而首发于牛津，故最初名为《牛津公报》。后来，随着疫情渐缓，宫廷迁回伦敦，故第二十四期出版于伦敦，自此改名为《伦敦公报》。它以 "gazette"（格塞塔）为名，彰显了其作为政府官方报纸的身份地位。

Walter Blandford）就是收到英国报纸通知的第一人，该报报道了他当选为牛津郡主教大人这一新闻。沃尔特·布兰德福德就这样在英国新闻界出了名，但这个开端并没有给人留下深刻的印象：他同情保王党，并在约克公爵夫人（一位天主教皈依者）垂死之际给予了牧师的支持，除此之外，他在档案记录中几乎没有留下什么痕迹。正如《1885年牛津国家人物传记大辞典》（*Oxford Dictionary of National Biography of 1885*）中的短评所回忆的那样，他"没有发表任何东西"。该报继布兰德福德之后还有一条有用的信息——一份人物名单，上面的这些人被任命为英格兰和威尔士的行政司法长官，然后又用了更长的篇幅报道了国内外新闻，这些新闻除了或许按印刷商收到的顺序刊登，没有特定的排列顺序。行文中会保证信息的真实性，比如会说："最近，我从拉罗谢尔的一位好手那里收到……"消息的来源显然是信件。在其他地方，关注的焦点是贸易，比如英格兰各港口商船的进出情况；也关注战争，尤其是与荷兰的战争 ①。报纸还很重视瘟疫，比如来自切斯特（Chester）的消息称："本城和本郡一切安好（感谢上帝），没有一丝感染的迹象。"报纸末版的下端刊载着令人痛心的伦敦死亡人数：每周有1050人死于瘟疫，周死亡人数至少减少了428人。

对于一份英国新闻出版物来说，"格塞塔"这一标题并不常见。当星法院 ② 对除国外事件和自然灾害以外的新闻报道的诸多限制明确失效时，在英国的内战期和空位期 ③，涌现出了许多短命的新闻出版物。[6]

---

① 17世纪至18世纪，英国与荷兰之间爆发了四次争夺海上贸易主导权的战争，1665年时值第二次英荷战争爆发。

② 星法院（Star Chamber）：创设于1487年，1641年被撤销，后用来比喻专断暴虐的法庭、组织或团体等。

③ 空位期（Interregnum）指英国历史上1649年查理一世被处决至1660年查理二世复辟期间。

其中，"科兰特""墨丘利"① 这样的标题更为典型，人们更喜欢拿它们当刊头标题。而"格塞塔"这个名称则暗指手写的新闻信，指向一种昂贵的劳动密集型的新闻媒体形式，通常只有贵族或富商才负担得起。这个名称的选择凸显了该报的意图——"官方出版"，向读者承诺可获取到国家的官方消息。

该报的发行还利用了罗杰·莱斯特兰奇（Roger L'Estrange）的一周两期的单页新闻纸——《英国新闻报》和《情报员报》暂时休刊的机会。莱斯特兰奇拥有的专利特许证② 使他在理论上垄断了"有关公共情报的日报和书籍"[7]的印刷业。但他更关心的是自己作为审查官的角色，查禁那些他认为反对君主复辟和宣扬不信奉英国国教的材料。在政府迁往牛津期间，他留在了伦敦。他的那两份新闻纸已经差不多成了反对非国教徒的宣传品，最终于 1666 年 1 月停刊。

莱斯特兰奇在牛津的竞争对手是约瑟夫·威廉姆森（Joseph Williamson）。威廉姆森是南方事务部的副国务大臣，该政府部门关心的是内政和外交政策，因此他有特殊渠道获得该部门搜集来的信息流。像亨利·麦迪曼③ 这样有企业家头脑的职员已经把其中的精华材料提取出来了。麦迪曼当过教师，后来改行成了记者、出版商，于 1659 年年末报道了残余国会（Rump Parliament）。他把获取的信息提炼成手写新闻信，借他能够利用当时的邮局"英格兰信件局"（Letter Office of

---

① 墨丘利（mercury）是众神的信使，故引申指信使、报告消息的人，后用在报纸和杂志名中，一般译为"信使报"，比如《莱斯特信使报》（*Leicester Mercury*）；因其意为"水星"，故又常被译为"水星报"。

② 即 letters patent，由国家或政府元首签发的法律文书，以公开信的形式授权、设立、确立某官方组织，或授予某人重要地位，英国的又称为英皇制诰。

③ 即 Henry Muddiman，《公报》的第一位主编，当时在国务大臣办公室内任职，可以免邮资地收发邮件。

England）之便，分发给每年约花 5 英镑的私人订阅者。[8] 威廉姆森忌妒麦迪曼在经济上取得的成功和不断高涨的名望，于是复制了他的商业模式，只是把手写新闻信换成了印刷的单页新闻纸。[9]

《公报》向读者提供了许多新奇的特写，同时还声称报道准确可靠且有官方认证。它的大小、页码编法和排印术背离了之前英国制作的单页新闻纸和新闻书的做法，反倒借鉴了欧洲的设计。考虑到制作和分发报纸的实际困难和复杂情况，这些细节过去是且一直会是重要的设计元素，它们影响了出版商形成信息和新闻的方式以及读者的消费方式。在《公报》之前，印刷的新闻出版物大多是单页的，更常见的形式是书或小册子。制作方法是把一张已印好的纸对折三次，然后加以装订和裁剪（这种版式被称为八开本，跟近似方形的小开本现代平装书差不多大小）。例如，《政治信使报》就像一本书一样，有标题页及其背面的空白页，正文从第三页开始。《公报》则是由一张纸对折而成，模仿的可能是欧洲大陆的版面设计。这种排版发端于阿姆斯特丹于 1618 年发行的大概是荷兰第一份报纸的《来自意大利、德意志等地的时事新闻》。《公报》一直都是每周出版，直到 1669 年。它的版面设计也许还借鉴了印刷商利奇菲尔德印制《圣经》的经验，两栏排版以帮助阅读，且使空间得到了最有效的利用。就像标题一样，该报的这种版式通过仿效《圣经》的外观再次增加了它有权威性这一说法的可信度。

与小册子这种折成 8 页或 4 页的早期新闻出版物不同，这些报纸能用于印刷的版面更多，这使得制作它们更为经济。正因如此，报纸的形式提供了一种有效的纸上通信手段。使用直栏和较小的字号也是《圣经》印刷商们所采用的方法，这样做可以塞入尽可能多的经文。荷兰的早期对折报纸，比如《科兰特》或《新闻报》，含有的单词数在1700 至 2000 个之间，而小册子每期只能塞进 800 至 1000 个左右的单词。[10] 到了 17 世纪末，字号变小了，一份荷兰报纸每期单词数可能多达 3500 至 4000 个。尽管这些方法省了纸张，同时也对印刷商提出了特殊的要求：他们必须处理小号活字，还要将文本排列在两个框里使之成栏。利奇菲尔德的《圣经》印刷经历使他拥有用这种版式工作的专业技能。

这种版式还能影响报纸的短暂性或永久性。正如塞缪尔·佩皮斯（Samuel Pepys）在 1660 年至 1669 年的日记中记录的那样，将新闻出版物设计成小册子，通常是为了方便收集和装订以便后期用作参考资料。为了达到这个目的，还要在报头上编号，甚至加上印刷商所说的"折标"（signature statement，在每一期或一帖折好的纸上标上 A、B 等记号，以帮助按顺序正确地装订）。一般而言，对开本的报纸没有这些特征，也不太可能保存下来，似乎注定会短命。然而，《牛津公报》却用了折标和编号，这表明它的印刷商很关注其重要性和永久性。在荷兰社会，肯定存在着一个报纸合订本的市场，17、18 世纪时还有几个书商为报纸的合订本做过广告。[11] 如今，英国报纸延续了给每期编号这一习惯，但版面的底部不再有折标。

简练的标题也节省了空间。拥有一页标题页的新闻书有足够的空间可以容下长长的标题，比如《政治信使报，由外国情报概要和英格兰、苏格兰、爱尔兰三国时事构成，从 1660 年 5 月开始为人民提供信息》。与之相比，《牛津公报》要简短得多。它还有点不同寻常地混用了大小写，再度节省了空间，并使用了一种对英国来说全新的、大小被称为"卡农"①的字体。利奇菲尔德使用的是细线体的法国卡农，而《伦敦公报》使用的则是较大号的荷兰卡农。伦敦的其他报纸纷纷复制这种版式。不久，《公报》就换了一种由印刷商、地球仪制造商、活字铸字工约瑟夫·莫克森（Joseph Moxon）制作的字体，还灵活地运用斜体以示强调，这样做也能帮助读者轻易挑出专有名词。"官方出版"这个标签被排成黑体字，上下还有横线，引得人们注意这个宣示其合法性和权威性的声明。在末版的底部，印着出版地点和印刷商："牛津莱昂纳多·利奇菲尔德，大学印刷商，1665年。"这进一步确保它的出版可以溯源。

《公报》通过使用基于专栏的版式和分级字体塑造了人们对报纸外观的预期。直到今天，我们仍然认同这种形式。它仅用一张纸的两面就传达了数量惊人的信息。这些信息既具有潜在价值（比如，如果读者正试图找郡长官请愿，或者想要知道从波罗的海海岸订购的一批木材抵达的可能性有多大），又十分有趣。它的文字清晰地表明编辑是从共享的信件中搜集信息的。这种表达既赋予了新闻真实性，又使报纸拥有一种鼓励编辑和读者培养共同的使命感和社区意识的语气。最后，在报纸的物理形成过程中，地理因素发挥了作用。国内和国外的新闻分属不同的版面，国外新闻按事件发生地排列。从一开始，报纸就提供了一扇认识世界的窗口。

1665年11月22日，佩皮斯同往常一样写起了日记："今天是《牛津公报》第一期出来的日子。创刊号非常好看，全是新闻，没有愚蠢的内容。"他在这里指的是牛津版《公报》发行几天后国王印刷厂经理

---

① 欧美各国用点数制即磅数制来标识西文字母活字的大小，canon（卡农）是48点西文旧体活字。

托马斯·纽科姆（Thomas Newcombe，有时拼作 Newcomb）在伦敦翻印的版本。佩皮斯的日记时刻提醒着我们，很多人不断在搜寻消息，记录八卦、账目和信件。同年早些时候（1665 年 7 月 18 日），他曾记载他去了威斯敏斯特厅（Westminster Hall），在那里付了他的新闻书的费用。他显然继续订阅着《公报》，因为他在第二年的日记（1666 年 12 月 6 日）里写道："今天的《公报》讲述了关于击败苏格兰叛军以及剑桥公爵册封和嘉德骑士授勋的整个故事。"（在这里，佩皮斯是从历史或描述的意义上使用"故事"［story］一词的，而不是指"新闻报道"［news story］或一条新闻，后者是一个始于 19 世纪晚期的美国术语。）[12] 1666 年 2 月，随着疫情的消退，议会从牛津迁回了首都，纽科姆成了《公报》唯一的印刷商，在周一和周四出版，每周两期。

麦迪曼只编辑了两期《伦敦公报》，就被约瑟夫·威廉姆森换掉了，接替他的是查尔斯·佩罗特（Charles Perrot）。威廉姆森为大部分社论提供方向。在麦迪曼的指导下，一个竞争对手很快就出现了。它就是《当前情报》，跟《公报》不仅版式相似，连出版日期也相同。两家报纸很快就进入了一场字体排印战，各自都用黑花体字强调"官方出版"这句话，因为官方公告通常用黑花体字这种古老的英国式印刷字体。

不久，《公报》就获得了可能比它希望的多得多的新闻。如果说前一年的秋冬特别寒冷，那么 1666 年的夏天就尤为干燥。9 月 2 日星期天晚上，布丁巷一位名叫托马斯·法里纳（Thomas Farriner）的面包师家中起火。在一座靠明火照明、取暖、烘焙的城市里，这样的事并不罕见，尽管对于屋内的住户来说是令人惊恐的。他们不得不由楼上的窗户逃出来。大家的反应是一贯的。街上的住户拉响警报，有人跑去用铅管或木管从水泵取水，或者直接从泰晤士河取水，还有人用长矛灭火。当大火越烧越旺时，本应该拆毁相邻的建筑以创造一道防火的屏障。然而，伦敦的市长大人托马斯·布拉德沃斯（Thomas Bloodworth）显然对此毫不担心。他拒绝批准这一行动，还评论道："啐！女人撒泡尿，就能浇灭它。"大火蔓延了开来。在面包师的房子里，一名女仆死于火灾，她被认为是伦敦大火的首位遇害者。

这场"不幸的惨烈大火"持续燃烧着，吞噬了伦敦金融城的大部分地区。从舰队街到伦敦塔的边缘，从火灾中幸存下来的一切都覆盖着一层几英寸厚的烟灰。大火摧毁了许多房屋、教堂和古老的公司大厅。斯图亚特王朝时期的伦敦非常拥挤，大多数建筑物是木造的。天色渐亮，火势还在迅速蔓延，又吞噬了更多的城区。人们纷纷逃离，而不去救火。大火开始创造自己的天气，由火焰和火花形成的一阵阵狂风朝位于布丁巷以西的圣保罗大教堂刮去，火风也吹到了东面的伦敦塔。到了星期一，大火威胁到了伦敦桥南边的萨瑟克区。熊熊大火三天之内就摧毁了这座古老城市的五分之四地区。多达 10 万人无家可归，80 多座教堂连同圣保罗大教堂、皇家交易所和伦敦市政厅一起被夷为平地。

被火焰吞噬的不仅有建筑物，还有画作和壁毯。成千上万加仑的葡萄酒、啤酒和其他酒蒸发了。数以千计的书籍、手稿毁于一炬，这也许是伦敦大火中最严重却最被忽视的损失之一。一位研究大火的历史学家指出："自伟大的亚历山大图书馆被焚毁以来，从未有过如此大的书籍浩劫。"[13] 随着火焰从一栋建筑物蔓延到另一栋建筑物,人们采取了紧急行动,试图抢救珍贵的古抄本。书商公会的书籍被搬到了被称为"圣保罗下的圣菲斯"① 的西地下室,希望能逃过一劫。当时,克里斯托弗·雷恩(Christopher Wren)正在修缮圣保罗大教堂,因此大教堂四周环绕着木脚手架。这些木头在某种程度上起到了添柴加薪的作用,使大教堂引火上身。屋顶上 6 英亩的铅熔化后冲入地下室,并倾泻到街上。日记作者约翰·伊夫林(John Evelyn)记载:"人行道闪着炽热的红光,没有马,也没有人能在上面行走。"书籍"全都被烧了,接着烧了一周"。[14]

该市的新报纸也未能幸免于难。火灾发生后不久,《伦敦公报》就报道了大火。在报纸的末版有一则简短的报道,表明新闻恰好在付印之前才到达印刷商那儿。接下来,报纸停刊了一周。当《伦敦公报》再出版的时候,它首先描述的就是这场"可悲可叹的事故"。此事如此重要,以至于从头版到末版全都是它的新闻。尽管报纸出来了,但印刷商并非毫无损失,纽科姆的印刷厂及其大部分库存都被烧毁了。他搬到河畔斯特兰德大街上的一个新住处。他自己的活字要么被烧化了,要么仍在送来的途中,所以他只好用了另一种字体来印报纸。火灾从物理上改变了报纸的外观,但它还是把新闻传遍了全国,给人们带去了关于这场降临在英国首都的灾难的第一份可靠的报道。

不只出版商和编辑们感受到了大火的后果,许多卖报者也深受其害。他们失业了,而且很可能失去家园。由于他们的悲惨遭遇以及随

---

① 中世纪早期,圣菲斯堂区教堂原本建于圣保罗大教堂的北边。1255 年至 1256 年,圣保罗扩建,圣菲斯被拆毁。圣菲斯堂区的居民便在圣保罗大教堂地下室的西端做礼拜,于是这里被称为"圣菲斯教堂地下室",更常见的叫法是"圣保罗下的圣菲斯"(St Faith under St Paul's)。

后向政府提出的请求，我们现在才能在国家文件的详细记录中发掘出某种报纸分销结构。卖报者和送报者对报业至关重要。如果没有他们，像佩皮斯这样的男男女女就无法每周过两次新闻瘾。在报纸生产链中，分销与搜集信息、印刷商先准备再刊印一样重要。虽然《公报》一开始采取的分销方式类似于手写的新闻信和印刷的单页新闻纸，即邮递给订户，但是《公报》很快便探索并发展出一个由批发商和街头小贩组成的网络。伦敦人口密集，拥有庞大的、对政治和商业事务感兴趣的、有读写能力的居民群体，存在着从街头小贩到老字号的商店、仓库都囊括在内的书商网络。这些条件使报纸可以卖给任何一个想买并从中获益的人。正如上文所述，那天佩皮斯去了威斯敏斯特厅，从他经常光顾的书商米切尔夫人那里买了一份《公报》。批发商控制印刷品供应的大部分，把他们的商品交给许多像米切尔夫人这样的书商和街头小贩。后者也许对未来的报业更重要，因为他们可以在城市里四处走动，叫卖推销商品。该系统后来被称为"伦敦计划"。这些批发商中有许多是女人，她们被叫作"女墨丘利"或"墨丘利们"，得名于一位与通信、信息有关的罗马神。据记载，她们向街头小贩提供"新闻纸和小册子"[15]。但是，伦敦大火中断了供应，驱散了许多顾客，尽管人们普遍渴望获得消息。对于小贩来说，后果极其严重。在国家文件中，这些小贩有时会被称为"那些穷人"或"可怜的生物"。他们工作的环境非常危险，处于社会边缘，通常无家可归或年事已高，许多还是盲人或残疾人。

大火夺去了她们仅有的一点财物。有一个女人抱怨道，火灾后，她"只剩身上穿着的衣服了"，于是要求让她配送报纸的邮局提高她的工资来补偿她。秋天临近，气温开始下降。一个叫安德鲁斯夫人的小贩抱怨，这份工作使她在寒冷的户外一待就是几个小时。她想要更好的报酬作为补偿，如果不能令她满意，她就威胁要罢工。这些报告之所以能留存下来，是因为政府利用小贩们作为控制新闻界、暗中监视其生产的手段。在莱斯特兰奇治下，小贩们还能收到奖金作为补偿。安德鲁斯夫人告诉她在邮局的联络人，大火后，《公报》的印刷商纽科姆"表现得比其他人奇怪"，他已设法"在教堂墓地里安顿了下来"。墨丘利们的选择余地很小，只能继续工作，"即便不是冒着生命危险，也是跛行着"，进到被烧毁了的城市里领取报纸，那里"泥土的恶臭令人作呕且有害健康"。[16]

对伦敦图书业来说，大火无疑是一场灾难，它烧毁了出版社和印刷店，迫使人们离开家园，扰乱了生意，但它同时促成了新闻界的某种改组，并在一定程度上解除了政府对新闻界的控制。随着圣保罗大教堂及其周围的许多印刷店被焚毁，报业不再集中于大教堂附近，而是开在许多不同的地点。地理位置的分散意味着政府监管新闻界、封锁消息的难度加大了。盈利的需要也刺激印刷商们开始染指利润更高的业务，尝试印刷之前的禁书和其他文本。墨丘利们和小贩们为散发这些材料提供了一种有效的方式。小贩们存在的边缘性意味着他们热衷于出售任何他们能卖掉的东西。正如法律记录显示的那样，在触犯法律或屡遭监禁后不久，他们又开始卖被查禁的材料了。城市里有大批找工作的劳动妇女，因此小贩的人数一有不足，很快就能补上。而且，小贩跟顾客关系密切，互动频繁，知道什么材料好卖，于是提醒墨丘利供应商们给他们提供这类材料。

大火并没有毁灭《公报》，反倒确保它在城市重建期间如凤凰般浴火涅槃了。现在已改过名字的《伦敦公报》证实存在这样一个市场，它不仅渴望消息，还渴望一种类似于欧洲科兰特的产品。报纸加入了新闻书、大幅印刷品、新闻信和一大批传播消息、八卦和观点的口头形式之列。从 17 世纪 60 年代起，报纸的数量开始增加。1695 年，《授权法案》（Licensing Act）失效（审查制度并没有因此被废除，却使出版所冒的风险值得冒了）。受此刺激，到了 1712 年，伦敦拥有 12 份报纸，见证了报纸泛滥、纷纷创刊的景象，其中包括本杰明·哈里斯（Benjamin Harris）的《国内情报》（1679—1689 年）和随后的《国内外情报》（1695 年）、《伦敦邮报》、《雅典公报》（后改名为《雅典信使报》，1690—1697 年）、《绅士日报》（1692—1694 年）、《劳埃德新闻》（1696—2013 年）、《道克斯新闻信》（1696—1716 年）、《英国间谍》（1698 年）、《每日新闻》（1702—1797 年；1735 年后与《每日公报》合并发行）、《每周回顾》（1704—1713 年）。1706 年，第一份晚报《晚邮报》出现了，一周发行三次。1693 年年初，《雅典信使报》的出版商出版了《女士信使报》，一直持续了四周。它是第一份针对女性的报刊，要求读者"将问题寄到圣母巷的拉丁咖啡馆，寄给那儿的妇女协会"。[17] 诺里奇（Norwich）和布里斯托尔（Bristol）分别于 1701 年和1702 年创办了第一份地方报纸。1706 年，《伍斯特邮递员报》开始定期发行。在此之前，从 1690 年起，它的出版计划一直具有不确定性。2020 年，它仍在出版，号称"世界上最古老的报纸"。1699 年，爱丁堡有了自己的《公报》，1705 年又有了自己的《爱丁堡新闻报》。到了1811 年，伦敦拥有了 52 份报纸，还有更多违背安息日禁令的星期日报纸，比如《英国公报和周日监督报》。现在，新闻可以被视为它自己的商品，其存在本身就能创造日益增长的消费欲望。

新闻越来越多地与使人上瘾的另一种商品咖啡一起供人消费。

1677 年，据说有人在议会巷的詹姆斯·罗咖啡馆里进行"颠覆讨论"，爱丁堡枢密院大为担心，于是关闭了当时在苏格兰城市算是新奇事物的咖啡馆。在这些新的社交场所里，人们不仅能喝到咖啡，还能和"绅士、技工、爵爷和恶棍"打交道。它们为有政治头脑的人提供了见面的机会，使这些人得以讨论最新时事，分享小册子、报纸、其他形式的消息和八卦。爱丁堡枢密院对异见分子在政府门口秘密集会感到担忧。三年后，当咖啡馆重新开张的时候，苏格兰议会要求"在咖啡馆里能读到的所有公报和新闻信"都应该经过爱丁堡主教或一位议会官员的审查，以抹去"虚假的具煽动性的新闻和诽谤"。[18]

　　当然，官方与这种被认为是刺耳的反对声之间的冲突不是简单的一个苏格兰现象，而是咖啡馆这个欧洲的新玩意于 1650 年引入牛津，1652 年引入伦敦，又在奥利弗·克伦威尔死后数月乃至数年的动荡中扩展到全国各地的例子。到了 17 世纪 80 年代，咖啡馆在英国的主要城镇如雨后春笋般涌现，其中包括剑桥、布里斯托尔、格洛斯特和大雅茅斯。在苏格兰，一家咖啡馆在格拉斯哥开业。同年，詹姆斯·罗咖啡馆在爱丁堡开张。18 世纪初，邓迪和阿伯丁随后也都开了咖啡馆。17 世纪 70 年代末，马萨诸塞州也在波士顿有了自己的咖啡馆。1660年，公鸡咖啡馆在爱尔兰的都柏林开张。四十年内，科克、利默里克、基尔肯尼、克朗梅尔、韦克斯福德和戈尔韦也都有了自己的咖啡馆。无论是在迪韦齐斯、赫里福德、牛津，还是在诺里奇，它们的主顾们都是一边消费苦涩的咖啡，一边消费新闻。

　　这些咖啡馆，既有地方上的，也有大都市的，其起源都可以追溯到伊斯坦布尔的咖啡馆，从那里再上溯到 17 世纪的威尼斯及其以西地区。它们提供了一个给人享用以咖啡豆为原料的提神饮料（有时还会有其他饮料）的空间，创造了一个供人们讨论、谈生意和八卦的场所。英国旅行者，尤其是被称作"艺术大师"的、在文化上和知识上有好奇心的那一部分人，鼓励在伦敦、牛津、爱丁堡和其他地方对咖啡馆进行再创造。这一现象是由法国的发展所引发的。同一时期，咖啡馆在法国也纷纷开张。这些新型的准公共场所为新闻的传播、政治和哲学的讨论提供了空间，同时让人们能更务实地喝咖啡、聊天、谈生意。开在马赛、里昂和巴黎的咖啡馆，在那些城市的社交和学术生活中起到了日益重要的作用。而且，正如研究咖啡馆的历史学家布莱恩·考恩（Brian Cowan）所言："没有一家对得起它的名号的咖啡馆会拒绝提供多份报纸供顾客选择。"[19] 如果没有订阅像样的报纸，这种地方就不太可能开得下去。1683 年，据印刷商纳撒尼尔·汤普森（Nathaniel Thompson）估计，咖啡馆老板每周不得不花四五先令买报纸以满足顾客的需求，一年一共要花大约 13 英镑（相当于今天的 1500 英镑），但其他人的估计比这稍低一些。[20]

咖啡馆给人们提供了一个独特、新颖的社交空间。与传统的客栈、小酒馆和啤酒屋不同，它们不具有提供食物和酒精饮料或热情招待旅客的悠久历史。虽然咖啡馆同样提供住宿和饮料，但是店主不断供给的饮料最初是一种不必要的奢侈品，是从东方进口的新东西。咖啡这种产品又贵又苦，而且需要专业技术才能制成可口的饮料。那些最早喝咖啡的人正处于一股受与东方交往和咖啡因的刺激而兴起的新时尚浪潮的当口。对这些男人——最早喝咖啡的是男人而不是女人——来说，咖啡是跟环欧大旅行 ① 和异域风情联系在一起的。咖啡馆强调了

---

① 指以前尤其是 18 世纪时，通常作为英国上层社会年轻男子教育一部分的欧洲大陆观光旅行。

这种国际性的东方联系：有不少于 37 家伦敦咖啡馆用"土耳其头结"（Turk's Head）的异体词当店名，牛津也有几家这样干。1686 年，弗朗西斯科·普罗科皮奥·德·柯泰利开了巴黎最气派的一家咖啡馆——普罗科皮奥·库托（Procopio Cutò），提供一系列香料和其他产品，服务员们全都穿着异国服装。消费者们既能读到来自遥远地方的新闻，又能读到离家较近的宫廷里的既吸引人又刺激的新闻，通过饮料中的物质、咖啡馆的氛围和报纸的内容感受自己跟世界的联系。

尽管咖啡馆的成功是像咖啡和后来的茶这样的兴奋剂的流行促成的，但人们既渴望提神饮料，又渴望新闻，在咖啡馆取得成功的过程中，两者所发挥的刺激作用一样大。当然，新闻可以以不同的形式出现。咖啡馆为商人和政治阶层提供了一个聚会的活动中心，在那里进行的阅读和讨论形成了遍及城镇、横跨海洋的信息网络的关键点。在这样的场景里，八卦、基于事实的透露和花钱买的线报等口口相传的新闻也是一种珍贵的货币，可以用来换取地位、好处、信息，或者也许只是一杯酒、一顿晚餐。在烟雾弥漫的咖啡馆阴暗处，人们传递、复制、交易手写的信件和笔记。然而，印刷品越来越多地跟这些地方联系在一起。咖啡馆顾客们在饮料旁能找到报纸；他们喝的饮料包括杜松子酒和茶（自广州开放贸易以来）。对咖啡馆的店主来说，新闻开销是很大的。例如，1728 年，一群咖啡馆老板抱怨说："当一份报纸刚开始发行的时候，只要它有一丁点儿好，可以说我们就非订它不可。而且一旦它进了咖啡馆，要想再将它扔出去就很不容易了。"人们对报纸的需求并不仅限于英国报纸，鉴于国际贸易的性质，要求像样的咖啡馆还必须订阅法国和低地国家的报纸。例如，为了获得法国新闻，咖啡馆老板艾萨克·布兰奇一年要付给埃德蒙·琼斯 4 英镑（相当于今天的 420 英镑，或相当于当时一个熟练工匠 40 天的工钱）。[21]

自然科学家、建筑师罗伯特·胡克（Robert Hooke）对这种咖啡馆上瘾了。他的第一本日记记载，从 1672 年到 1680 年，他至少拜访了 64 家伦敦咖啡馆，有时一天三次去同一家咖啡馆。像位于康希尔街上的加拉维（Garraway's）这样的咖啡馆，为胡克提供了一个场所，让他可以探索他在科学、绘画、探险方面的兴趣。他可以跟一起喝咖啡的同伴讨论，也可以查阅印刷品、图画、书籍和报纸。后者为他提供了一些有用的信息，比如，《高地荷兰公报》声称"某些人能在水上漫步"。正如考恩注意到的那样，"像这样的奇闻轶事是艺术大师们交谈用的共同货币"。[22] 报纸为这种探寻提供了良好的基础。有时，咖啡馆还会跟书商合作，让书籍在店里销售。塞缪尔·佩皮斯在日记中写道，他从交易巷里的一家咖啡馆买了一本建筑书，后来他认为这本书"一文不值"。[23] 我们还应该把巧克力饮料店也算上。它们提供的饮料不同，氛围也许比咖啡馆里的更尊贵、更有教养一些。

撇开佩皮斯的观点，这也许是关于咖啡馆和包括报纸在内的信息世界的一个浪漫看法：作为世界自由思想的中心，提供一个对所有人开放的公共领域，有机会获取最新消息。但也有许多人看不起咖啡馆。作家、日记作者约翰·伊夫林（John Evelyn）在他的著作《伦敦雾霾纪实》（Fumifugium，1661 年）中讽刺了城里的烟雾和秽物，完全没有提到自己去过咖啡馆，还常常流露出对咖啡馆及其顾客的蔑视，说他们"没有礼貌且放荡不羁"。[24] 尽管这些地方常被看成是民主的，但它们也可能相对比较排外，标榜自己的社会地位高于啤酒屋和客栈，因为它们常与喝醉、吵闹行为和性工作者联系在一起。

咖啡馆及其顾客并非一律平等。考恩指出，在伦敦，那些聚集在皇家交易所周围的咖啡馆"很快就变得很专业了，能满足伦敦商界和政界精英的商业和社交需求"，并为他们提供一个相当于当代商人办公室的空间。聚集在科文特花园和威斯敏斯特周围的咖啡馆也起到了类似的作用，为那些地区的绅士和朝臣们提供服务。但还有一个层级的咖啡馆只为当地群众服务，为街坊邻居们提供饮料、报纸和其他服务。人们去咖啡馆还可以收信（免费）、寄信、写信、见生意伙伴或朋友。[25] 其他咖啡馆还会从事风险更大的行当。例如，汤姆·金和摩尔·金在不开咖啡馆后，能到汉普斯特德附近的一处产业享受退休生活；在18世纪20年代，他们的咖啡馆因"深夜狂欢和卖淫活动"[26]而臭名昭著。咖啡馆关注由地理决定的客户群，无论是与英格兰某郡、苏格兰、法国或德国有关系的，还是因弗吉尼亚州、牙买加、东印度群岛或新英格兰而专注于某一特定贸易的商人。咖啡馆汇集了来自这些地方的新闻以及相关的布告和大幅印刷品，甚至还会贴海报。例如，在爱丁堡，船只进出利斯港的时间会被定期贴在咖啡馆周围。镇议会对此大为恼火，因为他们试图通过垄断这类信息获利。王政复辟时期的咖啡馆"很快就成了众所周知的'充斥着日报和新闻书'的地方"。[27]咖啡馆老板还会靠出版报纸或者散发格调较高或包含敏感信息的手写新闻信来增补收入。例如，1664年，一名商人从下议院的一名职员那里获得了最新消息后，便在他位于面包街上的店里出售。

作为消息或八卦的中心，咖啡馆也吸引了许多记者和新闻信的作者，他们边喝边采集、交换材料，将八卦绯闻和内幕消息变成新闻故事。哲学家、作家洛伦佐·马加洛蒂（Lorenzo Magalotti）指出，英国咖啡馆里聚集着"形形色色的团体和记者群，在那里，人们听到什么是新的或什么被认为是新的，而不管是真还是假"。[28] 可以把咖啡馆视为一个消息中心，里面的假消息和真相一样多。

通过这些方式，无论是在巴黎、伦敦，还是在爱丁堡，报纸和创造、传播、消费它们的场所成了不断变化的城市生活的一部分。例如，1713 年，英国共售出大约 250 万份报纸。[29] 它们是生活中考验磨难的一部分，提供了跟更广阔世界的联系。它们不仅记录艰辛和兴奋，而且亲自经历了这些；就伦敦大火中的《伦敦公报》而言，它甚至在物理上发生了改变，使用了一种新字体。我们应该记住，这些早期报纸、它们的制作者和读者是团结紧密的社区的一部分，它们创造出了一个书面话语空间，也是真实的物质的城市世界的一部分。而且，这些报纸本身和它们所包含的新闻从这些大都会中心向其他省份、城镇和乡村传播开来。从一开始，制作一份报纸的所有要素，从收集信息、编辑、包装，到接下来的分发（还有对读者意见的回应），都是报纸制作过程的一部分。用商业术语来说，报纸一诞生就存在订阅和标价，不久广告就加了进来——多年来，房地产、航运、医疗、书籍、待售小册子的通知（advice）和布告（notice）以及失物招领启事构成了许多报纸的商业模式的基石。到了 1705 年，《伦敦公报》的印刷成本约为 9 英镑（相当于今天的 960 英镑），其广告收入可达 8 英镑。[30] 报纸的起源——《公报》诞生于政府的南方事务部这个政治机构内——指明了它们的政治联系及其引发政治争议的潜力。尽管报纸在力所能及的地方奋力开辟自己的道路，但仍然会受到政治权力和阴谋的影响。《公报》尤其成了一枚政治棋子，无论是就它所能提供的赞助而言，还是就这样一部宣传机器对广大公众所具有的影响力而言。它是一个政治香饽饽，随着时间的推移往往会被驯服。例如，1712 年，作为又一个政治阴谋的一部分，乔纳森·斯威夫特设法让查尔斯·福特当上了"公报人"，指出"这是全英国重要工作中最棒的一份"，唉，可惜的是，福特并不领情，"自负的小子看上去似乎不太满意……他认为这份工作还不够上流社会"。[31] 作为《公报》主编，福特显得很没胆识。在他的监管下，新闻变少了，一名研究《公报》的历史学家口中的"殖民地总督、市长、地方议会、法官、行政司法长官、大臣、不动产终身保有者以及任何愿意就国家治理方式向君主表达感激之情的人所唱的冗长赞歌"变多了。尽管新闻界拥有挑战权力和追究责任的潜力，但很快就被权力控制住了。主编很容易通过自己的选择来钝化报纸的牙齿，不管这是出于得体的考虑，还是为了获得政治好处。正如福特所言，"我花了很多笔墨在女王的病情、她的分娩等事上，但我无从获悉［政务次官］刘易斯先生的事情，也无人可问，因此我宁可几乎不去说他，也不愿说一些我怀疑可能不得体的事"。[32] 随着报纸在英国社会里深深地扎下根来，新闻界和政府之间的关系就成了人们关切的核心。

2

议会报道

    自 18 世纪以降，英国人变得极度自豪于自己的宪法体系。在 17 世纪的内战和"光荣革命"的动乱之后，各派在政治上达成了和解，其核心就是议会——一个受人尊敬的政治工具，小心地控制君主和人民的权力，维护法治，保障神圣不可侵犯的财产权。1707 年，威斯敏斯特宫吸收了它的苏格兰对应物。权势人物们来到威斯敏斯特宫的议事厅里，制定法律，讨论时事。但在辩论室外，谁知道他们说了什么，又是怎样辩论的呢？被称为"旁听者"① 的下议院的男女访客们，一直都是被允许进入下议院的。他们有时甚至能进入议员辩论席，但大多数时候还是仅限于在所谓的"楼上旁听席"上活动。这个建筑结构虽然最初并不是为公众准备的，但到了 1621 年已被普遍采用。它是如此重要，以至于 1625 年当议会暂时逃到牛津的时候，工程部觉得必须在神学院修建"一种看台厢席"。[1] 到了 18 世纪，访客们又得以进入上

---

① I spy/see strangers 是美国众议院用语，意为请旁听者（stranger）退场。

议院。议员亲属们能分到特殊座位，而其他人只能站着，正如一名议员观察到："在围栏下，跟一群令人无法忍受的人站在一起，还要冒着口袋被扒手扒的风险。"[2] 进议会听辩论不仅是一般好奇的结果，让人听演讲和辩论以度过一个有趣的下午或晚上，也意味着行使一项被认为是重要的、古老的宪法权利。然而，入场资格仍然有限，要么拿到议员所提供的门票，要么贿赂门卫，方能进场，后种方法更为常见。

虽然旁听者甚至扒手都可以出席辩论，甚至可以通过叫喊和欢呼参与辩论，但记者却被禁止报道议程，即使是在新闻限制被大大放松之后。议会小心守护着议员能够畅所欲言而言论却不见诸报端的特权。议员们希望能自由地讨论时事，而不用担心被告诽谤，承担民事或刑事后果，或者受到外部政治的干预。有人这么主张，国家事务要在不吸引广大公众，也不必为了躲避不受欢迎的审查而用密码语言表达的情况下，被自由地讨论。政府同样不希望内部商议的信息被外国势力全盘接收。在这样的背景下，公共事务透明不被视为优点，而被看作对严肃的政府事务的威胁。对印刷商来说，报道议会可能会有危险。他们冒着罚款、监禁甚至更大的风险来干这份工作。

话虽如此，但正式的议会记录始于 1510 年，未经批准的报告一直都在有关系的人士之间传阅着。17 世纪早期，出版商开始卖报告。此后不久，1628 年，议会首次尝试查禁它。1640 年，在查理一世召回议会后，英国出现了一种全新形式的出版物，它一周出版一次，却被贴上了"日报"（英文名"diurnals"也许会有误导，因为它源自拉丁语词"dailies"）的标签，它回应了公众对议会最新消息的需求。它最初采用的是手写新闻信的形式。到了 1642 年，保王党人和议会党人一共发行了 20 多种日报，确保己方的说法得以传播。[3] 这一批我们也许差不多能认定是报纸的出版物的持续时间并不长：因为议会越来越感受到保王党宣传的威胁，所以制定了一系列越来越严厉的议会法案禁止新闻自由，这种形式的出版物随后大部分都被取缔了。

到了 18 世纪初，唯一有政府授权的报纸就是《伦敦公报》。它由英国皇家邮政分发给订阅者，而不进行售卖。尽管官方对议会报道有诸多限制，但有关辩论和政府活动的新闻仍然是在精英和富人中流通的许多新闻书和手写报告的核心内容。当时的超级信息高速公路显然有两种：对富人而言，政治信息流动得比较顺畅，金钱、私交和文化资本都可以充当润滑剂；其他人可以利用的则是一条坑坑洼洼、具有误导性、偶尔很危险、特许保密的八卦谣言凌驾于铁的事实之上的道路。出版商和作者越来越感受到有一个更大的市场，人们愿意购买被称为"登记册"（register）或"年鉴"（annual）的东西。它们是一种年度出版物，承诺向读者提供一年中关于政治、社会和宗教事件的真实可信的记录，通常还自称有获得特别信息的渠道。正如我们将看到的那样，这些出版物是笼罩在议会进程上的特权和秘密面纱上的第一道裂痕。下文我们将仔细检视几个人物，看他们在近一个世纪的时间里是如何将面纱撕破的。他们分别是一名前士兵（如果他真是士兵）、一名城市印刷商和一名浪荡子政治家——这名政治家因玩弄女性和呼吁新闻自由而出名。

大卫·琼斯和《欧洲全史》

我们先从这名士兵开始讲起。大卫·琼斯（David Jones）是一名出生于威尔士的作家，于 17 世纪 80 年代登上文坛。如今，人们对他的生平所知甚少，只知道他可能曾在英格兰军中服过役，他的父亲是一名不信奉英国国教的威尔士牧师。1697 年，琼斯出版了一本信件集，引起了公众广泛的关注。据称，这些信件泄露了"英法之间密谈的会议记录"，是根据他担任卢瓦侯爵（marquis de Louvois）的翻译秘书时搜集到的内幕写成的。《英国政府秘史》(*The Secret History of Whitehall*) 就像许多同类作品一样，试图通过满足公众窥视权力走廊[①]的欲望来获利，因此跟 1685 年出版审查放宽后出现的其他许多据说是宫廷秘密回忆录的作品展开了竞争。琼斯也许利用他的第一本书《英国政府秘史》所获得的钱，出版了《欧洲全史》(*A Compleat History of Europe*)。在 1702 年到 1713 年，它是一本发行时间不定的年鉴；1713 年到 1720 年间，则是断断续续发行的。此后，就再也没有他的任何消息了。为了写作《欧洲全史》，琼斯尽其所能地搜集欧洲报纸和其他年鉴，还利用了多种不同的信息源，包括前一年的议会记录、军事战役的地图、公职人员名单和官员讣告。他不仅报道了英格兰议会，而且报道了两者合并之前的苏格兰议会。1710 年，他详细描述了 1703 年康沃尔郡和德文郡的锡矿区。正因如此，他的报道在议会报道方面开辟了一片新天地，也没有引来审查官的强烈关注。

应该强调的是，这些既不是我们今天认知中的报纸，也不是今天我们认为的新闻。而且，我们应该谨防根据后来的议会新闻报道来看待或评价它们。琼斯开始了他的工作，哀叹新世纪的命运，称该世纪拥有"也许是已知的最悲惨的前景，毁灭性的血腥战争即将爆发"。该

出版物把它的叙事置于与时间的某种关系上，思考什么是新的，拯救过去使之不至于消逝。琼斯通过"收集、消化"大量的"文件原件"以及"几周后几乎就会无法挽回地失去"[4]的其他材料，试图从历史视角来看事件。他花了很长时间重新编辑了这些文本。从1713年起，他避开了当前，反倒开始报道不远的过去，出版了有关17世纪的卷册。《欧洲全史》一年出版一卷，因此其中包含了各种陈旧的消息。尽管如此，该书的成功表明读者渴望获得政治信息，正如1705年版的序言所言，特别是"国内事务，人们普遍最关心这个"。琼斯还非常重视准确性——或者至少是一种准确的"气氛"或印象。他的序言称该著作是一位"绅士"写的，为该出版物提供了权威性。他还强调，为了确保信息准确，他"煞费苦心"，不仅利用了已出版的材料，而且"与许多外国人交谈"以"了解更多情况"和改正自己文本中的一些错误。这似乎并非只是宣传口号而已，因为至少有一封信显示，他和他的出版商们跟一些大人物通了信，索要信息，要求对报告进行确认。琼斯一边收集欧洲各国宫廷的材料，一边提供议会辩论的细节。这使他被认为是议会报道的先驱，如果这一概念没有模糊他的意图。据我们现在所知，某人做了这些报道，甚至也许就是琼斯本人亲自参加了威斯敏斯特的议会辩论，或是靠记忆，或是根据现场偷偷记的笔记，写下了概括性的报道。

阿贝尔·波耶尔

在议会报道这一领域，琼斯独占鳌头的时间并不长。在年刊《欧洲全史》出版后不久，很快就出现了一种反应更迅速、更灵敏的政治报道形式。1711 年，一份新的月刊——《大不列颠政治状况》开始在伦敦发行。它由约翰·贝克（John Baker）在主祷文街上的一家挂着"黑男孩"招牌的店里印制而成，售价为 1 先令。最初，它借用了琼斯的文本，但出版频率改变了它的时间动态，使它更像一份报纸，而不是年度记录。《大不列颠政治状况》刊发两院辩论，但在休会后印刷，声称自己印的是"历史"，而不是时事，从而避免被起诉。它似乎受到了政治阶层的欢迎——有些版印了三次。虽然议会特权被滥用了，但该报的出版似乎得到了当时统治阶层的某种默许，甚至是同意。许多政治家将自己的演讲一字不落地提供给出版商，其他报道则由辩论期间坐在旁听席上的两院职员们和信使们提供。

这个全新大胆的新闻源的主编常常被认为是丹尼尔·笛福（Daniel Defoe），但其实是一个出生于法国的胡格诺派教徒——阿贝尔·波耶尔（Abel Boyer）。1689 年，他在低地国家完成学业后搬到了英格兰生活。他当过家庭教师、翻译和编辑。在词典编纂被证明是他的文学成功入场券之前，作为一名剧作家，他也取得过有限的成功。1702 年，波耶尔充分利用了他的王室关系，在海牙出版了《皇家法英词典》（*Dictionnaire royal francois et anglois*）。他的王室关系其实有点牵强：波耶尔当过已故的格洛斯特公爵（Duke of Gloucester）的家庭教师，声称该书是为公爵撰写的，并称出版得到了安妮公主的鼓励。事后证明该项目极其成功，在接下来的一个世纪里为此后的许多词典打下了基础。通过自身的天赋和努力，波耶尔被称为格拉布街有用的受过良好教育的辛勤工作者（18 世纪作家塞缪尔·约翰逊后来给格拉布街下定义："最初是街名……是历史小书作者、词典编纂者和当代诗人的聚居地，由此任何劣质作品都被称作格拉布街。"）。1688 年 "光荣革命"之后，辉格党在英国政坛上确立了自己的显赫地位。波耶尔在政治上是支持辉格党的，这些关系使他的报纸《大不列颠政治状况》有了出版的可能。跟琼斯的《英国政府秘史》一样，该报在标题页就宣示了它的自负。它利用了波耶尔的荷兰背景，把自己宣传成写给 "在荷兰的一位朋友的每月一封的信件"，而没有声称是秘书和他的贵族雇主之间的通信。而且，该月刊声称自己是 "不偏不倚的"。像《英国政府秘史》一样，《大不列颠政治状况》也含有军队、教会、宫廷事务的清单和最新消息，还包括抄袭来的议会辩论记录。为了避免被起诉，大家使用的手段都很类似。例如，上议院的发言人用单个字母指代，下议院的议员则用名字。据波耶尔说，这是他们商量好的。那么，《大不列颠政治状况》就是第一份非官方的定期公开报道议会的刊物。尽管如此，它似乎得到了半官方的同意。在长达 26 年的编辑生涯中，波耶尔只遇过一次麻烦。1711 年春，他和他的印刷商因发布议会新闻而被上议院监禁了 6 天。撇开该事故，波耶尔的事业看起来很赚钱，因为它持续经营了许多年。

是谁在读这些出版物？答案部分存在于它们的创作过程中，因为我们不应该低估印刷、分发报刊所需的体力劳动。支撑报纸生产的劳动、技术和后勤都反映在产品成本里，并影响了谁能买得起它们。跟法国和同世纪晚些时候的美国相比，英国在地理、印刷中心、政治权力中心上拥有一些优势。从威斯敏斯特搭乘水上出租车，很快就能抵达英国印刷世界的心脏——由圣保罗大教堂庭院周围的街道和建筑物构成的街区，步行也只需要 45 分钟。这里有通过制作书籍、小册子、表格、海报和其他短期零活所获得的印刷专业知识，有获得资本的渠道,还有一支日益壮大的能够将口头报告转化成印刷刊物的写手队伍。就印刷的物质需求而言,伦敦能为它提供一个发达的纸墨制造商网络,而且大部分纸张由回收的破碎布和废纸制成。书商和小贩们提供一种报纸分销方式,而高效的邮政网络可以把报纸送到王国的各个角落,甚至送到新生帝国之外。但是,购买或订阅这些报纸的花费却并非微不足道。而且,我们可以肯定地说,在英国,只有相对富裕的阶层才买得起这些报纸,比如商人、地主、牧师、富有的官员和贵族。当然,其他许多人也可能通过咖啡馆读到报纸。顾客们可以读咖啡馆提供的报纸,也可以购买别人看过的或互相传阅。我们也不应该臆断读者清一色都是男性。

我们还可以确信报纸及其读者之间联系密切。波耶尔肯定相信自己离进入权势集团只有一步之遥了。《伦敦公报》是国家事务的官方记录,其主编职位是一份美差。波耶尔认为现任主编死后就轮到他了。然而,他跟辉格党在政治上的结盟终结了这一野心。尽管在写给朋友的信中,他相信自己获得该职位犹如探囊取物,但他两次都被忽视了。

他的失望之情提醒人们注意 18 世纪英国政治的性质和新闻的等级性。尽管英国夸耀自己拥有最广泛的选举权以及可能是当时最民主的政府形式,但权力仍然牢牢掌握在精英手中。虽然可能有 4% 的成年男性可以投票,但真正的政治却发生在一群精英大臣和权力掮客的餐厅和会客厅里。政治事关赞助和宫廷社会,是反映在报纸上并帮助形成报纸的事态。它也是一种口头事务,通过公开或私下的口头辩论和讨论展开,而赞助则是公开发生的,那些得宠者会获得近距离接触和今天政客们口中的"会面时间"。到了 1714 年,波耶尔的印刷出版物就跟他的手写新闻信一样有名了。它强调了印刷和手写、复制材料传播之间的紧密联系，传播的不同形式使信息获取的程度也不同。在这个等级内，手写仍位于顶端，因为它代表的是最有特权的一种消息，将那些根本不知道有新闻信这种东西的人和买不起的人排除在外。

这种获取信息的等级制反映出并帮助创建了斯图亚特和汉诺威王朝时期复杂的社会、政治动态。政治偏爱使内幕消息的层级、进入分享内幕消息的地方的权限和公开认可程度都有所不同。正如瓦德格雷夫勋爵（Lord Waldegrave，詹姆士二世的曾孙）在他的回忆录中所说，那些得宠的人发现自己"以最公开的方式受到青睐，在会客厅的每个角落都受到了所有毫无意义的礼遇，比如亲切的笑容、神秘的点头和没完没了的窃窃私语"。[5]随之而来的也许是更多实际的好处，比如官职、津贴或其他闲差，又或是给适婚后代介绍一门有利的婚事。受益者把效忠赞助人作为报答。当时的回忆录和信件中充斥着这类希望、猜测、社交的成功与失败，这些既可以是积累家族财富的基石，又可能是家族财富的威胁。礼仪和社交行为指南的出版使这种文化规范化，并帮那些寻求进入社交圈的人做好了准备。虽然权力集中在国王、大臣们和议会的手上，但最新的八卦还是传到了更广的社会里。在乔治王朝时期，国王及其大臣们的宫廷在更广泛的社会关系网和事件网内行使自身的权力。人们在牌桌或饭桌上讨论最近发生的事件，大臣和其他大人物的代理人和支持者们则在咖啡馆里制订明天的计划。在以信件和回忆录为典型的当时的报道中，新闻和政治被描述成"喧闹"。小册子和报纸使用的语言是"我们听说"，报道的是"说了些什么"，告知读者的是"喧闹和警报"。

政治新闻就这样以八卦和阴谋的面貌呈现了出来。只有精英才能冲破谣言和假消息的迷雾，揭开报道的真正内涵。尽管波耶尔为后人提供了一份辩论记录，但当时伦敦有一打左右的报纸避免过多报道最新消息，因为它们非常清楚随之而来的法律后果。地方报纸有时会从流通的新闻信中搜集故事并加以刊载，但议会也在法律上施压，并对议会事务的报道提起诉讼。上议院大力保护其成员的隐私。1721年，它起诉了为一位上院议员的传记打广告的一些报纸。詹姆斯·瑞德（James Read）的《周刊，即英国公报》的出版商则因无意中刊登了一位上议院成员面临指控的新闻而被拖进了法庭。[6]

其他周刊，包括《绅士杂志》（创刊于1731年）和《伦敦杂志》（创刊于1732年），通过利用法律漏洞和议会休会期，试图发布议会新闻。下议院并不认可这种解读，并于1733年4月13日进一步明确禁止了这类报道。杂志的应对之策是杜撰出了一套议会制度，里面的辩论跟发生在威斯敏斯特宫里的极其相似。议会纵容它们耍这种花招，一直到1747年。当时，两名印刷商因报道了洛瓦特勋爵（Lord Lovat）因叛国罪而受审的新闻而被上议院监禁。《绅士杂志》此刻停止了报道，《伦敦杂志》则不再指明演讲具体是哪位议员发表的，只提供辩论的内容提要。这部分内容是如此乏味、空洞，以至于杂志在1757年砍掉了它们，因为他们有理由相信读者们对此缺乏兴趣。

约翰·威尔克斯

然而，流行和政治的风向变了。而且，由于混合了加剧的政治冲突、报纸间的竞争，以及当时或其实在任何时代都可谓最重要的主编和煽动家之一的老练的操纵，议会报道很快就成了当时政治上最可能引起激烈反应的议题之一。1757 年，对印刷品征税的印花税法案起草得很草率，这个错误将让议会付出巨大的代价。6 页或 6 页以上的出版物现在只须每版缴 3 先令，而不是每份半便士或 1 便士，这使出版费用大降（最终导致要在法律上给报纸进行分类）。[7] 人们创办新报纸以利用这个机会牟利，其中包括 1760 年的日报《公众纪事报》，还有 3 份周刊——1756 年的《伦敦纪事报》、1757 年的《劳埃德晚邮报》和 1761 年的《圣詹姆斯纪事报》。各家报纸的版面数量也激增。这些报纸间的竞争使主编们重新审视议会报道所具有的吸引力，于是议员政治事务的新闻开始登上各个报纸的版面。1760 年，下议院对此抱怨道，有 4 份报纸包含"对本院议程的报道，这种行为藐视规程，侵犯了本院的特权①"。印刷商们被传唤到下议院，认罪后又挨了议长的一顿训斥，这才被释放。1762 年，《伦敦纪事报》的印刷商因发表了一篇议长的演讲而被传唤，还被警卫官拘留了。这些都是对报业发出的警告，但真正的议会报道直到 1768 年才停止。

新的周报，比如创刊于 1762 年的《伦敦周刊》，继续对这套控制系统施压。通常很短命的这类报纸可以代表一些较为激进的观点，其中之一就是具有煽动性的《北大不列颠人》。1762 年，它在伦敦印行。其主编认为苏格兰大臣布特勋爵（Lord Bute）对国王产生了有害影响，标题就是对此的讽刺性隐喻。该报引发了一场政治暴动，它煽动暴徒上街，挑战议会特权和国王。决定点燃导火索的正是它的主编——约翰·威尔克斯（John Wilkes），他被公认为基督教世界里最丑陋的男人之一（并不是说他在乎这个，因为他已经用足够的魅力和智力弥补了

---

① 议会特权指立法机构内部议员享有的特权，尤指言行免责权，即无论做什么或说什么不可接受的都不会受到惩罚。

相貌上的不足）。如果要讲述一个新闻自由的扩张故事，就不可能不考察这个极富争议性的反复无常的人物在其中所起到的作用。这个男人是"一个恶习的巨人，生活举止都是社会丑闻"。[8] 他出生于伦敦的克勒肯维尔，是一名麦芽酒酿制商的二儿子。当他还是孩童的时候，家人很快就意识到了他的聪慧，于是选他弟弟当酿酒厂未来的经理。他的父母没有让他注定一生"经商"①，而是特别关心小威尔克斯的教育，于 1734 年将他送进了位于赫特福德的一所学校。他很快就在希腊语和拉丁语科目上取得了优异成绩。十年后，也就是 1744 年，当他进入莱顿大学学习的时候，他的其他兴趣也显现了出来。他后来跟苏格兰作家詹姆斯·鲍斯韦尔（James Boswell）吹嘘道，在莱顿期间，他将所有的时间都花在泡酒馆和妓院上。1747 年，在他完成学业之前，他的家人将他召回伦敦完婚。这是一桩以期巩固家族财富的婚姻。他的未来妻子叫玛丽·米德（Mary Mead），是一位富有寡妇的女儿，嫁妆很丰厚，信仰很虔诚，同时年长威尔克斯 10 岁。这显然是一桩极不匹配的婚姻，一边是野心勃勃的浪荡子，一边则是虔诚、文静的乡下淑女。

不久，威尔克斯就把自己的时间花在了艾尔斯伯里、白金汉郡和伦敦高级时尚区这三个地方。他在白金汉郡担任郡长（county magistrate），于 1749 年在伦敦高级时尚区当选为大名鼎鼎的皇家学会的成员，并加入了时尚餐饮俱乐部——牛排俱乐部（Sublime Society of Beef Steaks，其座右铭是"牛肉与自由"）。在白金汉郡，他加入了后来被称为"地狱火俱乐部"（Hellfire Club）的俱乐部。该俱乐部因会员们酗酒、玩弄女性和"为所欲为"（Fais ce que tu voudras）的座右铭而臭

---

① 当时"经商"（trade）是个贬义词，指以做生意为生，与之相反的是从事专业性的职业或靠投资而非劳动获得收入。

名昭著。威尔克斯在这里跟浪荡子中的浪荡子托马斯·波特（Thomas Potter，一位大主教的儿子）交上了朋友。波特让威尔克斯相信，他会选威尔克斯为自己的联合候选人，两人一起去争取艾尔斯伯里议会里的两席。威尔克斯受此暗示的欺骗，最终被给予了郡长（county sheriff）这个不太被看重的职位，波特则跟另一名候选人一起当选为议员。威尔克斯继续谋求议会职位和由此带来的社会地位，于是远赴国家另一端——特威德河畔贝里克（Berwick-upon-Tweed）参加选举。尽管得到了首相纽卡斯尔公爵的赞助，但他还是输了。这场选举花费巨大，他的妻子并不赞成，她对这一点以及丈夫时尚的生活方式的开销感到震惊，于是夫妻俩于1756年开始试分居，次年就永久分居了。威尔克斯同意每年付给玛丽200英镑，艾尔斯伯里的产业归他，他们的女儿波莉也归他照管。

翌年，威尔克斯获得了成功，在威廉·皮特（William Pitt）政府新设的一个部里得到了一个职位，搬到了另一个选区后，还拿下了波特的席位。人们期待他在议会里大展宏图，尤其是他的新赞助人皮特，但他在会议厅里一言不发，在角逐贸易大臣、驻君士坦丁堡大使和魁北克总督等一系列政府职位的过程中也都失败了。在1761年的选举中，他采用昂贵但当时并不罕见的方法——给500名投票者中的300名每人5英镑避开了竞选，保住了自己的席位。那时皮特已下台，作为其追随者的威尔克斯回到议会。他发表了几次演讲，但霍勒斯·沃波尔（Horace Walpole）在日记中写道，他"讲得冰冷枯燥，却又有些粗鄙；他很没礼貌，且面部表情很可怕"。

他的议会生涯不过如此，证实了他的才华并不在公开演说上。36岁那年，他的写作才华才显现了出来。1762年3月，他首先出版了一本匿名小册子《对与西班牙决裂有关的报纸的评述》（*Observations on the Papers relative to the rupture with Spain*）。同年 6 月，他又创办了政治周刊《北大不列颠人》。正如标题暗示的那样，他脑中有一个政治靶子——苏格兰大臣布特勋爵。威尔克斯和他的撰稿人同事们认为布特正在领导一场接管英格兰的运动。报上的大部分文章聚焦于结束了七年战争的《巴黎条约》① 谈判。《北大不列颠人》认为，条约中的条款通过对战败的法国宽大为怀，从而"拯救了英国，使之免于毁灭"。该报还将布特在政治上的成功归功于他跟国王母亲的性关系。

　　该报的发行量很快就达到了可观的 2000 份左右，也产生了一大批敌人。同年 10 月，威尔克斯跟王室总务官塔尔博特勋爵（Lord Talbot）进行了一场手枪决斗，但政府没有找到法律手段使该报噤声。在布特勋爵于 1763 年 4 月辞职后，该报又猛烈抨击国王在议会会期的尾声发表的演说。第 45 期（4 月 23 日）的《北大不列颠人》谴责是"大臣的厚颜无耻"迫使乔治三世给如此"可憎的"议案"背书"。一场法律风暴就此拉开了序幕。格伦维尔② 内阁看到了机会，指控威尔克斯犯有煽动性诽谤罪，对"作家、印刷商和出版商"发出了逮捕令。尽管一般逮捕令（general warrant）上并未指名道姓，但威尔克斯及其同事们还是被捕了。由于拥有议会特权，威尔克斯被释放了。外面聚集起来的人群普遍都鼓了掌，并高喊口号："威尔克斯与自由！"威尔克斯派（Wilkesite）暴徒走上街头，在接下来的许多年里成了伦敦生活的一个特色。威尔克斯发起了法律反制行动。

　　这个案子吵了好几个月，成了热门话题，引发了骚乱和全国性大

---

① 签约时间是 1763 年 2 月 10 日。

② 乔治·格伦维尔（George Grenville）在 1763 年至 1765 年任英国首相。

讨论。下议院也就此问题展开了辩论。11月，威尔克斯又卷入了另一场决斗。这次他被下院议员塞缪尔·马丁（Samuel Martin）用手枪击中，伤势严重，声称自己无法参加进一步的法律或政治讨论。12月，他逃往巴黎。1764年1月，下议院确定了威尔克斯就是《北大不列颠人》的出版商，未经投票就将他从议院中除了名。四天后，王座法庭因他出版该报而判他有罪。他被传唤，未能出庭，于是被定为逃犯。

威尔克斯并没有因此就低调行事。根据菲利普·卡特雷特·韦伯（Philip Carteret Webb）和洛弗尔·斯坦霍普（Lovell Stanhope）签发的一般逮捕令，他的一些财物被没收，其中有一份《论女人》（An Essay on Women）的手稿。它是仿照诗人亚历山大·蒲柏（Alexander Pope）的《人论》（*Essay on Man*）而写的，却既拙劣又下流，是波特基于自己和渥尔伯顿医生之妻私通一事创作的，后来又经过威尔克斯的增补，加入了诸如"就好好地操几下，然后我们就死了"[9]之类的诗句。威尔克斯怀疑它会被出版，并被用来起诉他，便灵光一动，想出了一个大胆的计划来解除威胁。他在《公共广告人报》上发表了一份声明："菲利普·卡特雷特·韦伯和洛弗尔·斯坦霍普将很快出版《论女人》一诗。"如威尔克斯所愿，这两人害怕跟手稿扯上关系，于是很快将手稿还给了作者。然而，威尔克斯并没有善罢甘休，而是让他正因《北大不列颠人》停刊而少了工作的印刷商们为他的地狱火俱乐部的朋友们复制一打左右的《论女人》。虽然这些副本绝对仅限于跟他一起酗酒、玩弄女性的同伴们看，但还是有零星几页落入了不怀好意的印刷商麦克法登（McFaden）手中，由此又到了政府那儿。威尔克斯的敌人们还加了几行关于圣三一的诗句，于是他又被指控亵渎上帝。在上议院，诗句被大声诵读，引得大家哈哈大笑。这有助于提升威尔克斯在伦敦民间的人气。事实上，正如霍勒斯·沃波尔在《乔治三世统治时期的回忆录》（*Memoirs of the Reign of George III*）中所记载的那样，这个计划"是如此拙劣且令人反感"，以至于"整个世界几乎都联合了起来，大声反对告密者"。

1768 年年初，在充分利用了巴黎和欧洲的社交界后——包括去了意大利，据说在那儿还发生了一些风流韵事，其中颇为知名的是与"大腿灵活的"意大利歌剧舞者格特鲁德·科拉迪尼（Gertrude Corradini）的——威尔克斯以惊人的方式回到了英国。他先是隐姓埋名地过了几周，然后就代表伦敦金融城①参与议员选举，输了后，又宣布自己将与米德尔塞克斯（Middlesex）郡的现任议员们一起争夺代表伦敦及其周边地区的议员席位。威尔克斯及其支持者们展开了一场势如破竹的有组织的竞选运动。一大群威尔克斯支持者通过有效地恐吓其对手支持者，使威尔克斯以 1292 票对 827 票、807 票的优势在三方角逐中赢得了席位。下议院很快便决定开除他，就在他再度因《北大不列颠人》事件而受审的时候。该事轰动一时，并在接下来的几年里，成了街头政治的政治替罪羊。在此过程中，威尔克斯在伦敦街头以及政治激进派、改革派和反对派中都收获了一大批他个人的追随者。1768 年至1774 年，下议院两次宣告投票结果无效，但威尔克斯三次都被选民选回了议院。他乔装打扮溜进法院，结果却被一群暴徒放了出来。在一起被称为"圣乔治原野大屠杀"②的事件中，军队朝他的支持者开枪，造成至少 6 人死亡。威尔克斯还一度被关在王座法庭的监狱里，尽管

---

① 伦敦金融城（City of London）位于市中心，为英国商业、金融等的中心，由市长大人（Lord Mayor，只用来称伦敦和其他几座大城市的市长）和市政当局（Corporation）管辖。

② "圣乔治原野大屠杀"（Massacre of St George's Fields）发生在 1768 年 5 月 10 日。

该监狱相当宽松且豪华舒适。他最终于 1774 年就职，但早在 1769 年，他就赢得了伦敦高级市政官（alderman）的选举（在接下来的 12 个月里，还有几名威尔克斯分子也弄到了席位）。《权利法案》①绅士支持者协会支持他（还帮他还清了债务），伦敦金融城也成了他的权力基地。

到了 1771 年 2 月，威尔克斯已成了全国知名的对政府心怀不满的强有力的激进分子。围绕米德尔塞克斯选举的兴奋显著扩大了伦敦新闻界制作的政治出版物的供应量和需求量。很少有出版物能忍住不报道议会辩论。然而，1771 年 2 月，议会就该违法行为传唤了两名印刷商——《公报》的纳撒尼尔·汤普森（Nathaniel Thompson）和《米德尔塞克斯日报》的约翰·惠布尔（John Wheble），当他们未出庭时，就下令逮捕了他们。对威尔克斯及其支持者而言，这表明政府试图压制报纸的报道自由，这也是一个用一般逮捕令压制政治异议的例子。

作为回应，他们制订出一个计划。伦敦金融城负责在它的辖区内发逮捕令，此时伦敦金融城正好处于威尔克斯及其盟友的控制下。印刷商们受邀来这儿避难。下议院进一步发布逮捕的命令，于 3 月 15 日试图逮捕《伦敦晚邮报》的出版人约翰·米勒（John Miller），他是一名威尔克斯信徒。地方治安官们拒绝执行下议院的命令，于是下议院监禁了市长大人（Lord Mayor）和另一位高级市政官，并传唤威尔克斯，但威尔克斯拒绝出庭。现在，议会认为他"太危险了，惹不得了"，于是不再找他的麻烦。议会不愿就报道问题而推翻伦敦金融城的特权，只好认输。议会事务的报道仍然非法，但其实以伦敦金融城为基地继续着。正如目录学家斯坦利·莫里森（Stanley Morison）所

---

① 颁布时间 1689 年 10 月，奠定了英国君主立宪政体的理论和法律基础，确立了议会所拥有的权力高于王权的原则，与《王位继承法》一起标志着英国资产阶级革命的结束。

言，从 1771 年 7 月起，"阻止任何报纸发布议会报道的尝试都未能贯彻始终"。[10]1775 年，当威尔克斯成为市长大人时，他故意挑衅上议院，要求上议院继续执行自己颁布的禁令。上议院息事宁人地默许了议会报道。

就这样，威尔克斯发现自己成了一场巨大的社会变革的中心。他的政治生涯持续了下来，一直到 1797 年因他死亡才戛然而止。这场变革在很大程度上是由他挑起来的。在该事件中，他的个人特质和在社会等级中的地位起到了不小的作用。这个男人极具野心，没有虚伪的谦逊，不接受现状和有关不配得到的特权的说辞，"永远不可能戴上伪君子的面具"。他发现，凭借父亲的商业财富、自己的头脑、良好的教育和一桩权宜婚姻，成功便触手可及。[11] 然而，像许多人一样，跟当权派有限的接触（和他从酒肉朋友那里了解到的他们的腐败事迹）并没有让他感到满足，而是刺激他恶作剧般地煽动更多的骚乱。一名小说家可能会猜测他的性爱冒险、对刺激的渴望和冲动莽撞的行为之间存在着某种联系，以解释为何他长期以来一直都渴望激怒现行体制。

但是，威尔克斯不是只追求个人的名利，他还真切地渴望改革，痛恨腐败和卑劣的愚蠢。这些都是他行动的动力。作为一名记者，他的才华在于不仅迎合了大众对改革的渴望，而且把它与一种采用讽刺、粗俗的攻击、性和排泄物的隐喻等更通俗的风格结合在一起。新闻界最有活力的时候，就是当它迎合一种沸腾的愤怒的大众情绪，直言不讳地攻击隐秘的享有特权的自私自利的权力体系的时候。威尔克斯在街头和新闻界的人气显示了"新闻"到底能有多大的威力和爆炸性。他并非孤军奋战，但他鲜明的个性和狼藉的声名使他盖过了别的极其重要的玩家的风头。如果没有伦敦金融城的支持，他的策略是不可能成功的；此外，还必须顺着议会的意见来，许多议员已经接受了报道议会事务的通常做法，比如琼斯和波耶尔的早期工作。这一事件表明了新闻和一种更大众的政治形式所具有的潜力。

威廉·伍德福尔

威尔克斯的名望还建立在当时流行的印刷文化已经成熟、稳固的基础上。这张由印刷商、投资人、赞助人、卖家、地方网络、报纸、小册子作者构成的大网，为威尔克斯及其竞选活动提供了一个真正的公共平台。其中最主要的就是记者兼出版商威廉·伍德福尔（William Woodfall）。他与威尔克斯形成了鲜明的对比。一个很冲动，另一个则很严谨，且更善于跟现行体制打交道。但他们都抓住机遇，奋力撼动现状。伍德福尔生于1746年，比威尔克斯足足小了20岁。他的父亲是一名伦敦印刷商，是两家报纸——《广告人报》和《伦敦邮包报》的老板。他是家中的幼子，最初在主祷文街上的一名书商那里当学徒，后来一心想演戏，于是进费雪公司当演员去了苏格兰。1769年，父亲过世，哥哥亨利·桑普森（Henry Sampson）接管了《广告人报》，伍德福尔则放弃了自己的表演梦并于1772年接管了《伦敦邮包报》。1774年，他又转去当《纪事晨报》的编辑和印刷商。

尽管伍德福尔引以为豪的是他的客观，但他的政治立场是支持辉格党和伦敦金融城商人的宪法利益。米德尔塞克斯选举和圣乔治原野大屠杀振奋了"国家精神"。约翰·阿尔蒙（John Almon）——一名书商、印刷商、威尔克斯信徒兼政治记者在回忆录里声称，现在是通过每周三次在《伦敦晚邮报》上发布议会概述来"让全国人民都了解议会议程"的时候了。作为报道，它们太短了，但阿尔蒙称，"它们大体上相当准确，其准确性也许是印刷商安全的原因"，因为议会没有找他的麻烦。其他报纸也意识到公众对米德尔塞克斯选举很感兴趣，于是纷纷效法阿尔蒙，虽然更加谨慎，但也为读者提供了甚至更短的有关就威尔克斯展开的辩论、发言者名单和偶尔的分组数字①的摘要。包括颇具影响力的《绅士杂志》在内的月刊则乐观得多。《绅士杂志》发表了长篇议会报道，把它敷衍地伪装成写给年轻绅士们的关于"一个刚建立起来的社会"的描述。伍德福尔充分利用了威尔克斯于1771年创造出来的报道议会的机会和自己在这方面的名声，在接下来的十年里，在政治记者中始终占据着支配地位。议会报道成了《纪事晨报》的核心特色。它自豪地用比正文字体大的字体来印刷"议会情报"（Parliamentary Intelligence）的标题（后来还用副标题将辩论隔开）。当议会开会时，刊头也有所变化，日期在"议会情报"之上，而不是如往常一样在"伦敦"之上。其他报纸，比如《先驱晨报》，很快也在它们的版面上以类似的方式凸显了"议会情报"。[12]

伍德福尔的成功催生了许多有关他天才般的记忆力的故事。据说，他闭着眼睛、靠在手杖上倾听演讲，仅凭记忆就能写出报道来，其中最出名的故事发生在1784年他去都柏林报道爱尔兰议会辩论的时候。他的记忆力强到被形容成"超自然"，远超同时代的其他速记记者。他的确靠这个本事招徕了名气，有了"记忆伍德福尔"的绰号，据说他上街会有人群跟着。他受过演员训练，而且无疑拥有良好的专注力和记忆

---

① 此指立法机构在对议案进行表决时分成两组，即赞成者和反对者，两组分别有多少人的数字。

力，但他还有其他手段。另一位记者詹姆斯·斯蒂芬（James Stephen）注意到，身为"自家报纸的主人"，伍德福尔"为了议会报道愿意牺牲对报纸名声的其他所有考量"，他要等到读完其他所有报纸的报道后，才会将自家报纸送去刊印，以确保自己的报道毫无疏漏。《纪事晨报》比其对手晚出几个小时，却可以由此打造其具有准确性、完整性以及自称的客观性的名声。伍德福尔1782年的肖像画出自乔舒亚·雷诺兹爵士（Sir Joshua Reynolds）的一名弟子——托马斯·比奇（Thomas Beach）之手。画中的他手持羽毛笔，正埋头工作，他的右手边有一卷纸，纸上题为"议会辩论"（《纪事晨报》把比奇描绘成"[一个]杰出的……天才"）。[13]1789年，伍德福尔卖掉了《纪事晨报》的股份，创办了《日志报，即伍德福尔纪事报》。该报是第一个报道前一天晚上两院议程的报纸，售价为4便士，但仅办到1793年就办不下去了。尽管如此，伍德福尔在推动议会运转更加公开化方面做出了深远的贡献。

该报的失败提醒人们，在主要报纸越来越赚钱的同时，较小的报纸的老板们则在承担风险。到了18世纪80年代，一家报纸的年利润约为2000英镑，至于《星报》和《先驱晨报》,则至少还要乘以3。到了19世纪20年代，有些报纸一年就能赚12000英镑，比如伍德福尔一度持有股份的《纪事晨报》。1803年，丹尼尔·斯图尔特在将《晨报》从财务困境中解救出来后，就以25000英镑的价格卖掉了它。所有这些都不如《泰晤士报》值钱，1819年其估值已高达45000英镑。地方报纸也能取得极大的成功。它们在伦敦和其他地方报纸中发掘新闻加以利用，在当地既能找到现成的读者群，又能找到一大批想登广告的人。报纸也会为自己打广告，它们满城贴海报，卖报者的叫卖声成了城镇的听觉风景中熟悉、响亮的部分。有些老板，比如《约克新闻报》的安·沃德，还发现自己住在伦敦但在当地雇一名主编来经营是一种很合意的做法。[14]

伍德福尔知道接近核心有很多好处，并试图把这种政治信息的获取权转化为利润和公共利益。正如现存信件所揭示的那样，他会定期同事件参与者直接接触，恳求发言人为他的报纸提供演讲稿。例如，1794 年 12 月，他写信给茶商理查德·川宁（Richard Twining），告诉对方他正在"准备一份关于上周三在东印度大楼①展开的那场辩论的报道"，"如果你愿意，可以通过我的报道传达你在辩论中所说的话，我将提供相应的帮助，除了公正地传达所说内容，我没有其他什么目的"。[15] 即使在这里，伍德福尔也意识到了信息的价值，提到川宁可能有他自己的发表计划。伍德福尔经常用这种办法，缠着议会发言者们讨要演讲稿。例如，1784 年，他在给威廉·亚当的一封信中写道："你能不能帮我把你能回想起的任何点随手松散地写在纸上？强烈要求是那些报纸上没出现过的和还没给报纸的。"[16] 可能需要指出的是，对发言者来说，这并不是一个艰巨的要求，因为两院的发言人都不是即兴辩论，他们往往会提前做准备，通常还有发表的打算。

伍德福尔报道了都柏林辩论，写成了《关于 1785 年爱尔兰下议院辩论的公正概述》（An Impartial Sketch of the Debate in the House of Commons of Ireland in 1785）。他在开篇明确阐述了自己的方法，并将该文献给"公众"，这就很能说明问题了。当然，这是一份比报纸更具权威性的出版物，但它显示出了伍德福尔的名声和方法。伍德福尔自

---

① 原本位于伦敦的利德贺街，曾是英国东印度公司的总部，有关印度事务的政策和决议都在这儿制定。

称是"记录员"①,告诉他的读者他"不遗余力地使概述尽可能真实可信"。维西姆斯·诺克斯牧师(Reverend Vicesimus Knox)的《道德和文学论文集》(*Essays Moral and Literary*)一书出版于 1778 年,影响很大,且经常再版。书中一篇编号为 86 的文章提到了伍德福尔的名声,并由此延伸出对报业在日常生活中所发挥的作用的认可。文中还将艺术女性和政治女性做了略带蔑视的比较。前者的"阅读范围主要局限于报上的诗歌区",后者有时则"敢于投一两段稿件",只是"她所有的知识"要么来自"赛"(Say),要么来自"伍德福尔"(这里的讽刺意味也许在于有"意见、发言权"之义的"Say"很可能指的是玛丽·赛 [Mary Say],她是伦敦三份报纸的出版商)。诺克斯还指出:"报纸构成了政治家的整个藏书室。"[17] 新闻业和政治之间的相互联系将在法国、美国和后来的其他国家产生革命性的结果。

---

① 现在的"reporter"(记者)一词也可指汇报人,法庭的书记员、笔录员,议会等的记录员,速记员,苏格兰法院中专门搜集少年犯罪情事的检举报告承办员。

3

殖民地报纸

现代报纸很少是纯本地势力的产物。它们大多为国际集团或海外利益集团所有。新闻业除了金融基础不在本国，英语世界里的许多新闻从业人员也都住在国外，因为记者们，无论是自由撰稿人，还是在职员工，常常同时为大西洋两岸工作。也许，英国和欧洲大陆之间的联系并非如此。20世纪90年代，罗伯特·马克斯韦尔（Robert Maxwell）的日报《欧洲人报》没能拥有很高的人气，这就很能说明问题了。报纸也很关心外国事务。如今，一家全国性报纸如果没有国外新闻——不管是通过办事处还是自己的记者获得——就会被认为是不完整的（尽管许多报纸都已大幅削减了海外投入）。最近，高知名度的报纸的摘要被大西洋彼岸或英吉利海峡对岸的伙伴报纸收录。例如，从2004年起，《纽约时报》和英国的《每日电讯报》在线上、线下都结成了合作伙伴；2010年，一些维基解密（WikiLeaks）的外交电报材料的传播和分析工作由英国、德国、法国和美国的多家自由主义报纸结成的联盟负责处理。这样的国际联系早有先例。1887年，颇具影响力的北美记者、主编小詹姆士·戈登·贝内特（James Gordon Bennett Jr.）创办了当时名为《巴黎先驱报》的《国际先驱论坛报》（2016 年，巴黎新闻编辑室被关停，最终与《纽约时报》国际版合为一体）。在这些跨大西洋信息交换出现之前，更多的非正式交流早已存在。18 世纪，报纸乐于通过翻印海外的兄弟报纸，报道外国首都的最新消息，通常只做微小的改动，一般未经原报纸许可，也不会补偿它们。19 世纪，报纸和印刷商还随意使用关于小说或其他故事的连续出版物，这些出版物跟大众消费和报纸使用的出版网络的联系很紧密。小说家，尤其是查尔斯·狄更斯（Charles Dickens）和安东尼·特罗洛普（Anthony Trollope）的连载作品引发了激烈的竞争，竞争激烈到美国出版商在伦敦港设有专门跑腿的人，随时准备好赶在竞争对手和盗版付梓之前将最新作品送到大西洋彼岸。

　　21 世纪的头十年，英国的《每日邮报》和《卫报》都特别重视它们的美国网站，《每日邮报》在页面点击量和广告收入方面取得了巨大成功。其实，消息在 18 世纪时就能跨海传播了。事实上，有人可能会说，在那个水运比陆运快，而且在布里奇顿、费城、纽约或波士顿的阅览室里，巴黎或伦敦的时尚或政治消息是至关重要的信息的年代，这种跨海峡、跨大西洋的联系肯定会很强。在航海时代，新闻界能给当时的商业提供的最有价值的贡献之一是信息交流，这些信息是航运消息和远方商品的时价，比如波罗的海的木材或古巴的糖蜜。[1] 船只在海上往返奔波，在河里航行，运送着货物和乘客。船上的货舱轻易就能容下几箱最新的报纸，可以用来换硬币、商业汇票或一瓶瓶的朗姆酒以在这长达一个月（或更长）的横渡中借酒浇愁。正如贸易是帝国的凝聚力和国家之间的纽带一样，商人传播的消息同样创造性地把土地和人民联系在一起。英国性、美国性这样的概念在一定程度上是被报纸阅读创造出来的，因为其他城市、郡县或大都市的新闻帮助报纸读者定义了自己的身份。与此同时，报纸印刷商对外国事务（对新教徒的美洲和英国来说，尤其是对天主教国家的令人不安的事务）持续的关注则帮助界定了"他者"。

美洲殖民地新闻

　　到了 18 世纪 60 年代，殖民时期的美国拥有相对充裕的报纸。几乎每个州①都有一到两份自己的报纸，还有船只从欧洲带来的海外报纸，在天气允许的情况下，会尽可能定期。《纽约公报，即邮差周报》的印刷商詹姆斯·帕克（James Parker）无疑有些私心地指出：报纸是"人们不可或缺的一大乐趣"。本杰明·富兰克林（Benjamin Franklin）认为，到了 1770 年，北美十三州已有 25 家报纸了；他学习印刷和编辑手艺的波士顿已经拥有英国海外帝国制作的所有报纸中相当大的一部分。[2] 主要港口，比如萨凡纳、费城、纽约或波士顿，每周还会有新消息通过船运抵达；跟英国的地方新闻界一样，本地印刷商会把这些"新鲜信息"转化为报纸，充当编辑和出版商。[3] 盛产糖和烟草的加勒比海诸岛屿也为消息提供了另一条水运路线。巴巴多斯和牙买加的报纸尤其利用了这些相对新的欧洲来的消息源，以及支持经济的关于西非奴隶贸易的信息。印刷商发现报纸可能是一个成功的商业提案：

---

① 此指美国独立前的十三个州（colony）。

报纸带来了广告客户，可以用来跟其他印刷商和供应商交换库存和材料，还招揽来了所有重要的构成财务命脉的"零件印刷"生意，比如海报、名片和印刷表格。

报纸不仅仅是纸张，它还是许多印刷商、印刷店赖以存在的基础。作为社区里的信件收发和保管地，这些印刷店为其印刷商带来了一定的社会声望。它们在印刷报纸之余，还充当着社区中心的角色。例如，人们在费城挂着"圣经"招牌的店里就能找到威廉·布拉德福德[1]，"店里还供应本报，每年只需 10 先令……如需登广告，请至前街和市场街交会处的街角楼"。[4] 报纸本身易于运输，相对较厚的亚麻布浆纸也足够结实、耐用。殖民地报纸一般有 4 页，印刷数量从几百份到几千份不等，上面刊登了许多广告，偶尔有信件，还有一些国际、殖民地和本地新闻的专栏。这些短消息按从最旧到最新的顺序排列，因为当消息抵达时，印刷商的金属活字已经排好了。印刷商也可能为一篇短社论而保留空间。从 18 世纪 60 年代起，随着英美关系受到考验，这样的报刊短讯被证明是形成、传播政治观点的一个重要工具。

在前两章里，我们见证了从 17 世纪起报纸在欧洲的发展过程。最初，它们主要是商人和有政治利益的人的工具。渐渐地，它们也日益向更广的公众喊话。而且，随着种类和发行量的增加，报纸雇用的工人越来越多。这些工人来自社会的各个阶层：提供官方消息的秘书、充当编辑和初代记者的印刷商、油墨制造商、短工、排版和印刷的已婚妇女和寡妇、叠报纸的、打包报纸的、批发商、书商和街头小贩。此外还有创制活字和机器的专家、收集用来造纸的破布的流动工人，以

---

① 威廉·布拉德福德（William Bradford，1663—1752 年），被誉为"美国印刷业之父"。

及造纸行业的打浆人（beater）、操作造纸机成形网的人（wireman）和染匠。富兰克林在自传中说，妻子黛博拉"很乐意帮忙我的生意，折叠报纸，缝制小册子，看店，还帮造纸商买旧的亚麻破布，等等"。[5]在美洲，印刷商还让奴隶来做报纸，包括富兰克林在内。18世纪40年代，他的奴隶助手彼得·弗利特（Peter Fleet）帮他印刷《波士顿晚邮报》。一个成功的印刷商可能还需要一个会计来管账。此外，报纸还要跟国家机构打交道：纸张，有时报纸，要征税。它们无疑吸引了审查官的注意。就这样，报纸及其生产者、消费者跟本地和全国社区联系在一起。报纸作为一个实体，和它的内容一起，在这些身份的形成中发挥了越来越大的作用。

新闻和报纸在美国自我意识形成和发展的过程中发挥了至关重要的作用。[6]殖民地社会一度是新兴的，是跟英国大都市连在一起的。有些殖民者离开是为了逃离旧大陆，另外一些则是为了寻找新的机遇，并不想背弃英国。商业、家庭和文化的纽带继续把美洲殖民地和英国连在一起，就在美国形成一种不同的身份认同的时候，尤其是在18世纪下半叶，当连接英国及其殖民地的纽带受到考验、被撕裂的时候。这还是一个双向进程，同时定性了英国的身份认同。事实上，正如丹尼尔·奥奎因（Daniel O'Quinn）所言，美国独立战争导致了"英国主体性（subjectivity）的重构"，即自我意识的重构。他尤其巧妙地把报纸的真实空间和想象空间与反映人们对"消息"的渴望的剧场表演联系起来，这些表演讲述了英国人在失去帝国的过程中是如何看待自己的。在相对较暗的剧场里，演出的戏剧常常影射或直接讨论美国独立战争中的最新事件，或者在阅读或讨论当天的报纸时，有关国家和帝国的问题也在舞台上演。这样的演出还很有销路。奥奎因强调了新闻界和戏剧表演背后的商业推动力，指出：1771年，约翰·威尔克斯创新地，也是非法地在《米德尔塞克斯日报》《公报》和《伦敦晚邮报》上发布议会辩论报道，尽管他和"他的支持者们挑战法律的极限是出于政治原因……但印刷商们想印议会辩论是因为它们能卖报纸。读者们想要获得议会辩论信息是因为对美洲发生的事件所激起的轰动有着浓厚的兴趣"。[7]

威尔克斯给我们提供了一个特别生动的案例，向我们展示了18世纪中期新闻在大西洋两边都是如何产生影响的。威尔克斯不仅在伦敦或格拉斯哥极具影响，对生活在北美殖民地的英国男男女女来说，也是很重要的新闻人物。1763年，威尔克斯因出版了批评乔治三世和《巴黎条约》中的条款的第45期《北大不列颠人》而被监禁。在英国报纸报道此事后不久，人们就能在美洲报纸上读到相关报道。常常收到从法尔茅斯（Falmouth）驶出的首批船只带来的消息的《纽约公报》在6月20日那期刊登了一封日期为4月30日的"伦敦来信的摘录"。现在我们普遍认为信件是个人隐私，但在18世纪，情况并非如此。该信表示，威尔克斯因损害议会特权而遭监禁，这"无疑将引起轩然大波，整座城市毫无疑问都将像着了火一样……威尔克斯先生很可能会继续被关在伦敦塔里，直到议会开会为止"。这一版上的下一句话是："三四天后，'查尔斯敦号'（Charlestown）的船长将离开伦敦，前往纽约。"这大概是报纸专栏里给纽约读者看的重要部分。似乎还有更多的报告在横渡大西洋的路上，跟它们一起来的当然还有更多的实物货物。

在《纽约公报》转载那封伦敦来信的同一页上，读者——鉴于报纸阅读方式的性质，即一份报纸大家一起读或是在咖啡馆、小酒馆、俱乐部里大家传阅，确切点说，是读者们（例如，美国政治家、国父约翰·亚当斯［John Adams］在日记中写道,他到纽约的一家"满是绅士"的咖啡馆里去读报）——可以读到关于被报纸称为噪声的报道,其描述完整、详尽,但也更为恐怖。[8] 从皮特要塞（Fort Pitt）、贝德福德要塞（Fort Bedford）寄到费城的信件详细描述了特拉华人（Delaware）、肖尼人（Shawnee）、明戈人（Mingo）、怀安多特人（Wyandot）这些美洲原住民与英国殖民者和军队之间的冲突。一封从贝德福德要塞寄出的信以这样的方式开头："消息一定已经传到了你的耳边,讲述了各种各样的情况,以下是我到目前可以信赖的最真实可信的。"然后,报道详细描述了在庞蒂亚克战争期间两名士兵、两名妇女和一名儿童被剥头皮的事,以及一名士兵与一名美洲原住民之间的一场打斗,士兵带着被他留在"水下"等死的原住民的一截耳朵扬长而去。1763 年 4月,威尔克斯在《北大不列颠人》上发文抨击 2 月签订的《巴黎条约》。到了 1763 年 8 月, 法国－印第安人战争似乎已接近尾声。在布希溪之战（Battle of Bushy Run Creek）中, 波克特上校（Colonel Bouquet）和 500 名士兵获得了胜利, 解了皮特要塞之围。报纸迅速集结起来, 庆祝这场胜利（后来才知道, 这只是一时的）, 费城的钟声彻夜长鸣, 乔治三世也对该胜利表示了祝贺。

这份报道, 我们可以怀疑它至少在一定程度上有宣传意图, 措辞还很客观——报纸声称自己具有真实性的关键特征。写信的人知道信息的价值和人们对信息真实性的特别重视。毫无疑问, 这也是把新闻拼装成报纸的主编们所重视的。人们也承认, 新闻报道并不完美, 接下来就必须重新整理证据才能得出结论。同一页上还有另一则消息, 是从奥尔巴尼来的几条"情报"。下面的版面抄录了一些信件, 信中暗示人们有理由担心奥古斯塔要塞（Fort Augusta）将遭到攻击。刊登在版面上三四个专栏里毫无顺序可言的新闻，每条开头都会用一两句话说明消息来源：印刷商们屡次三番地使用"我们听说""一封最近从伦敦寄来的信件报告说"等短语。这部分是一种提醒读者它是"消息"的修辞习惯，部分是真实可信性声明，毫无疑问也有部分是印刷商要的花招。18 世纪中后期的报纸里充斥着格式化的语言，将读者和印刷商牢牢地明确置于由通信者、报纸"俱乐部"、船长，当然还有其他报纸构成的网络中。

这个例子——选得有点随机——除了证明对报纸真实性（大概还有对商业利益）的兴趣，也谈到了存在于报纸生产和消费中的网络。[9] 报纸远不止是一张刊登广告和新闻的折叠式大幅印刷品。它们用它们的生产者和消费者、印刷商和读者都懂的语言进行对话，把他们跟他们的社区和更广阔的世界联系在一起。它把印刷商极度依赖的本地信用网络和本地精英、历史学家约瑟夫·M. 阿德尔曼（Joseph M. Adelman）口中的"长途信息供应商"[10] 连接起来。当一个人用双手捧读一份黑白印刷报纸的时候，大西洋那边的世界跃然纸上。我们想象的读者也许坐在纽约巴特里公园附近的一家小酒馆里，也许坐在国王学院旁的春日花园（报上的广告说它已易主）里。他被巧妙地安置在大西洋东西两岸之间，页面上有一条狭窄的沟渠，平衡、联结来自伦敦和俄亥俄河谷的消息。在这里，地方、全国和大西洋两岸在某种程度上还算舒服地共处同一张物理页面上。

当然，这种世界观所呈现和强化的都是欧洲白人的统治地位，其中的权力等级制度——伦敦、殖民地、奴隶都反映在报纸的语言和内容里。例如，1739 年，史唐诺河（Stono river）附近爆发了奴隶工人起义，相关消息花了八周才通过手写信件传到伦敦，而且事件的呈现方式是特定的。至少有四家伦敦报纸——《伦敦晚邮报》《每日公报》《每日邮报》和《伦敦与乡村日报》立刻刊登了这个消息，因为它们知道这个消息对它们的读者来说很重要，他们中有许多人依赖于大西洋奴隶经济的收益。时间延迟无疑只会加剧他们对自己拥有的奴隶这种财产的担忧。《每日公报》的报道安抚了这种读者的心，称殖民者杀了"约30人，将其余的赶入沼泽，他们要么投降，要么被剑刺死"。在殖民地和英国的新闻界，奴隶造反和暴动都是普遍被关注的问题。正如印刷历史学家凯瑟琳·阿姆斯特朗（Catherine Armstrong）指出的那样，新闻界说奴隶"鬼鬼祟祟地躲在沼泽地里"，而南卡罗来纳州的州议会报告称这些人"自信地游走在建筑环境① 里，'折向南行，一路烧光了所有房屋'"。[11] 新闻界强化了种族差异和殖民主义的不平等，它呈现出来的殖民时期的美国的殖民者社会是一副正常、理性的样子，并把这个社会描述成经过验证的事物秩序的一部分。

精于剪切、复制、粘贴的新闻界

在创制报纸的过程中，主编通过新闻界利用了信息共享网络和新闻传播网络。如今，任何一个读18世纪报纸的人都会深刻地感受到所谓"剪刀加糨糊"式的新闻工作的盛行，其做法就是将故事从其他报纸上剪下来，贴在自己的页面上，通常——但不总是——不注明出处。

---

① 即 built environment，指有建筑、有道路、非乡村的地方。

这种借用的形式很多。本杰明·富兰克林回忆道："我还将我的报纸视为另一种传达教诲的工具，鉴于这种观点，我频频从《旁观者报》和其他道德作家那里摘抄片段。"[12] 约翰·亚当斯向我们展示了他在筹备报纸时是如何尽其所能地从各处搜集材料的："晚上，正在为第二天的报纸做准备工作。这真是一份奇怪的工作。编造段落、文章、事件等。让政治引擎转起来！"[13] 1765 年，《费城日报》转载了威廉·利文斯顿（William Livingston）发表在《纽约公报》上的保守主义专栏《哨兵》（Sentinel）。这是一个政治选择，同时也是编纂报纸的一种手段。这只是众多例子中的一个。后来，利文斯顿以"美洲辉格党"（The American Whig）为笔名，就印花税法案及相关的暴乱发表文章："最近，灾难性的印花税法案引发了骚乱和暴动。我不可能不带着最温柔的担心来看待这一切。因为我明白后果太可怕了，母国和这些殖民地之间的关系将会破裂。这是任何一方的真正朋友都不愿意看到的事。"[14] 1758 年，富兰克林①和弗吉尼亚州的威廉·亨特（William Hunter）被任命为邮政局的副局长。不久，他们就确立了免邮费交换报纸的做法，信息得以跨州共享。这是为了"不阻碍报纸的传播，在许多情况下，报纸都对政府有用，对商业和公众有利"。[15] 印刷店之间也会通过邮寄的方式定期传递信息碎片，但常要跟天气和地理做斗争。例如，1766 年 3 月，《波士顿公报》指出，周四晚十点的一场暴风雪使"查尔斯敦号"渡轮无法顺利横渡，因此东边来的邮件没法过来了，"我们猜测暴风雪已使从南边和西边来的邮件受阻，因为它们没有抵达本报"，话虽如此，但请读者们放心，"我们已收到对 J 先生的批评的评述"，编辑

---

① 从 1737 年到 1753 年，富兰克林任宾夕法尼亚州邮政局副局长，从 1753 年到 1774 年，任整个北美十三州的邮政局副局长。

"将在下期予以刊登"。[16]

在这个新生的美利坚共和国国内，随着 1793 年法案的通过，作为一种报纸制作方法，邮政交流的做法流行开来。1793 年法案保障了编辑通过美国邮局免费交换报纸的权利，对订阅者实行低邮资政策，确保 19 世纪期间"快马邮递①的骑手（pony rider）及其邮包一到，印刷商就把外地新闻放在本地最新头版上"。[17] 对于手动印刷时代而言，这种做法也是有道理的。那时，当消息抵达的时候，通常由波士顿、纽约和费城港的船只捎来，活字仍是冷的、排好的。甚至从英国来的消息到没到都能成为新闻。正如 1766 年 1 月的《波士顿晚邮报》所展示的那样："我们听说，在马布尔黑德有一份 11 月 14 日的英国报纸，只是尚未到手。"在这里，我们可以明确感受到，就和一年前的情况一模一样，当时在美洲殖民地的人们十分渴望知道英国在政治上对印花税法案危机会有何反应。编辑在详细描述了 1765 年年末两艘船的抵达情况后，用斜体字插叙道："有报告称，还有一艘船上也有英国报纸。"《波士顿公报》的编辑也给读者带来了令人失望的消息："戈达德船长的'海德勋爵号'邮船（*Lord Hyde* Packet boat）从法尔茅斯出发，于昨天抵达,但并没像其他船只一样带来报纸。"[18] 还可能有更多消息的预告，比如关于伦敦辩论细节的："据报道，乔治·萨维尔爵士、威廉·贝克爵士和其他一些议员以及康威将军、巴雷先生，都表示支持北美十三州，但最后提到的两位绅士的演讲尚未见诸报端。"波耶尔、威尔克斯及其他人为能够报道议会所付出的努力在大洋彼岸引起了反响。[19]

---

① Pony Express 是 19 世纪 60 年代美国中西部的邮递系统，骑马者连续接力传递邮件。

这样的活动还利用了报纸、新闻信和以其他形式传播的手写信息之间的寄生关系。明确承认使用信件起到了两个作用。它默认了一个事实——在早期，作为一种系统性的信息交换形式，写信是一项比印刷更为特权的行为，这种情况一直持续到了 18 世纪。这意味着只有有钱有权的人才负担得起信息获取权，用历史学家安德鲁·佩蒂格里（Andrew Pettegree）的话来说，甚至构成了"权力的核心属性"，尽管这些以商人信件和通信团体为存在形式的接触圈随着时间的推移有所扩大。[20] 殖民地也存在着这样的网络：波士顿邮政局长邓肯和他的儿子约翰·坎贝尔（John Campbell）跟他们的前任一样，利用职位之便收集、核对、传播信息。大约从 1702 年起，约翰·坎贝尔根据《伦敦公报》和其他报纸制成了一份关于欧洲事务的每周新闻信，寄给了康涅狄格州州长菲茨 - 约翰·温斯罗普（Fitz-John Winthrop），可能还寄给了新英格兰地区 ① 的其他重要人物。其他邮政局长很可能也干了差不多同样的事。[21] 从印刷报纸诞生之初，它们就被描绘成手写新闻信的既经济又明显不那么复杂的替代品。通过它，消息得以广泛分享，由此也失去了作为一种从前只有外交官、商人、大臣和国王本人才有的产品的某些稀缺性价值。而且，把关于书信体信息源头的信息纳入进来，有助于将报纸置于跨大西洋的背景中，承认存在一个更广阔的世界，也存在一种用纸墨的形式描绘它的方法。不过，到了 18 世纪 60 年代，人们也认识到报纸的小字体和多个专栏使消息的密度变大了，其中有一些可能比那些经过润色、分析的，以信件的形式发送的消息要新鲜一些。[22] 1762 年，威廉·伯恩斯写信给特伦顿的出版商托

---

① 美国东北沿海地区，由 6 个州——缅因州、佛蒙特州、新罕布什尔州、马萨诸塞州、罗得岛州、康涅狄格州组成。

马斯·布拉德福德，分享了他对报纸文化的担忧，承认了信件的作用，还请对方"寄报纸给我，寄到潘宁顿附近"。[23] 坎贝尔还跨入了报纸生产领域，创办了《新闻信报》，版式和内容都是模仿《伦敦公报》的，而且刊头也宣称："官方印制。"[24]

除了把大西洋世界，至少是有文化的自由民连接在一起，新闻界也帮助美国形成了自己的联结和身份。殖民地的新闻界需要靠欧洲供应报纸和信件的同时，它还有赖于东海岸的报纸印刷商之间保持的良好关系。现存的印刷商的信件和报纸里充斥着搜集信息、维系并扩大订阅者网络、招揽广告、追讨之前的广告或订阅欠款的各种尝试。有些印刷商直接订《伦敦公报》等英国报纸，而另外一些，如费城印刷商大卫·霍尔（David Hall），则在伦敦雇代理人搜集剪报和其他零碎信息，每个月通过邮船运送回来。霍尔跟其代理人威廉·斯特拉恩（William Strahan）的关系可追溯到他移民前在爱丁堡当学徒时期。斯特拉恩成立了一家成功的跟政府关系极好的伦敦印刷厂，因此他能为霍尔印制《宾夕法尼亚公报》①提供源源不断的英国政治新闻。[25]

生产、销售报纸所获得的资金对建立殖民网络起到了支撑作用。例如，在本杰明·富兰克林和其他人一起创办的费城图书馆公司（Library Company）里有一份文件，这份记录显示新大陆报纸生产的经济状况通常是岌岌可危的。在印刷生意成功的等级体系中，报纸处于稍微中间的位置。大多数报纸都失败了，不过，话说回来，大多数书籍也是亏钱的，而且比报纸亏得多得多。成功的报纸，比如本杰明·富兰克林的《宾夕法尼亚公报》，可以为印刷商未来的商业成功提供基石，而

---

① 又译为《宾夕法尼亚报》《宾夕法尼亚日报》；1748年，霍尔从本杰明·富兰克林手中正式接管了该报的出版及其他各项印刷业务。

且作为交换品，还可以被用来与殖民地的其他印刷商拉关系、建网络。真金白银可能要通过政府业务或其他从官方承包来的工作，尤其是印海报或官方记录这样的活才能赚到。对大多数印刷商来说，他们的财务状况基于成功的零件和日常出版物，如传单、名片、广告、空白的法律和商业表格与其他短命资料，以及各种年鉴。一个有效率的报纸出版商必须对读者在哪里、谁欠钱、谁可能想打广告这些问题有一个清晰的概念，并保持审慎的关注。

我们可以通过 1765 年年初刊登在纽约和费城报纸上的广告大致了解殖民地社会的方方面面。无论多么平淡无奇的方面，都可以在报纸的版面上找到。其中有一则是纽约的米利根女鞋鞋店的宣传广告。有一则是一个叫罗伯特·史密斯的人所发布的失物招领启事，他在费城捡到了一块表，并借机宣布"他的制帽生意照常继续营业，并以最高的价格收购皮毛"。还有一则招工启事，"在弗吉尼亚州温切斯特往北约 20 英里处的一家锯木厂招工人"。费城学童的家长们被告知，有一位蒂奥利先生"采取这种方法通知那些他有幸教导的孩子的家长们，他打算在接下来的 4 月份离开本地"。[26] 成功的松鼠猎人们则走运了："急需许多地松鼠的皮，凡是能在下月 20 日前将皮带到伦敦咖啡馆的人，都将获得每张 3 便士的报酬，不论量多量少。"[27] 这些本地启事显示商业和日常社会生活是混合在一起的，这有助于地方社区焕发生机活力。除了读者消费这类广告，它们的作者也不得不拜访或写信给印刷商，并与那些回复启事的人通信。

报纸印刷商还不得不掌握将报纸送到读者手中所需的复杂的基础设施。一旦一份报纸准备好了（至少第一稿本好了），印刷店就得排好活字，然后手工印刷，再送到书商或批发商那儿，并通过一个由街头小贩组成的密集的网络传递，由此才到达购买者或订阅者手中。上文提及的费城图书馆公司的那份文件里列出了马修·凯里（Mathew Carey）的《费城先驱报》的订户名单，显示这座城市布满了它的投递路线。长久以来，元旦一直是个送礼的日子，大幅印刷品也会大肆庆祝元旦。负责投递报纸的"报纸小伙""印刷商的男孩"和"印刷厂学徒"（devil）们在这天会受到颂扬。英格兰有一项传统，后来被殖民地引进，就是报纸小伙子们传播一首特别创作的诗歌，内容通常是思考国家大事和新闻的性质。

印刷商必须投入大量的时间来保持联络以确保自己盈利，并为自家的报纸寻找有新闻价值的题材。管理报纸订阅网络并不是一件简单的事，在别的城镇维持一个由志同道合的印刷商、店主和送报骑手组成的群组并说服他们在当地分发自己的报纸也并非易事。《宾夕法尼亚日报》的出版商威廉·布拉德福德为他的报纸维持着一大群订阅者、转卖者和交换者，该报后来成了独立运动的旗手。1766 年 3 月，兰卡斯特的詹姆斯·阿斯基（James Askey)写信给布拉德福德，透露了在这种安排下现金流方面的困难："请您在下期报纸里为我插刊一则高明的广告，尽管我还不能支付报纸去年的运费，也无法付新一年的全款。"[28] 即使马萨诸塞州都是些老实人，《波士顿公报》也面临类似的问题，在一份印刷于 1765 年的报纸的页脚上刊登着一个当时很常见的恳求："所有欠本报钱的人，账单超过 12 个月未结清的，请立即付款。"[29]《弗吉尼亚公报》的印刷商威廉·林德（William Rind）抱怨道，"我从公报收来的钱还不够付分发它们的骑手的工资，但我又非得雇用他们不可，因此我所有的报纸、生计和工人工资等到这一步都要有麻烦了"，于是呼吁他的读者们支付账单"以拯救我和我的家庭免于倾家荡产"。[30] 正如阿德尔曼（Adelman）评论的那样，怪不得印刷商们会"不断地骚扰、威吓、劝诱［他们的订阅者们］去结账"。[31] 报纸既表明存在真实的物理网络和连接，又显示它们的文本同样构建起了另一种网络和连接。在幕后，在摆排活字和传播印刷品的过程中，一个共同体被锻造了出来。危难时刻，它可能会集结起来，发动革命和独立运动。

4

新闻与美国革命

　　1774 年 11 月 30 日，《宾夕法尼亚公报》上刊登了一则新闻：从伦敦出发的"库克船长号"轮船已经到了，照例捎来了"消息"；在横渡大西洋的航程中，船上爆发了伤寒，一名 37 岁的男子倍感不适，动弹不得；船在特拉华河边的费城靠了码头后，他不得不被人从船上抬下来。[1] 尽管病了，他也许仍可被认为是幸运儿，因为另有 5 人途中病亡。这位病人还设法弄到了一封介绍信，写信人正是科学界的杰出人士、当时住在伦敦的著名费城人——本杰明·富兰克林。在 18 世纪，这封信就是他进入上流社会的至关重要的敲门砖。幸运的是，富兰克林的家庭医生也在船上，于是安排人把他抬上了岸。他花了 6 周才康复。

　　这位旅客就是托马斯·潘恩（Thomas Paine）。跟成千上万的前人和数百万的后人一样，他在新大陆寻找的是一个全新的开始。他不久前才跟妻子伊丽莎白分居，他曾是消费税税务官，但后来被开除了，做烟草生意也失败了，差一点就进了债务人监狱，他变卖了大部分财产还债，才免于牢狱之灾。朋友建议他远走宾夕法尼亚州，这也许是避免赤贫的唯一出路。如今，潘恩作为两场革命（美国和法国的）中的小册子作家、英国激进史中的核心人物被人们记住，而在当时，他却鲜为人知，人脉也不广。尽管他有这些劣势，但还是设法从费城最有影响力的养子 [1] 那儿拿到了一封介绍信。两人相遇于伦敦，当时富兰克林在泰晤士河畔的克雷文街 36 号长住。潘恩的改革激情（那时他已写了几本要求提高消费税的小册子 给富兰克林留下了深刻的印象。潘恩给理查德·贝奇（Richard Bache）除了带来了关于富兰克林在伦敦工作情况的消息，还捎来了与政治危机相关的信件。贝奇是富兰克林的女婿，他将潘恩介绍给了《宾夕法尼亚杂志》的主编。1775 年 1 月，这位英国人经宣誓成了费城的市民，并开始编辑该报。

潘恩抵达美洲之时，正值一场政治危机演变成一场革命。美洲殖民地和英国政府之间的紧张局势酝酿已久，英国的治理无能和人们对自身事业的好处日益深信不疑又为局面火上浇油，于是事态再也无法平息了。至少从 18 世纪 60 年代中期开始，英国在殖民地的统治越来越被被统治者视为高压统治,用当时的语言来说就是"专制暴君式的"（tyrannical）。在法国－印第安人战争之后，英国政府试图精简殖民地的政府，以及从美洲殖民地获取财政支持，于是对殖民地征收了一系列的税，还强制要求它们给英国军队提供食宿。北美十三州的许多人觉得这些举措是不能接受的。英国政府不明智地企图强制执行这些规定，进一步加剧了殖民地人民的反抗，尤其是涉及卫戍部队的时候。面对抗议和抵制，英国出动了军队来示威。伦敦还发布一系列声明，

---

[1] 1706 年 1 月 17 日，富兰克林出生于英属北美殖民地马萨诸塞湾省的波士顿，1723 年才来到宾夕法尼亚州的费城。

称英国有权以这种方式实行统治。法律是在英国议会通过的，而只有英国选民才能参加选举、产生议会。殖民地要服从这种权威，但殖民地居民没有选举权。他们至多可以向议会请愿，但除此之外，他们的口号是："无代表，不纳税。"（No taxation without representation）那些本可以继续作为经济和后勤纠纷或是行政策略和风格问题而存在的问题，很快就成了重大政治原则问题，而且各方在每起事件后都会加码。

印花税法案危机

在革命爆发前，英属北美由一批分开的殖民地组成：英属西印度群岛上有着富庶的种植园经济，由此沿美洲东海岸北上，从西班牙的前殖民地佛罗里达州，到富饶的南方殖民地弗吉尼亚州和佐治亚州，都是奴隶种植园经济占据着支配地位，接着北上就到了拥有强烈的宗教和政治自由传统的马萨诸塞州，再往北就是现在属于加拿大的纽芬兰（Newfoundland）、新斯科舍（Nova Scotia）、鲁珀特王子地①、圣约翰斯（St. John's Island）和魁北克（Quebec）。尽管存在着地方政权，且通常由总督执掌，但其基础仍是英国君主和议会的权威。当地可以自行做决策，但主权在英国，而不在波士顿、纽约、佐治亚或詹姆斯敦。英国陆军和海军的军事力量强调了这一事实。

在政治、文化和经济上，殖民地与大英帝国紧密相连。报纸在维系

---

① Rupert's Land，即 Prince Rupert's Land，历史地区名，大致相当于现在的马尼托巴省、萨斯喀彻温省、育空地区、艾尔伯塔省以及西北地区的南部，原本是查理二世 1670 年授予哈得孙湾公司的领地，以公司第一任总管鲁珀特亲王的名字命名。

这些遥远的殖民地和宗主国之间的纽带方面发挥了至关重要的作用。尽管美洲的许多殖民地建设得不错，但仍危险重重，且许多人过着与世隔绝的生活。虽然那里的欧洲人口以不断损害原住民利益的方式增长，但城镇和乡村一般还是人烟稀少。美洲人的自我意识无疑是不断增强的，但他们与欧洲的文化、家庭和经济联系仍很紧密，这为他们提供了重要的安全感、熟悉感和经济优势。当帝国的存在本身及其本质受到威胁的时候，它最明显的影响体现在报纸上，这也许并不令人感到惊讶。[2]

尽管美洲报纸的数量相对不少，但跟多样化的伦敦和英国地方报业相比就自愧不如了。殖民地报纸缺乏资金，制作常不稳定，内容和尺寸也有限。然而，正如前一章所展示的那样，它们起到了重要的经济作用，是许多殖民者日常生活中的重要组成部分。报纸的成本或存活能力只要有任何的增加，人们就会敏锐感知到。一份典型的殖民地报纸通常有 4 页对开纸，上面当然有新闻，但也塞满了各式各样的广告。这些简短的文本，有时也会有人、船或农具的通用插图，给我们提供了一扇窥视 18 世纪世界的窗口，那是一个既迷人又令人震惊的世界。我们可以读到招仆人的广告，还能读到男男女女为他们的生意打的广告，例如，安那波利斯的萨拉·门罗提供"各种缝被"服务的广告，有关刚抵达的船只的新闻，它们运来了锅碗瓢盆、工具、布料、丝带、书籍、餐具、家具、药物以及其他营造一个舒适的居家环境或使农场平稳运转的一切东西。其中也不可避免地混杂了一系列悬赏寻找在逃奴隶或出售奴隶的通知。[3] 美洲殖民地与大西洋经济紧密联系在一起，深度嵌套在一个基于数百万人被暴力奴役的体系中。报纸的经济可行性靠商品销售和关于小麦等经济作物的可能价格的信息支撑着。这一切几乎全靠奴隶制支撑着：之所以会产生广告或对商业信息的渴望，是因为有奴隶制为出售的作物提供了大部分的劳动力；刊登广告买卖或追捕那些被奴役的男人、女人和儿童更是直接给印刷商及其报纸提供了资金。[4] 18世纪的报纸有着奴隶制的现实烙印，其中最明显的就是那些骇人听闻但真实的有关逃亡奴隶及其他奴隶的广告，每一页都是殖民资本主义体系的见证，在这个体系中，报纸得以蓬勃发展，但有赖于支撑体系的数百万小时的奴役劳作。[5]

报纸以一种结构性的经济方式跟生产出它们的社会绑定在一起。在殖民地社会内部，它们也起到了特殊的作用。殖民地报纸上的新闻，无论是政治、法律或军事方面的，还是仅仅关于王室或其他的最新八卦，或是关于最新的书籍或戏剧的，都有赖于来自宗主国的新闻。报纸还在本地、地区和横贯美洲的更广的贸易路线之间建立了联系。在如此广阔的天地里，报纸有着特殊的意义。它们为刚离开家乡（或祖上就早已离开）的人们提供了与家乡的联系，无论这个家乡是苏格兰、英格兰、爱尔兰、德国，还是欧洲的其他地方。报纸在消费或商业方面还有着实际的用处，这在一个没有传统的市场网络、贸易路线或伙伴，同时又有新的移民、农民和商人稳定流入的社区里是很重要的。它们有助于把殖民地社会凝聚在一起，从而形成一个新的美洲的社会。在新大陆通常危险的环境里，报纸上的信息就可能发挥至关重要的作用。正如历史学家让·B.鲁素（Jean B. Russo）所言，在本地报纸不常见或根本不存在的地方，比如马里兰州的托尔伯特县（Talbot County），民众依靠的是本地知识："任何人如果想要买桶、修理工具或订一套衣服，如果他不认识相关工人，就必须靠亲戚或邻居介绍。"[6]

英国政府无疑犯了一个使自己被视为正在攻击这一制度的错误。

在新大陆，新闻界还代表了一种与应许自由相关的理想，它使许多欧洲人横渡大西洋开创新生活。思想和表达自由——对许多人来说，是一种新教徒的宗教观，它强调了书面语的普遍重要性，尤其是《圣经》经文的重要性——确保新闻界在社会格局中被给予特殊的地位。攻击新闻自由实际上就是在攻击殖民地最初之所以会诞生的根源。英国议会试图获得额外的资金来保障殖民地的防御能力，于是通过了一系列法案，通过对各类产品的销售征税来增加税收。在英国本土，从1757年起，报纸就要缴纳小额税款（利用各种漏洞，报纸大多绕开了1724年印花税法案），但可以征纸张和报纸税这一观念却在殖民地引发了轩然大波。1765年印花税法案在殖民地普遍不得人心——人们早已对前一年的糖税法案① 愤愤不平——尤其损害了律师、印刷商、商人和酒馆老板们的利益，所有这些人都能团结起来开展有组织的抗议活动。征税对象不是只有报纸，而是涵盖所有形式的印刷纸张。历史学家约翰·C.米勒（John C. Miller）指出："如果不花钱买一张印花税票，美洲人就根本无法从事商业活动、互相交换财物、收回借款、买报纸、提起诉讼或立遗嘱。每一所大学或学院所颁发的每一张文凭都必须贴上面值两点的印花税票，对普通人而言更为重要的是，每一位零售烈酒的酒馆老板都非为他的许可证支付20先令不可。"[7]

法案产生的费用与对报纸形式的知识征税所具有的象征意义、王权政府提出的法律和宪法的要求结合在一起。尽管英国当局毫不怀疑他们有权征收这类税款，但这一举动在美洲却成了涉及自由和地方权利信仰的问题。这些争论在蔓延到大街小巷、码头田间之前，就早已

---

① 1764年4月，英国议会通过由殖民地进口优质糖的糖进口条例，规定凡从北美殖民地进口的糖每加仑必须缴纳3便士的海关税。

在报纸的版面上吵得热火朝天了。举一个例子，1766 年 8 月 10 日晚间，英国士兵砍倒了立在纽约的自由之杆（Liberty Pole）。报纸将此举描述为"以侮辱该城的方式"完成，于是 2000 名市民游行至下议院，要求在那儿训练的士兵们道歉。大乱斗很快就爆发了，报纸称："士兵们就是彻头彻尾的侵略者。"[8] 除了老是讲事情的爱国一面，报纸还认为美洲人正在捍卫自己的自由。据称来自伦敦的信件加深了人们的担忧。其中一封表示，英国政府保留茶税是在"测试美洲的自由度"，美洲人的反应将决定"其未来的命运"。报纸上刊登的信息对抗议的进程也起到了至关重要的作用。5 月 31 日，《纽约日报》刊登了从伦敦传来的最新情报，称不会取消茶税。这直接给殖民地各州及其各种各样的公民团体之间围绕继续抵制英国制造所展开的激烈辩论火上浇油。[9]

在潘恩抵达费城——一座拥有约 6000 名奴隶和成千上万名奴隶主的城市后不久，1775 年 3 月 8 日的《宾夕法尼亚日报与广告人周报》上就发表了一篇谴责"美洲的非洲奴隶制"的文章。长期以来，人们都认定该文为潘恩所作。报上还有一则广告，招"一名壮实健康的年轻黑人男性"，感兴趣的人可以去"印刷商那儿询问"。[10] 那篇写给"美洲人"的文章一开头就提出了一个引人注目的观点："有些穷途末路的可怜虫可能愿意通过偷窃、暴力奴役他人和谋杀获利。与其说这很奇怪，不如说这很可悲。但令人吃惊的是，许多文明人乃至基督徒竟然会认可这种野蛮行径，并参与其中。"文章开篇就展示了作者直指问题的道德内核的能力。文章发表后不久，一小群费城人成立了"解放被非法奴役的黑人自由民协会"（Society for the Relief of Free Negroes Unlawfully Held in Bondage），这是美洲的第一个废奴协会。

从此以后，潘恩就跟反抗奴隶制联系在一起了，甚至被他的早期传记作者蒙丘尔·康威（Moncure Conway）封为美洲废奴第一人。在19世纪的美国，康威急于恢复潘恩的个人声誉，偶然发现了潘恩从小受贵格会教派教养，并试图把他和废奴活动尽可能地紧密联系在一起，甚至暗示他在《独立宣言》中提了一条关于奴隶制的条款，只是最终被大陆会议 ① 删掉了。实际上，那篇文章只是继承了其他许多批判奴隶制的人的事业，包括本杰明·富兰克林和本杰明·拉什（Benjamin Rush）的。拉什后来成了潘恩的同事，他于1773年制作了一本废奴小册子。潘恩不是奴隶贩子的朋友，但也不是传记作者们所描绘的废奴主义者。[11]

根据最近的语言学分析和内容分析的成果，该文不应该再被视为潘恩的真作。这提醒我们注意报纸和作者的复杂关系：报纸将自己的声音强加在供稿人身上，而供稿人往往又是乔装的、匿名的或编造出来的。我们现在无法确定18世纪报纸上大部分内容的作者或来源。我们从本杰明·富兰克林的"沉默的空想社会改良家"（Silence Dogood）、"爱丽丝·蝰蛇舌"（Alice Addertongue）和阿瑟·李（Arthur Lee）的"尤尼库斯·美洲奴斯"（Junicus Americanus）这些笔名可以看出，作者署名——如果有署名——是18世纪最伟大的虚构作品之一。[12]诸如此类的文本游戏使报纸对各个层次的读者都有影响：那些知情者能够破解密码，那些圈外人则只能察觉到隐藏着一台出版机器，它不知怎的就能接触到秘密、信息和线人网络。所有这一切使报纸看起来比一台忙碌的印刷机所生产出来的产品要强大得多。为了卖广告和履行对

---

① 此指批准《独立宣言》的1776年的第二届大陆会议（Second Continental Congress）。

订阅者的义务，报纸从业人员急需有新闻价值的题材以填满每周都要出一两次的 4 页左右的版面。它在人们的头脑中营造出了一种社区的概念，即使正如潘恩那篇文章的作者归属问题一样，是无法确定的。许多作者可能反而是单单一支富于想象力的笔创造出来的。

不过，我们能确定的是，潘恩的第一篇文章发表在 1774 年 1 月 24 日的《宾夕法尼亚杂志，即美洲博物馆月刊》上。该杂志是一本大杂烩，里面包括了文选、趣闻轶事、从英国出版物中选取的材料，以及伦敦和美洲殖民地的月度事件摘要。后来，它将战争新闻和军事地图也囊括了进来。它的出版商是罗伯特·艾特肯（Robert Aitken）。他的店铺位于前街和市场街的交叉处，"对面就是伦敦咖啡馆"，位于费城商业区的中心，附近就是特拉华河上的繁忙码头，这些码头承载着从加勒比地区出发沿东海岸而来的和横渡大西洋前往欧洲的贸易。伦敦咖啡馆开张于 1754 年，老板是印刷商威廉·布拉德福德。他从 200 多名费城商人那儿筹集到资金开了这家店，这些商人想找一个聚会场所用来交际应酬和谈生意。商人、船长和奴隶贩子——因为这儿离费城的奴隶市场很近——齐聚在此达成交易、交换消息、喝咖啡，而总督及其他官员则常常在它的私人包厢里办事。

艾特肯出生于苏格兰的达尔基斯，于 1769 年与妻女一道移居北美十三州，不久就开始在费城卖书。1775 年，《宾夕法尼亚杂志》是一次新的商业冒险。潘恩的第一篇文章证明了它的重要性。艾特肯后来成了美国第一批《圣经》的印刷商，这批《圣经》被历史学家和藏书家们称为"艾特肯《圣经》"，由国会于 1782 年批准印制。在此之前，所有《圣经》必须从英国进口，英国王室小心保护着印刷钦定版

《圣经》①的特权。美国独立战争期间，文本的供给受到了限制，给这个新国家带来了"缺乏圣言的饥荒"（《圣经·旧约·阿摩司书》8:11）。在费城长老会教徒们请愿推动下，国会批准了该项目，认为由美国人自己印刷的《圣经》有助于提振士气。艾特肯十分精明地在装订自家《圣经》的过程中加入了国会的委托状。[13] 尽管如此，艾特肯还是在这次商业冒险中赔了钱，因为其他印刷商很快也开始出版美国的钦定版《圣经》。

我们也许可以把《宾夕法尼亚杂志》想象成连接不列颠岛和美洲的工具。前街和高街的街角是交换想法和故事的交叉点，就潘恩而言，是多项事业汇聚的中心。潘恩的第一篇文章题为《美洲的杂志》（The Magazine in America），开篇就指出：美洲所提供的传播渠道十分"狭窄且有限"。他还写道："目前，周报是公共信息的唯一载体。"该文还认为，美洲已过了它的"婴儿期"，科学、商业和艺术的进步以及不断增加的人口都对更丰富的文学体验提出了要求。他认为，像《宾夕法尼亚杂志》这样的报刊不仅为文学和科学提供了一个论坛，而且在美洲社会成熟过程中能发挥滋养社会的作用。除了吹捧《宾夕法尼亚杂志》的重要性，该文还提供了一个看待不列颠岛和美洲之间关系的视角。对潘恩来说，美国是"机会之地"，甚至是一种美德的代表；相比之下，英国报刊则是"故事和胡说八道的传播者"，"不外乎是鼓励放荡和挥霍"，但也有少数特例，比如保留了一些创刊时品质的《绅士杂志》。潘恩认为，新闻业反映出两国的道德状况。英国正蒙受"礼崩乐坏"之苦，而与之形成对比的是，"'堕落'在这里几乎是一个有用的

---

① 《圣经》的诸多英文版本之一，于1611年出版，由英王詹姆士一世下令翻译，又译为英王钦定版、詹姆士王译本等，该版本常被称为"权威版"或"权威标准版"。

词……在美洲的社会氛围里,有某种令人高兴的东西"。潘恩认为新闻界是"影响一个民族的礼仪和道德"的主要因素;新闻界如同喷泉一样,从中倾泻而出、流遍全国的要么是"美德"之河,要么是"邪恶"之溪,而且"为了达到改进或影响的目的",没有什么"比期刊更处心积虑的了"。通过重复和不断地搜寻读者,报纸和杂志对大众施加了强有力的掌控,这无所谓好坏,但就英国的情况而言,是在作恶。也许利用了自己在横渡大西洋途中感染伤寒的经历,潘恩指出:"外来的邪恶,假如它们经过航行存活下来……要么在抵达时消亡,要么在无法治愈的痨病中苟延残喘。"报刊有限的尺寸也是优势:简短的篇幅使读者不至于失去耐心,简洁明了的语言使读者关注的焦点始终在论点上,从而使之更具说服力。

潘恩继续替艾特肯工作,发表了一些文章和诗歌,比如《雪花莲》(The Snowdrop)一诗将《宾夕法尼亚杂志》比作雪花莲嫩芽,"在一片荒芜的季节里冒了出来,满足于预言更美的鲜花正准备绽放",这是潘恩漫步渡过斯库尔基尔河(Schuylkill river)后从大自然汲取的经验。在一篇署名为"潘恩"的文章中,作者探讨了印度人在"思考克莱武勋爵 [①] 死活问题"的过程中可能会如何为独立而战:"我看到每份报纸都在浮夸地宣布他的到来。"他指出,将军此行的目的就是把英国的控制强加在印度次大陆上。1775 年夏,潘恩在《宾夕法尼亚杂志》上发表了《一首写于美国革命早期的诗歌》(A Song, Written Early in the American Revolution)一诗,旗帜鲜明地支持美国革命,呼吁人们在面对英国"国王、下议院和上议院"的专制力量时用军事力量守卫

---

① 罗伯特·克莱武(1725—1774 年),被认为是大英帝国最伟大的缔造者之一,又被称为"印度的克莱武""印度的统治者"。

"我们的自由之树"。1775 年 9 月 16 日,《宾夕法尼亚晚邮报》转载了该诗。

《常识》

差不多同一时间,潘恩当上了《宾夕法尼亚杂志》的主编,也许是因为对自己的处境更有安全感,所以觉得自己能直接对抗当时的突出问题。尽管革命的麻烦一直在暗中酝酿,还常常爆发公开的叛乱,但始终缺乏一个方案使诸多地方不满和政治权利之间的关系清晰明朗化。仿佛是在回答这个问题,潘恩在他煽动性的小册子《常识:致美洲居民》(*Common Sense: addressed to the inhabitants of America*)中提供了清晰的思路。1776 年 1 月 9 日或 10 日,印刷商罗伯特·贝尔(Robert Bell)在他位于费城第三街的店铺里出版了这份革命性的文本。它以小册子的形式抨击了君主制这一概念和英国政府的行为。[14]潘恩原本是打算把它们当作报纸的系列文章予以发表,但最终确信它们是可以单独成册的。这个虽简单却有力的标题是他的朋友本杰明·拉什的建议。书中,潘恩用清晰的散文阐述了一个论据,即"一个我们自己的政府是我们的自然权利",还用一组点燃爱国热情的华丽辞藻作结:"啊!你们这些热爱人类的人!你们这些不但敢反对暴政而且敢反对暴君的人,请站到前面来!旧世界遍地盛行着压迫。自由到处遭到追逐。亚洲和非洲早就已经把她逐出。欧洲把她当作异己分子,而英国已经对她下了逐客令。啊!接待这个逃亡者,及时为人类准备一个避难所吧！"①

　　这是一份强有力的宣言，其影响力是毋庸置疑的，但人们可能夸大了潘恩文本的重要性。当时还有其他许多文本也阐述了同样或类似的观点。革命的意识形态也已成形，公开反抗英国军队和英国代表的起义层出不穷。潘恩的论点只是加强或重申了业已成形和早已有所表达的激情和看法。然而，销量揭示了他的散文对革命进程所起到的激励作用。最初，贝尔印了 1000 册，不久后又印了一次。贝尔争辩说他已入不敷出，于是两人闹翻了（潘恩原本计划用利润来给在寒冷的魁北克的大陆军② 买手套）。2 月，潘恩通过印刷商托马斯·布拉德福德和威廉·布拉德福德出版了第三版增订版。该"新版"含有"作者新增的大量有趣内容"，并试图平息那些和平主义者贵格会教徒反对武装起义的声浪。该版的售价还低于贝尔的价格，只卖 1 先令。贝尔对此的回应是推出了他的"第三版"，收入从其他作者那儿挑选一些片段拼凑而成的《对＜常识＞的大量补充》（Large Additions to Common Sense），以及署名"德谟菲勒斯"（Demophilus）的《美国爱国者的祈祷》（The American Patriot's Prayer）和《独立的正当性》（The Propriety of Independency）。在报纸上，贝尔和潘恩争论不休，互相指责。但这完全没影响书的销量，它继续在费城热销。如果我们相信潘恩说的话（我们应该保持谨慎，据估计，在 300 万人口中总印数是 7.5 万，这个估计尽管仍很宽松，但更为合理），它在头三个月里也许卖出了 15 万本。《常识》很快就肩负起"改变整块大陆的政治信仰"的责任，被后世历史学家贴上了 18 世纪"畅销书"的标签。[15] 我们应该对这个

———————————————

① 马清槐等译《潘恩选集》，商务出版社 1981 年版，第 37 页。

② 1775 年大陆会议组建，乔治·华盛顿任司令。

断言持怀疑态度，但也要意识到它连续出了 25 版，几乎是当时其他小册子的两倍。约翰·狄金森（John Dickinson）的《一位宾夕法尼亚州农民的来信》（*Letters from a Farmer in Pennsylvania*，1767 年）出了 7 版。现在被人遗忘的乔纳森·希普利的《关于修改马萨诸塞湾殖民地章程的法案的演讲》（*Speech ... on the Bill for Altering the Charters of the Colony of Massachusetts Bay*，1774 年）当时竟出到了 12 个美国版本。然而，我们现在所说的加拿大、缅因州、佛蒙特州、佛罗里达州以及英属北美十三州中其他州的西部地区，都没有出版任何版本的《常识》。在北方，在马萨诸塞州和宾夕法尼亚州，它的影响力最强；在南方，它就在查尔斯顿（Charleston）印了一次。与其说《常识》的再版如蘑菇一般几乎一夜之间就遍布全美，不如说它沿着东北海岸形成了一条小径，追踪连接从费城到马萨诸塞州剑桥市沿线城镇的"国王之路"（King's Road）。

重新审视这本小册子的传播过程和因缺乏切实可行的分发网络而引发的问题，我们需要像潘恩最初计划的那样，将注意力转向报纸，因为报纸在传播小册子里的碎片和节选时，比传说中的畅销书传得要更远、更广。托马斯·杰斐逊（Thomas Jefferson）注意到，在弗吉尼亚州，"有几个人已拿到了小册子本身"，不过它的选段"已经出现在了弗吉尼亚州的报纸上"。尽管杰斐逊是潘恩的支持者，但他对它在那儿的传播几乎没帮什么忙。1776 年 2 月，出版商托马斯·纳尔逊（Thomas Nelson）给他寄了两打，但他似乎没处理它们。《常识》得以传播完全要归功于具有创业精神的报纸主编们，比如约翰·平克尼（John Pinkney）。他在威廉斯堡邮局发现了一本正等着种植园主约翰·佩吉来取的小册子，就从上面抄了几段，并连着几天刊登在《弗吉尼亚公报》上。南方殖民地对这本小册子不大感兴趣；在北方，战斗和缺乏资源扰乱了印刷厂的业务。例如，塞勒姆（Salem）版本的印刷商"为纸张质量差而道歉，差的原因是用作造纸原料的破布料短缺"。[16]《常识》的传播似乎很大程度上是报纸摘录的结果。毕竟，殖民地时期的美国报业是建立在文本交换和再利用的系统基础上的。

　　《常识》的出版和传播还引起了强烈反响，加剧了忠于英国王室的人和要求自由的人之间的分歧。这种冲突可能极为复杂，正如出版商塞缪尔·劳登（Samuel Loudon）的例子所显示的那样。劳登于1727年左右出生于苏格兰，1760年左右移居美洲，最初是船具供应商，从1773年起成了纽约的一名书商，1775年开始和弗雷德里克·肖伯（Frederick Schober）合开印刷厂，1776年夏创办了《纽约邮轮报》。3月，他开始打广告，称将开始售卖批评潘恩《常识》的作品《揭露骗子的真面目，即忠诚与利益的联合：作为对一本题为<常识>的小册子的回答》（*The Deceiver Unmasked; or, Loyalty and the Interest United: In Answer to a Pamphlet Entitled Common Sense*）。结果，一个名叫"机修工委员会"（Mechanics Committee）的爱国团体冲进他的印刷厂，把装着已印好的纸的箱子用钉子封起来，又把正在风干其余纸的房间的门锁上。劳登同意停止印刷该书，但那晚约有40名机修工又回到了他的厂里，烧毁了已印好的1500本册子。[17]城里的每个印刷商都收到了通知，如果他们胆敢出版反对美国人要"权利和自由"的材料，就要担心"死亡和毁灭、倾家荡产和万劫不复"。劳登一直是个爱国者，随着战事爆发，他往北逃到了菲什基尔（Fishkills），英国战败后才携他的报纸一起回到纽约。[18]

　　当印刷商和报纸从业人员排活字的时候，事态继续加速发展。1776

年 3 月，在拿骚海战中，人们第一次见识了大陆海军和大陆海军陆战队的战斗表现。他们从巴哈马群岛缴获了 162 桶火药，并于 4 月将其运回康涅狄格州。在那个月，波士顿围攻战结束了，英国军队由海路撤退，这标志着乔治·华盛顿将军的第一个重大战争胜利。发动起义的城市波士顿终于获得了解放。7 月初，第二届大陆会议在费城召开，发布了一项决议，宣布从大英帝国独立出来，并于 7 月 4 日批准了《独立宣言》。夏天，纽约周围的战斗仍在继续。在美国革命的第一场重大战役中，英国于 8 月底赢得了对纽约的控制权。

英国和合众国的前身不但在美洲的森林、田野和海洋上激战（战场有时会在美洲之外，正如约翰·保罗·琼斯［John Paul Jones］在海军中的英勇业绩就把战斗带到了苏格兰利斯［Leith］以外的海域上），而且在报纸上展开了较量。报纸刊登了关于战争经过和围绕战争展开的政治博弈的消息，确保报纸在战争发展轨迹上扮演重要的角色，但也许更有影响力的是它们作为宣传品的用处，在某种意义上，无论是支持独立的一方，还是支持英国和亲英分子的一方，都在用报纸塑造和巩固民意。报纸印刷商一直要靠交换和通信的网络来填充、销售他们的报纸。在革命时期，这些联系在帮助政治动员方面发挥了至关重要的作用，确保有关英国的暴行或战败的消息很快就能从一个城镇或殖民地传到另一个城镇或殖民地。

爆发革命之时，北美十三州一共有 37 种定期出版的报纸。战争给印刷商带来了一系列实际困难和财务困难，其中包括缺纸、缺油墨。在战争爆发时出版的报纸中只有 20 种坚持到了 1781 年英国战败。新的报纸也在诞生，但总数只达到 35 种。1775 年 4 月，英美两军在来克星顿（Lexington）和康科德（Concord）交战，此后有 3 家爱国报纸 ① 因逃出了城而不得不停刊。其中之一是以赛亚·托马斯（Isaiah Thomas）的《马萨诸塞侦察报》，它后来得以在波士顿以西 65 千米处的伍斯特复刊。本杰明·埃德斯（Benjamin Edes）在波士顿以西 16 千米处的沃特敦（Watertown）重新开始出版《波士顿公报》，后来于 1776 年回到了波士顿。1777 年 9 月 16 日，约翰·亚当斯没能像往常一样收到报纸，因为"邓拉普先生已经搬走了，或是他的活字已打包"。英国从两面逼近，整座城市"仿佛已陷入了沉睡中，死气沉沉的，整个州几乎没有一丝生机"；对美国人来说，前景"从各方面来看都令人担忧，这使人沮丧气馁，看不到一丝光亮"。亚当斯希望曙光"涌现"；如果它要来，也将是以给人希望的情报的形式出现："我们会有欧洲来的好消息吗？"[19]

1789 年，研究美国革命的早期历史学家大卫·拉姆齐（David Ramsay）认为："在美国确立其独立地位的过程中，笔和新闻界所立下的汗马功劳毫不逊色于刀剑。"[20] 这个认为印刷品和印刷商在爱国大业中占据核心地位的观点经由那些印刷商本人所写的著作得到了强化，尤其是以赛亚·托马斯，他后来写了一部颇具影响力的关于美国印刷商的史书——《美国印刷业史》（*The History of Printing in America*，1810 年）。这使那个时代的印刷商具有了历史的维度，强调了他们对于爱国事业的重要性。从那以后，历史学家往往会赞同这一评估，承认新闻界在爱国舆论动员和塑造早期共和国意识形态方面发挥了重要作用。人们发现其中也存在一些私利；有人付钱让报纸的出版商们去

---

① 独立战争期间，美国报纸大致可分为两派，分别为支持独立的爱国派和效忠英王的亲英派（即保王派）。

关注舆论，同时去引导舆论。

当然，北美殖民地并不是只有爱国报纸。它们中还有许多并不寻求独立，反倒继续对英国王室效忠的。尽管报纸出版商大多支持独立事业，但还是有少数保王分子和亲英分子所办的出版物颇有影响力，尤其是在纽约和一些南部州。英国占领的城市发行了 12 份亲英报纸，其中纽约 3 份（1776—1783 年）、纽波特 1 份（1777—1779 年）、查尔斯顿 3 份（1780—1782 年）、萨凡纳 1 份（1779—1782 年）、佛罗里达的圣奥古斯丁 1 份（1783—1784 年）。[21] 从英国和其他欧洲国家开来的船只也运来了报纸，消息继续以手稿和口头形式传播着。有些印刷商试图保持独立，从两方面呈现新闻，但很快就发现不追随党派路线是不可能的。

那么，关于发生在北美殖民地的事件的消息是如何传播的呢？英国和美洲之间隔着一个大西洋，距离造成了时间延迟，但两地之间有一条海上航线，定期有船只往来运送最新消息。定期邮船继续停靠在法尔茅斯的码头上，其他船只也在南部海岸各港口以及利物浦和都柏林靠岸。这些城镇可以通过邮政马车（mail coach）把消息送到伦敦，那儿的主要报纸在接收到消息后，通过地方报纸、新闻信，当然还有口头方式，把消息散布、复制到英国各地。

虽然战斗发生在美洲（在琼斯的指挥下，美国海军很少进行海上军事干涉，而且法国海军介入的威胁是在大西洋和加勒比海上），但美洲战争在英国的文化意识上留下了深深的烙印。英国沿着南部海岸建起了军营，社会大众十分关心军事，当时的政治被美洲危机所支配。新闻和其他各种各样的文化活动一起形成了一个连续体（continuum），所有从酒馆里分享的笑话到漫画、绘画谈的都是当时的问题，它们试图把问题放在背景里考察，揭示相关的本地意义。在伦敦舞台上，这表现得最为突出。当时舞台上的主角们就当前事务发表自己的看法，让更多的人了解战争的进展。[22] 在舞台上，作为可变的、可被改编以符合最新信息的系列演出的一部分，演员们宣布胜利消息——或者，接近战争尾声时更常见的是战败消息。在这里，我们发现，新闻充当了更宽泛的文化的一部分，它帮助人们意识到英国在世界上的地位以及它跟殖民地之间的关系。

在冲突中，从美洲传来的最引人注目的消息也许就属《独立宣言》了。大陆会议递交的"橄榄枝请愿书"（Olive Branch Petition）在抵达英国后就被国王及其大臣们拒绝了。《独立宣言》出台的同时还发生了一些大事。7月4日，大陆会议就该宣言达成一致意见。在一份正式的羊皮纸文件被准备好并签署之前，它就由约翰·邓拉普（John Dunlap）印制了出来。美洲的报纸很快报道了这一新闻。7月6日，《宾夕法尼亚晚邮报》首先全文刊载了《独立宣言》。8月，北美殖民地独立的消息通过"墨丘利号"定期邮轮所带来的威廉·豪将军（General William Howe）和乔治·热尔曼勋爵（Lord George Germain）之间的往来书信抵达伦敦。8月10日，《伦敦公报》从信中选录："我接到通知，大陆会议已宣布这些联合殖民地从此成为自由独立的州。"当天稍晚些时候，《伦敦晚邮报》报道："我们收到消息称大陆会议于7月4日做出独立的决议，并已在形式上向大不列颠宣战。"三天后，《伦敦纪事报》登了同样的消息。第二天，《纪事晨报》警告其读者："地方部队①所下的宣战书的副本现已抵达伦敦，据说措辞十分强烈。"一份前几期被人

---

① 此指美国独立前英属美洲殖民地征召的地方部队。

在英国的议会大厦外焚烧的亲美的英国报纸——《危机》①，在第 84 期全文刊载了《独立宣言》，并在导言中说："以下是勇敢、自由、有美德的美国人所发布的《独立宣言》。它反抗的是最残忍、最专横、最邪恶且总让国家丢脸的专制君主。他的野蛮暴行被宗教面具掩盖了起来。可怕的亵渎！糟糕的伪善！" 8 月 16 日，《伦敦纪事报》以及《劳埃德晚邮报与英国纪事报》也全文发表了《独立宣言》，爱丁堡于 8 月 20 日转载了该文本，都柏林于 8 月 22 日转载了该文本。[23]

8 月 23 日，《独立宣言》在法兰克福发表，随后就传遍了整个欧洲大陆。法国人只能通过《莱顿公报》② 读到它，因为秘密通讯委员会 ③ 于 8 月 7 日发给美国驻巴黎的间谍赛拉斯·迪恩（Silas Deane）的公文急件始终没寄到，他也就没有收到随信一起下达的把《独立宣言》文本翻译成法语并通过法国报纸加以传播的指令。欧洲大陆上的报纸饶有兴趣地继续跟踪报道这场战争和战争中的主要人物。1780 年，约翰·亚当斯因船舰受损而被迫于加利西亚（Galicia）登陆，需要穿过西班牙北部及巴斯克（Basque）地区前往巴黎。他的行李箱一度要被扣起来接受一名政府官员的搜查，他的护照被送到了那名官员手中。"结果，他的办事员给我发了一条很有礼貌的信息，说他在报上见过我的名字，很高兴我顺利抵达，祝我成功，而且问我是否需要什么东西，或者他能帮我什么忙"。[24]

英美双方都很重视信息的流动，这样做既是为了制定军事战略，

---

① 伦敦的一家周报，1775 年 1 月至 1776 年 10 月发行，它试图创建一个跨大西洋反抗共同体，认为国王是政治问题的根源，却不攻击君主制本身，一旦美国宣布独立，它对美国人爱国事业的热情就降温了，但仍被称为"美国权利的英国捍卫者"。

② 荷兰报纸，18 世纪 80 年代鼎盛期拥有高达 10 万的读者，在法国十分受欢迎。

③ 秘密通讯委员会（Committee of Secret Correspondence）由第二届大陆会议宣布成立，在寻求法国帮助和同盟方面发挥了重要作用，是美国国务院的前身。

又是为了达到宣传的目的。在英国,富兰克林成了殖民地居民的代表。他迫切需要把最新信息发送出去,并在英国报纸上发表大量文章,试图为殖民地居民辩护。最终,他被迫离开英国,因为他向叛乱分子提供了从哈钦森将军(General Hutchinson)那儿偷来的信息,泄漏了英国军队包围波士顿的作战计划。

美国十分清楚影响英国民意的重要性。约翰·亚当斯在日记中指出,新泽西学院(College of New Jersey,普林斯顿大学的前身)的校长约翰·威瑟斯彭(John Witherspoon)认为"大陆会议应该筹措资金在英国雇用一大批报纸写手,向公众解释美洲的诉求,并消除大不列颠人的偏见,这是必须做的事"。[25] 美国革命者尝试进行这种"灰色"宣传。富兰克林在英国报纸上发表了数百篇文章,试图解释他们的不满,引起英国人的同情,但他同时使用了更见不得光的宣传手段,包括在 1777 年伪造了一封据说是一名为英国而战的德国王子所写的信。他撰写这封信的目的是掀起欧洲反对英国使用外国雇佣兵的声浪。在信中,德国王子声称,他为了提高他能收取的外国雇佣兵的价码而任由士兵死亡。1782 年,当富兰克林出使巴黎的时候,他印制了《波士顿独立纪事报》(1782 年 3 月,第 705 期)的一份假增刊。这单独一张纸上包含两篇文章和若干广告,使它与真报纸并无二致。在连篇废话中,富兰克林偷偷掺进了两封伪造的信件以构成文章的主体部分。第二封是美国海军中校约翰·保罗·琼斯发来的一份报告,谴责英国监狱对待美国战俘的方式。很少有读者会注意到这份报告,反而都被第一封信中令人毛骨悚然的内容吸引住。这封信据称出自塞缪尔·格里什上尉(Captain Samuel Gerrish)之手,他是一名美国民兵军官。他报告说,一批要送给加拿大总督的包裹半路上被他们截获了。他"惊恐万分地发现其中有 8 大包装着我们不幸的同胞的头皮。这些是塞内卡印第安人在过去的三年里从纽约、新泽西、宾夕法尼亚和弗吉尼亚的边远地区的居民头上剥下来的，被他们当作礼物送给加拿大总督哈尔迪曼德上校（Col. Haldimand），再由他送到英国去"。

格里什的报告还称，包裹里有一封一名英国间谍写的信，信上是这样解释这些头皮的："应塞内卡酋长们的要求，我随函给阁下您附上由詹姆斯·博伊德看管的 8 包头皮。这些头皮已经经过风干处理，套在环上，上面还画着所有印第安人的胜利标记。以下是清单和说明：1号包裹里是在不同的冲突中遇害的 43 名国会士兵的头皮，被撑开绷在直径为 4 英寸的黑色圆环上，皮肤内侧被涂红，如果上面有一个小黑点，就表示他们是中弹而死；还有 62 名农民在家里被杀，他们的圆环是红色的，皮肤被涂成棕色，上面有一个锄头记号；绕头皮一周有一个黑圈，表示他们是在夜间被偷袭的；中间有一个黑色的印第安战斧，则表明杀死他们的正是这种武器。"

间谍列出了被剥头皮的殖民地居民的人数：在家中被杀的农民 98名，死在田里的 97 名，指甲被连根拔掉的农民有很多，"不同年龄段"的男孩 193 名，"女性头皮 88 张；长头发被编成了印第安式的辫子，表明她们已为人母；另外 17 张的头发灰白，头皮上除了短棍就没有其他标记了，表明她们是被棍子敲死的，或者表明脑浆被打了出来"。跟这些暴行描述一起寄出的还有一位印第安部落首领写给英国人的一封信："我们很穷，而你们什么都不缺。我们知道你们会给我们送来火药、枪支和刀斧，但我们也想要衬衫和毯子。"北美殖民地的各方势力都多次利用了原住民盟友，但在这里，富兰克林的目的是把英国人描绘成会雇用、利用原住民来使老老实实的美洲移民家庭遭到严厉惩罚的残暴统治者。

这些恐怖记述十分契合当时的英国报纸对白人殖民者和土著居民之间的冲突所采用的描写方法。《伦敦普通广告人与情报员早报》（1782年6月29日）转载了富兰克林伪造的增刊里的信件，约翰·阿尔蒙（John Almon）的年度记录《记录，即公共事件的公正宝库》（*The Remembrancer; or, Impartial Repository of Public Events*）也转载了。为了在欧洲大陆上制造舆论，富兰克林将副本寄给了亚当斯、驻阿姆斯特丹的美国外交官查尔斯·仲马、驻马德里的外交官约翰·杰伊和一位在英格兰的联络人。在《新泽西公报》报道了这封剥头皮的信之后，美洲人也注意到它了。据说，《新泽西公报》是从《伦敦普通广告人与情报员早报》和《波士顿独立纪事报》上抄来的。[26]

新闻继续着它自己的价值，正如富兰克林后来在信中所强调的："我已收到你5月24日的亲切来信……我马上就给印制国会会议记录的纽约印刷商蔡尔兹先生写了信。他将通过离开港口的每艘船，为你把会议记录和报纸一起寄到伦敦给桑塞姆先生。我承诺会通过从伦敦开往纽约的每艘船给他寄一些最新的报纸，时不时也会寄本好的小册子。因为他是报纸印刷商，所以跟用钱支付相比，他更乐意要这种报酬，且无须算账。"[27]

对那些忙于指挥战争进程的人来说，报纸也是有用的。虽然双方都用了各种各样的情报搜集方法，包括派遣间谍传递关于军队位置和调动的信息，但大战略和政治局面可以通过外国新闻界的报道得知。当约翰·亚当斯在国外服役时，他推测了为了解敌人可能实施的计划而拦截一艘英国船舰的所有潜在价值："哦！今天，我们可能会中大奖——一艘不久前刚从伦敦开出来的英国船只。船上装着所有的报纸和杂志。我们也许能获得最新的情报，发现随后的战役的行动计划。每当我抵达欧洲的任何一个港口，无论是在西班牙还是在法国，我首先打听的就是敌人的计划。"[28]

就政治或外交目的而言，抢在报纸前头获取信息也很有用。那些能接触到可靠消息的人可以用它捞取个人好处。1782年，亚当斯在欧洲期间在日记里记下了一段与试图保住自己宫廷职位的范阿斯普（Van Asp）的交谈："这天，范阿斯普先生来访。自从德艾伦怀特男爵动身前往普鲁士，这位绅士就成了瑞典的临时代办。他是一个可靠谨慎的人。他很欣赏我的房子及其地点。我笑着说，就第一栋房子而言，它很不错了，我希望要不了多久我们就能在斯德哥尔摩有一栋房子。他对我报以微笑，但什么也没说。他待的时间不长。在整个外交机构里，没有谁比他更明智、更有男子气概、更快乐、更谨慎了。他希望条约一签署，仲马先生就通知他，这样他就可以在消息抵达报纸前写信告诉瑞典宫廷了。"[29]

尽管1781年随着英军在弗吉尼亚州的约克镇投降，战争在北美实际上已经结束了，但战争状态还在持续，当时各方都在和谈。当英国、法国、西班牙、荷兰列强都在设法重整它们的海外帝国以使自己占据有利位置的时候，在这样的外交活动中，信息就是力量。只要消息是异步的，一方就能取得优势。1783年，约翰·亚当斯指出："在2月定期邮轮抵达纽约后不久，英国报纸就从那里发出，并且费城的报纸上刊载了临时和初步的所有条约。"[30]

美利坚共和国建国之初，国父们就认识到信息的广泛传播对国家团结至关重要。他们明白，一个民主政府要想成功，就需要有知情的选民，反过来，选民是否了解情况又有赖于信息、思想、意见的健康交流。乔治·华盛顿和托马斯·杰斐逊在一些问题上看法不同，但在一个自由、稳健的新闻界是很重要的这个问题上却从未有过分歧。1788年，华盛顿写道："我对定期出版物的效用抱有很高的期望，以至于由衷地希望杂志以及普通的报纸能传遍美国的每个城镇和村庄。我认为这种如此简单的知识载体比其他任何一种都更能维护自由、刺激工业、提高一个开明自由的民族的道德水平。"1804年，杰斐逊说了差不多的话："没有哪个实验能比我们现在尝试做的更有趣……即人可能受理性和事实的支配。因此，我们的首要目标应该是向人们敞开通往真相的所有道路。迄今为止，我们发现最有效的途径是新闻自由。"尽管实际情况是新闻界和权力、客观事实有着错综复杂的关系，但第四等级已经成为这个新生国家所讲述的关于自身的故事中不可或缺的组成部分。现在，印刷商和记者被看作变革甚至是革命的推动者。[31]

5

法国大革命

乍看之下，新闻界在大革命前的法国受到了严格的管控。《法国公报》是唯一获得授权的报纸。到了1749年，它在28个城市由官方翻印发行，为这项特权，它要支付年费。除了《法国公报》，王国内禁止出版国内报纸。[1] 在确定《法国公报》什么可以讨论、什么不可以讨论方面，皇家审查官发挥了核心作用，比如不许发表任何对政府及其政策的批评。违反这些规定的印刷商和记者要面临监禁、作品被焚毁、出版机构被查封的风险。正如许多人哀叹的那样，在旧制度下，没有新闻自由这种东西。

不过，一直都有例外，总有人企图规避官方的规定。有的人从海外进口报纸，有的报刊出版社把政治评论与文化信息、文学和广告材料一道走私进来。皇家审查官的存在对印刷商也是有好处的，因为他们起到了批准标记（approval mark）的作用，在防盗版方面提供了一些保护。其他信息源也普遍存在着。谣言、八卦、阴谋和政治诽谤也相对较广泛地流传于法国社会，形成了一个传播政治新闻的关键空间：在巴黎市中心，被称为"消息灵通者"①的八卦专家们聚集在王宫（Palais Royale）里一棵臭名昭著的大栗子树——"克拉科夫之树"②下搬弄最新的是非。[2] 政治新闻以手稿、歌曲和粗鄙的民谣等口头形式传播。[3] 国际化的"遍布世界"的用法语写作的新闻机构将总部设在阿维尼翁、伦敦或荷兰一些城市（海牙、阿姆斯特丹、莱顿、乌得勒支）的教皇飞地和德国。它们的报刊上刊登了关于外国事务的高质量的信息，还报道了内部人士对法国国内事务的看法。

其他印刷版式也为新闻和时事的传播提供了媒介。它们偶然地帮助建立起了一些网络和思考模式，为一种公共政治形式的产生提供支持性条件。在法国，几乎每个小镇都在制作公告或广告传单。它们的作用表面上是提供了一个商品销售的论坛，上面除了分类广告，还附有官方通告。虽然它们绝不是刊登一般新闻的报纸，无疑也不是观点文章的载体，但像这样定期制作的文本肯定有助于创建一个可以称之为"公共领域"的空间。在这个空间里，它们的存在本身就表明还存在着一个更广阔的社会。用历史学家本尼迪克特·安德森的话来说，它们的规律性和周期性甚至帮助创造了一个法国式的"想象共同体"（imagined community）。因为这类公告是关于消费的，所以它们也帮助创造了历史学家科林·琼斯（Colin Jones）所说的"伟大的购买之链"（great chain of buying）。我们看到，在这些广告式报纸的读者的头脑里，可以创造出一个共同体、国家甚至公共领域。

支撑着这个印刷世界的是格拉布街的作家、记者、印刷商和出版

---

① 即 nouvelliste，该单词本义是传播消息（nouvelle）的人，可指记者，比如海地的 *Le Nouvelliste* 被译为《新闻人报》；现多指短篇或中篇小说作家，即 novelist。

② 在 18 世纪的法国巴黎，人们聚集在"克拉科夫之树"（L'Arbre de Cracovie）下听人讲述淫秽故事，故事主角常是凡尔赛宫里的达官显贵，讲述者被称为 nouvelliste de bouche。

商们。这些男男女女的计划、职业生涯、希望和恐惧帮助创造出了一个塑造法国大革命进程的环境。无论是大革命早期还是恐怖统治[①]的顶点，许多主要人物都是靠笔杆子一步登天的，他们中的许多人或多或少都有过记者或作家的从业经历。对一些人来说，这种经历让他们看到了国家的压迫性，认识到他们的才能在更广泛的社会里都无法得到重视。他们的旧制度经历以及接触到的其他改革者的观点、思想，帮助他们塑造了他们憧憬的新世界的样子。1789 年春夏，由于大臣反对国王，贵族不愿在没有更大政治话语权的情况下缴税，负债累累的法国政府垮台了，谣言和信息在此过程中也扮演了至关重要的角色。信息和虚假消息的传播加剧了一系列政治危机，"革命"这个概念本身在某种程度上是在新闻界的页面上被打造出来的。新闻界在试图描绘18 世纪 80 年代末和 90 年代席卷法国的政治变革的艰巨性的过程中，发现了公众对其产品的渴望。

大革命

1789 年初夏爆发的法国大革命是一个复杂事件，但核心在于财政纷争。与大多数欧洲国家一样，18 世纪 80 年代的法国从严格意义上来讲已经破产了。随着对十分昂贵的美国独立战争的支持达到顶峰的一系列战争使法国在军费开支方面耗资巨大，尤其是跟英国就建立一支最强大的海军而展开的军备竞赛。王宫及受其补贴的一长串职位也

[①] 恐怖统治时期是对法国大革命的一个阶段的称呼，是从 1793 年中期至 1794 年 7 月的雅各宾派专政时期。

是对财政的一种消耗，但也许它更多体现了腐败或无节制，并没有真正威胁到国家财政本身——而且如同大多数国家一样，法国的财政取决于国家资产和为国家提供资金的未来税收。如此一来，国家就只能指望用私人资金来充盈国库。相比之下，英国的国民资产负债表和法国的在负债方面有类似的问题，但英国议会保住了市场的信心，并采取了可持续的加税手段。

这一体系依靠的是信任和在需要进行重大再融资的时候能够解决难题的政治架构。一个绝对国家①未必具备这样的能力。虽然法国的君主制实际上并没有表面那么绝对，但因为它要靠贵族的善意和他们有技巧的管理才能生存下去，在18世纪的进程中，它表现得越来越无力改组政府。由于君主缺乏管理宫廷的必要技能和治国之才，法国各派系和各阶层之间的紧张局面轻易就陷入了僵局，他们围绕影响力、声望、政治任命权和古老权利再度展开了旷日持久的斗争。国王及其大臣们通常能找到出路，但18世纪80年代末的政治危机实在是过于严重了。被解雇或辞职的财务总监和首席大臣们，尤其是查尔斯·亚历山大·德·卡洛讷（Charles-Alexandre de Calonne）和雅克·内克尔（Jacques Necker），提出了一系列计划，但都未能在国际金融市场上筹措到足够的资金，而且他们的计划削弱了民众对法国政府财政状况的信心。民众可以在国际报刊上读到这些金融事务相关的一切消息，尤其是内克尔的《1781年致国王财政报告书》（Compte-rendu au roi，1781年）。[4] 1788年，路易十六召集了一次显贵会议，试图与贵族达成政治和解，以便对他们征税。尽管这引发了巨大的争议，但还是未能找到

---

① 又称为专制国家，其政治体制是绝对君主制。

解决之道。

鉴于形势的严峻性，唯一的选择似乎是召开三级会议。自 17 世纪初以来，这还从未发生过。它把法国的三个等级——神职人员、贵族和平民（第三等级①）召集在一起。尽管这三个群体是在悠久传统的基础上形成的，却不能代表 18 世纪 80 年代法国社会的不同利益集团或社会构成。例如，从贫穷的乡村神父到富有的男修道院院长或主教的神职人员，很少出现在教堂里主持弥撒，却几乎都继承性地接受了这一角色，以及它所带来的什一税。第三等级包括富有的商人和勉强糊口的农民，而贵族则分为持剑的和穿袍②的，显示出古老的和大贵族之间大致上的不是特别精确的差异，前者的家族通过军功获得头衔，后者的特权则来自商业或法律背景。在一个绝对主义③国家里，官方的公共政治文化是不存在的，城乡、南北和东西之间也不存在分裂。因此，能够跨越社会阶层分野的可能只有模式化的宗教分歧，比如在旷日持久、喋喋不休的詹森派与耶稣会的争论中，关于神学和教士品行的争论在某种程度上是政治分歧的表现形式。在各种各样的"议会"里或法庭上，长期存在着反对国王及其大臣们的声音。这些"议会"或法庭在法国的许多省里都拥有古老的特权，在王室政治中跟国王长期不和。除了少数特例，只有第三等级纳税。贵族所拥有的一项特权就是大体上可以免税，但像教会一样，贵族不时会被说服给君主献上一份"免费的礼物"。通过出卖这类特权，可以增加税收，同时创造出一片

---

① 具体包括农民、手工业者、小商贩、城市贫民和资产者等，占法国全国人口的 95% 以上，负担国家的各种赋税和封建义务，却没有任何权利，其中资产阶级经济上最富有，政治上最成熟，居于领导地位。

② 此指在正式场合或礼仪场合穿着的标志穿衣者级别、职位或职业的袍服、礼服。

③ 指开明绝对主义（enlightened absolutism），又称开明专制。

被奋力保卫着的（有时是可替换的）地方权利的森林。

义务、特权、不满、希望和恐惧交织在一起，结成了一张微妙平衡却又有点运转失灵的网络。从中，人们想找到即使不能得到所有人或是大多数人的支持，但至少是能被接受的可行的解决方法。作为进程的一部分，各等级被要求在三级会议于 1789 年 5 月在凡尔赛宫召开之前列举出他们的关切或"冤情"。各级代表把各自的关切记在实体笔记本陈情书（*cahiers de doléances*）上，把它作为判断整个国家意见的依据，递交给国王及其大臣们。许多团体，比如行会、律师、宗教修道会等，都有自己的陈情书。在法国各地的每个乡镇，村民们聚集在有威信、有文化的镇长或神职人员周围，写下他们的关切，制作自己的不满之书。几十万份这样的陈情书中有许多得以幸存下来，于是一套模式也浮现了出来。人民仍然把国王看作父亲，即使他身边围绕着一群鲁莽愚笨的顾问，但还是相信他最终会关照他们，给他们提供面包。第三等级的陈情书中有一套共同的主题，认为地主们不但限制人们进入公共土地，而且禁止捕捉如兔子或鸽子这些贵族想留给自家厨房享用的鸟兽，这些行为都逾越了他们的古老权利。税收通常也是一个特别引人关注的问题。

这种集会不只收集、整理了问题清单，而且产生了一种满怀期待的狂热气氛。许多人相信国王将会纠正这些错误。挑选代表前往凡尔赛宫这一举动同样促使人们产生变革的预期和一种全国大讨论的感觉。正是在这种氛围中，新闻界帮助塑造了辩论。审查官的权威崩溃了，这一政治转折时期涌现出大量的小册子和可以被称为报纸的印刷品。王室审查制度的流程开始分崩离析。这些审查中有许多是由贵族和省长资助的，其中尤为突出的是国王的堂兄、反对国王及其大臣们行动方向的奥尔良公爵①。更深刻的说法也出现在报刊上。由此,国家的民主意愿得到了表达。与雅典的城邦民主不同,唯一可以有效表达某种近似这种意愿的工具就是报刊。报刊也是启蒙选民的唯一工具。后来成了政治家的雅克·皮埃尔·布里索②在1789年的一本小册子里写道:"一个人可以把同一真理同时传授给数百万人;通过新闻界,他们可以心平气和地展开讨论,冷静地做出决定,并给出自己的意见。"[5]

骚乱即将来临。对于数百万法国人来说,前一年歉收造成的饥荒是不容忽视的。尽管1788年春季的天气预示着丰收,但1788年的夏季既冷又湿,庄稼颗粒无收,或是烂在田里。法国财务总监(Controller-General of Finances)卡洛讷通过谈判取消了许多关税,但法国的许多行业尚未适应这些变化,因而导致更大范围的经济领域遇到了麻烦。对许多生活在法国的人来说,1788年年末和1789年年初是很悲惨的一段时间。事后证明,当希望和绝望混合在一起,会孕育出一个火药桶。

1789年5月,三级会议开始在凡尔赛宫召开,这是自1614年以来该会议的首次召开。没过多久,危机就浮现了出来。会议本应该按等级投票,这意味着人数多得多的第三等级将受制于贵族和神职人员的联合投票。第三等级和为数不少的神职人员、贵族因国王封闭了会场而不得不撤到会场附近的国王的室内网球场③,并宣誓称他们将待在

---

① 即奥尔良公爵(Duke d'Orléans)路易·菲利普·约瑟夫,绰号"平等路易",投票赞成处死路易十六,后来自己也被送上了断头台。
② 雅克·皮埃尔·布里索(Jacques Pierre Brissot)是《法兰西爱国者报》的创办人,该报的创办目的是"找到有别于小册子的另一种宣传方式来教育全法国人"。
③ 1789年6月20日,路易十六封了会场,代表们冒雨找到网球场,在那里集会并发布"网球场宣誓"。

那里，一直到按人头和宪法进行投票为止。凡尔赛宫最近发生的点点滴滴传遍了法国的整个乡村，关于盗匪的传闻开始蔓延，引发了"大恐慌"。在数周的农村动乱后，农民们成群结伙地武装起来，敲钟以示警告，并搜寻入侵者。不久，这些行动转而开始针对领主和封建制度的象征。人们憎恶的鸽房、养兔场和存放记录封建税费文件的保险库大量被烧毁。谣言也广为流传。人们相信军队调动预示着国王要部署外国雇佣兵以镇压国民会议[①]，并进攻大力支持国民会议的巴黎。7月14日，为了保卫巴黎，人们攻占了巴士底狱和其他建筑以寻找火药和武器。巴黎的街道上充满了要求自由和权利的呼声。一场政治危机演变成了一场社会革命。

公共领域？

除了街头的恐惧和农村的愤怒，变革的渴望还可能从何而来呢？可能来自格拉布街，这是一个由每周靠赞助人的阔绰出手和卖作品才能活下来的记者、作家和敲诈者组成的墨色世界，它源源不断地提供不满情绪，为革命释放出来的政治混乱火上浇油。法国为那些试图以笔谋生的人提供了一个丰富多彩却又朝不保夕的生存环境。作为一项职业的新闻工作与赞助人网络联系紧密，并和那些掌权者拥有密切且有争议性的关系。由于审查权以及与低地国家、瑞士和英国的印刷中心的紧密联系，法国创造出一支由敢于接近法律底线的作家组成的骨

---

① 历史名词，指 1789 年至 1791 年的国民会议，不是现在的法国国会下议院——国民议会。

干队伍,他们有时会犯法,且能在其他出版中心——有时是非法的——继续他们的工作。年轻作家们被沙龙和小册子的世界以及像伏尔泰这样的人的职业生涯和著作所吸引。然而,他们不但没有名利双收,反而遭到了国家不道德的阴谋暗算,比如被当场逮捕、受到警察监视、经常被人利用来敲诈或诽谤。

正如 1789 年 5 月至 7 月的危机所展示的那样,政治权威的崩塌部分原因在于无法开展一场更广泛的政治辩论。当王室、彬彬有礼的传统规则、行为准则都没能提出解决办法的时候,政治权威的另一个合法来源正在确立自己的地位。用政治理论家尤尔根·哈贝马斯的话来说,这个来源就是"资产阶级公共领域"。在成千上万份小册子的页面上,在巴黎和省级社团的会议室、演讲厅和沙龙里,在男男女女往来通信的信纸上,另一种可以替代依附于国王和宫廷的传统身份的身份得以发展起来。通过参与其中,第三(及其他)等级中受过教育的和相对较富有的成员创建了一个可以评论现状的论坛,并创造出应该听听民众呼声这一观念。由于否定这个概念,最关键的是他在三级会议开幕时对待第三等级的方式,法国君主面临丧失权威的危险。多年来,秘密出版物一直在嘲笑君主,尤其诋毁他的奥地利皇后玛丽·安托瓦内特(Marie Antoinette),无论如何,君主的权威早已受到了侵蚀。与他们的前任不同,这一任的王室成员主要待在凡尔赛宫里,除了视察勒阿弗尔(Le Havre),并没有巡视整个王国。

王室权威的独特性也被看似最不可能的出版物侵蚀了。虽然我们今天所认为的报纸在旧制度的法国较为罕见,但当时有多种可供选择的出版物定期给人提供新闻。其中流传最广的可能要数刊登了分类广告的单页新闻纸,最为人熟知的就是公告。正如前文提到的那样,这些一开始都是 17 世纪晚期贴在墙上的广告——它们的名字由此而来——但到了 18 世纪中期，就成了上面塞满小广告的 4 到 8 页的纸。订阅者每年只需花六七里弗，这大致相当于一个工匠一周的工资。最初，公报是专门用来发表新闻、信件和社论的，而公告则仅限于用来登广告，但它们在商业内容之外很快就增加了文学和文化方面的材料，比如诗歌，甚至有时还会提及时事。到了 1789 年，除了两份广为发行的巴黎报纸外，44 个城镇还自豪地出版着它们自己的公告，用科林·琼斯的话来说，这就使它们构成了"1789 年前法国的地方新闻界"。这个数字使法国基本能与英国比肩，当时的英国也许拥有 50 种地方报纸。我们现在难以准确查明法国报纸的发行量，但大多数报纸的订阅人数在 200 到 750 之间，因而可以估算订户总数在 8000 到 3 万之间。当然，报纸的受众面要比这广得多，因为在咖啡馆、阅览室里，或者在朋友、同事之间，人们会共享一份报纸。当时的一份公告《香槟①日报》称，它平均每份报纸有 4 名读者。历史学家推测，在大革命的十年里，这个数字可能高达 10，这表明其读者总数在 5 万到 20 万之间（在 2000 万左右的人口中，可能有 400 万居住在城镇，每 20 人中就有 1 人能接触到公告）。[6] 到了 1789 年，《图卢兹公告》中 14% 的内容是纯政治报道，且这一比例随着时间的推移在快速上升。

尽管这些公告并不能完全算是我们今天所定义的报纸，但它们揭示了一个更广阔的选区的存在，选民们越来越了解政治事件，并能将自身想象成一个更广大的公众。这类出版物喜欢强调一个事实：它们是在一个社区内制作而成的，而且帮助塑造了那个社区。读者来信通

---

① 香槟地区，位于巴黎以东，现包括马恩省、埃纳省和奥布省的部分区域，旧为法国东北部一省，因 1700 年左右于此地开始生产的气泡白葡萄酒著称。

过构建一个 18 世纪的信息网络强调了这种感觉。18 世纪七八十年代，写给公告和类似刊物的信件有成千上万封。1778 年，一位名叫弗朗索瓦·德·讷沙托（François de Neufchâteau）的记者这样写道："我喜欢把你们的刊物想象成我们快速交谈的忠实写照，它无所不涉，却又浅尝辄止；深刻的讨论中穿插轻浮的俏皮话；哲学思考与邻里八卦交织在一起；难以察觉的转折语把最不相干的事联系在一起。"[7] 在这个由读者、记者、小贩、消费者组成的网络内部，另一个合法性来源——批判性的公共领域这一概念开始确立起来。

国际新闻界

这种土生土长的新闻形式得到了国际新闻界的补充，尤其得到了给精英看的报刊的补充。18 世纪，使用法语的国际报刊越来越迎合欧洲各地的精英受众。这类"国际报纸"的总部大多设在低地国家和德国，其读者群越来越大，影响力也与日俱增。从 1760 年直到大革命爆发，发行了 60 多种报纸，给人们带来大量关于国际和国内事务的报道、文化评论和更多的政治散文，其中许多大体上是支持启蒙运动思想的。在 1759 年之前，这类报纸的数量很少，而且邮费高得令人望而却步，从而限制了它们的影响力，也减少了当局可能会有的对它们的担忧。然而就在这一年，法国政府推行了一场后来被称为"邮政革命"的改革，削减了有执照的报纸的邮资，费用下降了 70%。到了 1781 年，国际性报刊的总发行量约为 1.4 万份。那时候，国内报纸的发行量也许是 3.1 万份。[8]

它们的发行量在国际危机爆发时往往会有所扩大，比如在七年战争期间，人们对新闻的兴趣自然会有所提高。《科隆公报》在法国公共事务中尤其有影响力。18 世纪 80 年代，《科隆公报》称玛丽·安托瓦内特的一名亲信卷入了一桩不光彩的金融丑闻，这引起一家竞争对手报纸发表了一份明显是来自宫廷的声明，否认、驳斥这一说法。反观总部设在法国境内的教皇飞地上的《阿维尼翁信使报》，它到 18 世纪 80 年代就几乎完全处于法国政府的控制之下，主编由政府选出，市场进入权也由政府控制。作为这种监督的交换，它实际垄断了法国南部、意大利北部和伊比利亚半岛的市场，获利颇丰。它提到了 18 世纪 80 年代末的骚乱，只是以一种谨慎的方式，例如，在报道 1788 年 6 月发生在格勒诺布尔（Grenoble）的骚乱时，既没有提流血事件，又只字不提皇家军队失去了对城市的控制。[9]

以上两份报纸在以《下莱茵省信使报》和《莱顿公报》的形式出现的荷兰国际报刊面前都黯然失色（《莱顿公报》是《来自各地的特别新闻》的简称）。其中最成功的当数《莱顿公报》，历史学家杰里米·波普金（Jeremy Popkin）称之为"它那个时代的《纽约时报》"，它的主编让·卢扎克（Jean Luzac）定期"收到伏尔泰、乔治·华盛顿和欧洲所有君主的大臣们的来信"。[10] 它的竞争者《下莱茵省信使报》的办公室位于荷兰共和国境内的普鲁士飞地——克利夫斯（Cleves），提供的是普鲁士的世界观，因此得到了"柏林的传神谕者"（oracle of Berlin）的绰号。[11] 但普鲁士国王的资助并没有阻止它的主编让·曼宗（Jean Manzon）利用职位之便干敲诈勒索的勾当。伦敦——伦敦报纸的做法一般也和曼宗的相同——成了由法国政府秘密出资、订阅量高达 4800 份的《欧洲信使报》的总部所在地。读者会读到很多关于美国革命和英国议会事务的报道，但几乎看不到法国新闻。例如，该报既没有提到 1781 年雅克·内克尔的被免职，也没有提及 1785 年红衣主教罗昂（Cardinal de Rohan）因钻石项链事件①而被捕一事。英国方面对该出版物睁一只眼闭一只眼，因为他们付钱给出版商让他监视他的法国主子。

跟只读官方授权的报纸相比，法国读者从这些国际性报纸，特别是 8 页的《莱顿公报》中，可以了解到更多发生在他们自己国家的事情。《莱顿公报》"坚决抵制粗俗辛辣的秘闻轶事"，而是以有分寸、冷静的口吻更全面地报道法国的国内问题。[12]1757 年，路易十五被想要暗杀他的达米安（Damiens）用刀刺伤。在这起事件中，只有《莱顿公报》探究了路易十五所引发的不满情绪，并考察了被达米安称为动机的宗教争议的更广泛的细节。在一个世纪里，该报一直支持法国的最高法院，并记录下了试图限制国王及其大臣们的权力的努力。

法国政府的确时不时地就会查禁这样的报纸。在档案中可以找到 30 多条企图禁止发表报道的记录，其中许多是由重要的政府官员提议的，这表明这类报纸引发的担忧到了何种程度。其他时候，政府会取缔某一家特定的报纸，以显示对其报道的不满。

国际新闻界直接引发了革命前的辩论。记者、敲诈者兼间谍查尔斯·泰维诺·德·莫兰德（Charles Théveneau de Morande）利用他的总部设在伦敦的《旅行者书信报》详细阐述了他的爱国主义改革的观点，在报道或评论事件的同时，也试图引导舆论。在巴黎，如雨后春笋般涌现的单页新闻纸和期刊很快就复制了他的风格，培养出一批被他们

---

① 让娜·德·瓦卢瓦－圣雷米（Jeanne de Valois-Saint-Rémy）骗想重获玛丽·安托瓦内特宠爱的主教，称王后想买一条 160 万法郎的项链，于是主教分期付款买下了它。后来因主教未能及时付款，珠宝商跑去找王后，骗局被揭穿，王后在法国民众心中的形象彻底坍塌。这一事件被视为民众对王室看法的转折点。

的敌人们谴责为"新型的煽动家"的记者。[13]

现在，由于这种离经叛道且通常很激进的声音得以刊行发表，像《莱顿公报》这样的精英刊物在革命时代遇到了挑战。法国内部放松了审查，导致《莱顿公报》失去了它在独立报道国内新闻中几近垄断的地位。该报对大革命爆发的报道很快就变成了对激进派的批判，认为这些激进分子是该报所支持的启蒙运动形式的绝对主义的反对者。更糟糕的是，在一个强烈民族主义的偏执期，作为一家外国报纸，它不再被视为一个受人尊敬的独立信息源，反而被怀疑与流亡贵族、外国势力和反革命分子合谋。精英阶层给它提供了可靠的消息和富有的受众，但在民主革命时期，它跟精英的传统联系也成为它名誉上的污点。1792 年，它的竞争对手之一《巴黎纪事报》谴责它选了一名"贵族"当主编。更实际的是，现在，随着王室对新闻界的控制的瓦解，法国国内涌现出了许多报纸，与它们相比，它所报道的新闻可能已经不新鲜了。[14] 尽管它的声誉受到了这些打击，实质影响了它的底线，但它获得权威可靠消息的能力确保它仍拥有一批读者，他们更看重它对外国新闻的全面报道而不是对法国国内事务进行披露。有几家雅各宾俱乐部继续订阅它，其他巴黎阅览室——市民们只要花点小钱就能找到最新的报纸或小册子的地方——也订了它。[15] 因为法国正面临真实且很可能发生的军事入侵，所以关注欧洲各大使馆的阴谋诡计对法国来说具有真实、直接的好处。而且，从 1793 年起，由于恐怖统治的开始和内部审查机制的回归，《莱顿公报》用几乎没有一家国内报纸胆敢发表的报告和信件来对信息进行增补，显示了它与公共安全委员会 ① 之

---

① 恐怖统治时期，雅各宾派通过公共安全委员会（Comité de Salut Public，也译作救国委员会）实行专政，这个委员会是当时的最高行政机关。

间的分歧。雅各宾派统治时期的审查制度再度给该报提供了一个服务那些渴望获得信息的人的市场。

印刷商与新闻需求

显然，无论是公告，还是国际报刊，都无法满足 1789 年释放出来的信息需求。每一天都有新的揭秘、恐惧和谣言，公众对此着了迷，想听到更多的消息。跟口述谣言和二手三手的报告相比，印刷页面具有一定的权威性。大小、版式各异的数十种报纸被创办了出来，利用这种需求牟利。其中许多还是作为某些政治观点的喉舌而存在的。在巴黎和法国的主要省级城市里，报纸的数量激增：出版的报刊数量一度可能超过了 100 种。在 1789 年的下半年里，市面上流通着 250 份报纸，到 1790 年，出版的报纸种数达到 350 或更多。[16] 其中，可能有 25 份或 30 份获得了成功，被大多数阅览室或俱乐部订阅。1789 年 8 月，《人权和公民权宣言》的第 11 条确定了新闻自由和表达自由的原则，称其为"人类最宝贵的权利之一"，但应该指出的是，它还明确规定该权利受法律的约束。

阅读新闻在巴黎人民中成了一件习以为常的事，甚至在那些较为拮据的市民中也是如此：不识字未必是个障碍，因为在社交场合常常会有人大声地读报纸。人被逮捕后，警长在搜查中通常会搜出几份报纸来，比如，在女性公民拉弗雷特（Lafrête）一案中，她是一名二手衣交易商，丈夫以打零工为生，在法兰西第一共和国的第三年（1794 年 5 月），她家中被搜出了几份《共同日报》、16 期勒布瓦（Lebois）

的《人民之友报》，还有一期另一份《人民之友报》和一期《人民演说家》。正如历史学家多米尼克·戈迪诺（Dominique Godineau）揭示出来的那样，这很典型。1791 年，一名叫康斯坦斯·埃夫拉尔的厨师订阅了《巴黎革命》，并且"很常"阅读《人民演说家》。像加斯帕德·夏尔凡及其妻子这样的无套裤汉①家庭可能会订阅"奥多因（Audoin）的几乎所有报纸，还会另外再订一些马拉②的"。较穷点的工人们，比如卖水的和住在福塞 - 奥塞尔街 255 号的，可能每晚都会聚集在门房里听人读报。其他人则可能会撕下巴黎各地墙壁上张贴的报纸，剪下自己感兴趣的部分并保留起来，其余的则用作提灯的燃料。还有一些人仍然可能以一种流行的共和主义的方式聚在一起吃吃喝喝，大家边分享酒边大声讨论从国民公会或立法议会中传出的最新消息。[17] 定期了解消息、共享报纸、讨论最新时事，编织成时代的图案。当天气、光线足够好的时候，住在公寓里的租户就会把椅子搬到街上或院子里读报纸，并跟别人讨论最近发生的事件。警方档案里记载了一个典型的事例：1793 年 7 月 5 日晚间，穆里埃一家与邻居们边乘凉边讨论"这个地区是否会接受宪法法案"，这里指的是 1793 年宪法。[18] 我们可以想见消费、讨论新闻是如何增加革命时期的情感强度的。社会上如此大量的报纸、期刊和报告的存在激发了人们追求越来越多的快速信息的渴望。18 世纪 90 年代初，随着革命变得越来越暴力和分裂，报纸一面从乱成一团的事件中汲取素材，一面还不忘给骚动的烈度添油炽薪。

这样一场革命对报纸生产也产生了实际的影响。1789 年之前，巴

---

① 又称长裤汉，是法国大革命时期贵族对处于下层阶级的巴黎共和主义者的蔑称，后成为激进革命者的统称。

② 雅各宾派的主要领导人之一让 - 保尔·马拉（Jean-Paul Marat），是法国大革命时期最杰出的报纸《人民之友报》的创办人。

黎本身只拥有一家日报——《巴黎日报》，它更关心文化报道，而不是政治新闻。正如我们已看到的那样，发生在凡尔赛宫和巴黎的事件创造出对新闻的巨大需求，各式各样的单页新闻纸填补了市场的空白。对于印刷商来说，满足这一大幅增长的需求绝非易事，因为最成功的报纸需要印 1 万份或更多。为了满足需求，跟上人们对新闻永不满足的胃口，印刷车间的印刷机整夜不停地工作着，工人需要排出几套铅字，以使多台印刷机能同时运转。这创造出了对排字工人和印刷工人的需要。他们无视行会规定，随时会抛下现有工作去投奔更赚钱的报纸出版商。此外，这一行还需要资本投资。多台印刷机需要大量昂贵的装在一系列字盒里的各种字号的活字（夜间印刷还需要大量的蜡烛或油）。成功的报纸出版商经营着很大的车间，最大的要数《箴言报》的了。该报确立了自己作为最成功的、最终也是正式的政府记录的地位。它在一间巨大的工作室里印刷，室内有 27 台木制手动印刷机，雇用了 91 名工人，其中包括排字工人、印刷工人、职员和叠报纸的女人们。18 世纪 90 年代初，还有人几次提议要培训女人排印以满足需求和为女性提供就业机会。[19] 整个 18 世纪期间，法国的印刷业同欧洲和英国的其他地方一样，在工艺流程上几乎没有技术进步，依赖的仍然是由活字组成的印版，在静止不动的印刷机上手工印刷而成。数量和速度只是增加机器和可利用的人力工作量的结果。[20] 其他报纸，比如《巴黎纪事报》或《共同公报》，开动了 7 到 10 台印刷机，每天要印制 1.1 万份左右，这是一个惊人的数字。印刷业的扩张不仅给巴黎的街头、俱乐部和家庭增添了许多刺耳嘈杂的辩论声，而且确保印刷厂成了密集活动和劳动的场所。

这些工人接着再将产品交给一组组街头小贩去卖。可能需要 200

名巴黎的女墨丘利才能分销完像《巴黎纪事报》这种印数规模的报纸。[21] 在某种程度上，这些女人已自成一股政治势力。她们用"人民又累又饿，马上就要冻死了""罗伯斯庇尔被捕了"之类的街头口号，用戈迪诺（Godineau）的话来说，就"足以左右舆论"。[22] 在竞争如此激烈的时期，为了留住工人、获取纸张和油墨，报纸出版商需要持续不断地努力奋斗。那个时代幸存下来的报纸也许不可避免地向我们展示了那些年出现的各种各样的版式、页数、纸张质量和生产质量。如果这些出版商发现了一个成功配方，就没有什么能够阻止其竞争对手用同样或类似的配方。许多报纸很短命，无法找到忠实的订户。1790年，尼古拉斯·德·孔多塞（Nicolas de Condorcet）创办了《1789年协会杂志》。它上面满是关于财政改革、新闻自由、妇女权利的详细文章，不过还是在财务上举步维艰。1789年协会共有450名成员，其中仅有23人认购了该报的股份。该报的订户只有147人（碰巧的是，其中鲜有协会成员），最终于1790年9月停刊。[23] 颇具影响力的"社交圈"① 也创办了自己的报纸——《铁嘴》，它从1790年10月一直办到了1791年7月。

报纸生产需要生产技术的配合也许在一定程度上解释了该时期与法国文化生活其他方面的创新相矛盾的新闻界的审美保守主义。尽管法国报纸的结构和内容发生了重大变化，但令人奇怪的是，我们注意到大革命对它们的版式和风格却有所限制。在大革命之前，法国报纸并没有遵循英国或荷兰新闻出版物的风格。在大革命期间，情况依然

---

① 由一些作家、政治家组成的团体，先驱性地关注妇女权利、土地改革，这使它成为法国大革命中最进步的俱乐部之一。

如此。总体而言，它们更像书籍，而不像其他地方的读者所熟悉的有多个专栏的版式。除了后来成为记录文件的《箴言报》是大幅对开本，大多数报纸都很小，一开始都是八开本，在18世纪90年代才扩大到四开本。没有一家报纸倾向于依赖广告。外观上，报纸避免了风格上的巨变。字体和版式类似旧制度时期的出版物，总的来说避免尝试加头条新闻或插图。考虑到这么多革命文化都采用了新的形式来预示新时代的希望，那么为什么会出现这种保守主义呢？新闻界并没有朝着一种新的报纸美学的方向发展，而是作为一种已经存在的公众声音，囊括了新政权的大部分主张。1789年之前，印刷商倾向于使用现代的新古典主义字体。政府在印制官方公告时重新使用了前革命时代的类似字体，给政府出版物赋予了一定的权威性。实际考量无疑也起了一定的作用，因为对印刷材料的需求确保现有的活字很受欢迎，明眼人都能看出发行大量报纸需要多少铅合金活字。当时有许多出版物都面临着财务上的挑战，在贸易和工业方面还要受到诸多干扰，因而多是昙花一现，非常短命。这意味着很少有报纸愿意投资设计新活字来反映新时代。报纸与大多数印刷材料的类似表明新闻是印刷世界的一部分，也是在公共领域内使辩论持续不断的一个重要组成部分。

卡米尔·德穆兰

卡米尔·德穆兰（Camille Desmoulins）受过律师训练，是一名品学兼优的学生。他的律师从业理想因口吃而受阻，于是他拿起笔来成了一名记者。他因病无法出席三级会议，后来找了一份记者工作，为米拉波伯爵（Comte de Mirabeau）写稿，极力鼓吹信奉改良主义的贵族和革命者结盟。但到了1789年夏，德穆兰的激进主义思想导致联盟分裂。9月，他出版了极具煽动性的小册子《巴黎灯塔演讲辞》（*Discours de la lanterne aux Parisiens*），文中描述了格列夫广场维纳利街上的一根臭名昭著的路灯柱子。人民公敌，比如那些被指控为投机倒把的食品商的人，都吊死在这根路灯的铁制灯架上。文章是从路灯的视角写的，这个临时绞架让德穆兰得到了"灯塔检察官"这一绰号。同年11月，他开办了自己的周报《法兰西和布拉班特①革命报》。这是一份报道革命事件的报纸，观点讽刺、固执。它攻击君主制和保守主义革命者，让德穆兰名利双收的同时，还为他提供了一个可以狂热地、猛烈地抨击政治对手的政治平台。结果，他被起诉了，且在新闻界常被人攻击，尤其受到了支持贵族的报纸《使徒行传》的抨击。

革命政治中的派系斗争在新闻界也有所反映。尽管德穆兰早期很激进，但他很快便清醒过来，转而反对革命走极端，尤其反对恐怖统治。1793年，他创办了《老科德利埃报》。尽管献给的是丹东（Danton）和罗伯斯庇尔，但它的名字让人联想到早期不那么极端的科德利埃俱乐部，而且攻击了占支配地位的公共安全委员会中的一些超激进的成员，比如圣朱斯特（Saint-Just）。该报将实施恐怖统治比作罗马皇帝残暴疯狂的统治，并直接向他的老同学罗伯斯庇尔喊话："请记住历史的教训和哲学的教诲：爱比恐惧更强大，也更持久。"[24] 像德穆兰一样，《老科德利埃报》也很短命。在他被处决的第二年，报纸也倒闭了。

---

① 西欧昔时一公国，首府是布鲁塞尔，现分属荷兰和比利时。

让-保尔·马拉与《人民之友报》

记者很少情况下能算是一份低危职业，尤其是在革命时期。也许没有谁比让-保尔·马拉更能生动地向我们展示这一点。他出生于普鲁士治下的纳沙泰尔公国，近20年里，一边当记者和激进小册子作者，一边试图成为一名自然科学家。他早年间在巴黎接受过医学训练，后来又在英国待了一段时间，在那里受到了威尔克斯事件的启发，开始撰写反奴隶制的小册子和医学论文。1788年，他投身于政治小册子的写作事业。同年，他又创办了自己的报纸《人民之友报》（该报最初的名字叫《巴黎政论家》，但很快便自诩为"人民之友"而为人民发声）。他把这份报纸当作权力讲坛[①]，用来反对他眼中的那些人民公敌：商人和律师占支配地位的巴黎公社、制宪议会以及政府大臣们，尤其是财务总监雅克·内克尔。该报很快就大获成功，盗版印刷商们的青睐就是佐证。马拉也招致了一些批评。《莱顿公报》指名道姓地称他为"一群对法国危害很大的报刊作家"中的一员。[25] 马拉与激进的科德利埃俱乐部结成了同盟，该俱乐部深受公共安全委员会第一任主席乔治·丹东的影响。由于四处抨击别人，他被迫逃到伦敦避风头。回国后，他创办了又一份短命的报纸——《法兰西朱尼厄斯报》。"朱尼厄斯"是18世纪60年代末70年代初发表在英国《公共广告人报》上的一系列论争性信件的作者笔名。[26]

马拉原本是君主立宪制的支持者，但1791年国王逃到瓦雷纳（Varennes）一事最终促使他转向了共和主义，且谴责国民会议拒绝废

---

① 又译作天字一号讲坛、名望讲坛等，指任职者可以大胆发表意见的公职。

黜国王的态度。到了 1792 年，马拉经常反对吉伦特派攻击他眼中的那些革命者①。据说，这迫使他不得不经常躲在巴黎的下水道里。在无法出版《人民之友报》的情况下，他从 8 月 10 日起开始发行一系列小册子，号召人民起来推翻君主制。他当选为国民会议的代表，后来又成了公共安全委员会的委员。他猛烈攻击大革命的反对者，用散文煽动人民支持 1792 年 9 月 6 日的暴动。他呼吁人民的支持者在囚禁的反革命分子被保王党人释放之前先下手杀掉他们，并呼吁大家支持大革命所采取的军事镇压手段。9 月 22 日，法国宣布成立共和国，《人民之友报》于是改名为《法兰西共和国报》。

尝到马拉写作苦果的不是只有他自己（例如，1790 年 12 月，他号召发动总暴动，攻击那些人民公敌）。他不是自己印刷《人民之友报》，而是要靠资深的印刷商来帮他印，于是这些印刷商会受到人身攻击的威胁，卷入多起法律纠纷。1789 年，马拉造谣诽谤了市议会的一名议员。他在辩护中声称，自己这样做是为了体现新闻自由对追究权力的责任的重要性。[27] 许多份《人民之友报》被没收。[28] 他的印刷商安妮·菲丽希缇·科隆布（Anne Félicité Colombe）是亨利四世印刷店的老板，是一名狂热的激进分子，1793 年成为革命妇女协会（Society of Revolutionary Women）的成员。1790 年，她被牵连进了这起诽谤案，被没收了多份该报。警长要求她供出马拉的下落，但遭到了拒绝。她宣称搜查她的住所是非法的，侵犯了她的公民权（次年，民众举行抗议，反对君主立宪制。在拉法耶特将军［General Lafayette］的授权下，抗议遭到了军队的暴力镇压，酿成了马尔斯校场大屠杀的惨剧，造成

---

① 吉伦特派当政后，采取温和妥协政策；马拉则是极端派雅各宾派的成员，要煽动人民起义推翻吉伦特派的统治。

多达 50 人死亡。悲剧发生后，有 4 名女性被捕，她是其中之一）。[29]
科隆布还出版了自己的报纸——《人民演说家》，并在法庭上称自己更愿意印这份报纸，而不是《人民之友报》。她最终赢了官司，获得了 2 万里弗（一说是 2.5 万，这取决于不同的记载）的赔偿金。她将这笔钱分给了街坊四邻中的穷人们。[30]

马拉继续编辑该报，加强对吉伦特派的攻势，在国王被处决后要求升级暴力。他被逮捕，被送上了特别法庭，他发表在报纸上的文章成为对他不利的证据。他一被判无罪，就收到了支持者们的欢呼。他的名声，准确说是恶名，在这一刻是巨大的。此后不久，1793 年夏，吉伦特派的统治被推翻，这在很大程度上要归功于马拉在报纸上鼓动让他们下台的宣传。

长期以来，马拉一直受到一种皮肤病的折磨，需要头上包着用醋泡过的毛巾，身体泡在带有药液的浴缸里以缓解症状。就是在这样的一次泡澡中，夏绿蒂·科黛（Charlotte Corday）声称自己有关于逃跑的吉伦特派人士的消息，得以进入马拉的房间。她取出藏在紧身胸衣里的匕首，刺在马拉心脏的上方，切断了一条动脉。几秒之内，马拉就死了。在随后的审判中，科黛宣称她杀一个人是为了挽救十万人的性命。1793 年 7 月 17 日，科黛被送上断头台。至于马拉，早已成名的他因被暗杀而获得了神明般的地位。人们用数以百计的讣告、演讲、报纸和绘画大规模地纪念这位记者兼政治家。他的遗体[1] 被送进了巴黎先贤祠。他的死使法国大革命找到了自己的世俗圣人——人民的记者。[31]

---

[1]　马拉死于 1793 年 7 月 13 日，死后进先贤祠，近一年半后（1794 年），随着雅各宾派的倒台，他又被移出先贤祠。

反革命:《国王之友报》

对于那些反对大革命释放出来的力量的人来说,报纸也很重要,尤其是在 1789 年夏季之后的头两年。《国王之友报》就是这样一份保守主义报纸。它的制作人和分销商是男修道院院长罗尤(Royou)和他的妹妹弗雷隆夫人(Mme. Fréron),后者是记者埃利·卡特林纳·弗雷隆(Élie Catherine Fréron)的遗孀。埃利·弗雷隆因抨击伏尔泰和百科全书派 ① 而声名大噪(伏尔泰在 1760 年出版的剧本《一个苏格兰女人》[L'Ecossaise]中以他为原型创造了一个角色)。《国王之友报》的目标受众显然是保守分子或反动分子。像许多报纸一样,它的订阅者中也包括贵族和神职人员,以及许多只能被识别为第三等级的人。它的内容甚至更能说明问题。它很快便因发表反革命材料而出名,国民会议还谴责了该报及其编辑们。1791 年 7 月,在马尔斯校场大屠杀后,它暂时休刊。圣安德烈艺术街 37 号的办公室门被封了,许多份已印好的报纸被没收,弗雷隆夫人被捕,而罗尤则躲了起来。

就这一时期的出版物而言,《国王之友报》的不同寻常之处在于它的订阅记录幸存了下来。这些记录证明大革命时代的许多报纸利润都极其可观。《国王之友报》在人气最高时每天的发行量是 5700 份。像同时代的其他许多出版商一样,罗尤和弗雷隆也出版大量一次性的小册子,比如谴责《神职人员民事组织法案》②的教皇通谕 ③ 的翻印版。其

---

① 18 世纪法国启蒙思想家在编纂《百科全书》的过程中形成的派别,其奋斗目标是资产阶级的自由和平等,为法国大革命做了舆论准备。

② 即 Constitution Civile du Clergé,又译作《教士公民组织法》,于 1790 年 7 月 12 日通过,它显示了法国天主教会脱离罗马教廷的决心,规定国内天主教会服从政府统治,教士成了国家的雇员。

③ 教皇通谕(brief)级别低于教皇诏书(bull)。

他一些也制作小册子的报纸出版商中有很多也是赚钱的高手，有一种估计认为他们的利润率高达 1500%。[32]《国王之友报》及其大批订户使罗尤、弗雷隆及其支持者们得以宣传、传播反革命小册子，同时把这些小册子放在办公室里供人选购。[33] 警察在突袭查抄他们的办公室时，找到了"无数主张贵族统治和煽动性的作品"。这些出版物中的大多数都外包给了其他印刷商，这凸显出《国王之友报》很受欢迎，圣安德烈艺术街 37 号的印刷机都忙不过来了。考虑到手动印刷机的运转速度，大批量地快速制作报纸和小册子是有实际困难的。例如，一本 1791 年 4 月印制的关于继承权的小册子，一次印数是 1 万份，其他小册子的印数可能达到 7 万份或更多。尽管当时的印刷工人表现出了令人惊叹的、手工印刷的现代爱好者们难以企及的技术和速度，但在一天内能够印出来的数量还是很有限。此外，购买纸张，摆排活字以及把印刷页面晾干、折叠、装订起来（当时每 1000 件的成本是 5 里弗）都会造成瓶颈。这不是法国一国的难题，而算得上是大西洋世界里各国印刷商的共同问题。在政治紧张时期，比如法国的 18 世纪 90 年代，当你与有争议的文本扯上关系的时候，把一些风险分散出去也不失为一种精明的做法。在物资相对匮乏的时代，这些印刷商的兄弟姐妹们也要给他们提供纸张，使之继续完成任务。1791 年春夏，随着与罗马教廷的冲突加剧，《国王之友报》上刊登了天主教会发布的从他们的办公室能买到的一系列教皇诏书和教皇通谕。其中有些期的发行量高达 3.5 万份到 4 万份。这样一来，关于教皇谴责把教会置于世俗权力之下的《神职人员民事组织法案》的消息就得到了尽可能最广泛的传播。这些小册子中有许多被牧师大批大批地买走，散发给来听布道的会众和其他牧师。法国各地——奥尔良（Orléans）、马赛（Marseille）、桑特（Saintes）、波尔多（Bordeaux）——订了该报的许多书商也这么干。有一些数额较小的订单来自布列塔尼（Brittany）的一些小村庄，比如欧赖（Auray）或埃讷邦（Hennebont）。这透露出该报传播的潜在范围。再说，由一份报纸提供的网络也有助于实现这样的传播。[34]

雅克 - 勒内·阿贝尔与街头

出于实际政治的需求，新闻界从未远离过街头。印刷商冒着被暴民、破坏者和警察攻击的风险继续营业着。印刷厂并非藏在远离城市生活的工业区里，而是跟许多它们的读者和革命时代发生的事件分享同一街道、广场和建筑。印刷商通常住在他们的印刷店楼上或附近，以确保自己及其雇用的短工、学徒能最大限度地利用白天时间，如果有紧急需要，还要借着烟雾缭绕的昏暗烛光或新技术阿尔冈灯（Argand lamp）的灯光辛勤劳作到深夜。诸如摆排活字之类技术性更强的活儿，可能要让位于折叠、裁剪和装订（尽管检验印张顺序当然也可能很复杂）这类更常规的劳动。

住在印刷店楼上或附近使印刷商能够保护昂贵的机器、存货和纸张等原材料不被潜在的小偷偷走；而且，包吃包住也是学徒合同中预期应该有的一部分。对一名印刷商来说，有一个众所周知的地址也极其重要，因为他们是通信网络的组成部分。拜访他们办公室的人给他们提供了可以登在报纸上的信息、信件、八卦和广告。印刷店还能充当情报或货物的交换所。只要付少量费用或在人情和债务的服务账簿——早期现代经济的一个组成部分——上记上一笔，就可以让印刷店帮忙接收信件或其他货物。

这个年代的许多激进印刷厂都能在塞纳河的左岸找到。它们离索邦（Sorbonne）很近，那里密布着学者、学生、教师、律师和职员。这个地方还为许多巴黎手艺人提供了一个家。这里的咖啡馆，比如普罗科普（Le Procope），也成了人们聚会、讨论和宣传鼓动的中心。所有这些群体都为 1789 年及随后数年的政治动乱提供了肥沃的土壤。

尽管这些年里巴黎的街头回荡着众多声音，但到了 1792 年，无套裤汉的声音成了最响亮的。他们因裤子而得名，相对于有钱人所穿的细布（比如丝绸）裤子，他们的裤子很有特色。正是这些群体在革命的重大时刻走上街头游行、大喊大叫、唱歌，并威胁要用武力对付那些反革命分子。这个运动团体不只是一个社会学范畴，还成了一个自定义群。他们用衣着（共和国的红帽子[①]和三色绶带）、语言（比如用随便的"你"，而不用正式的"您"）和歌曲呈现出这样一幅图景：团结在共和主义和爱国主义旗帜下的普通人支持法国大革命。然而，事实上，很可能无法用阶级来分析他们成员的身份。在他们中间，能找到许多来自 18 世纪法国经济等级结构中所有点位上的社会类型和代表。从 1792 年君主制被推翻到 1794 年雅各宾派下台，无套裤汉派在巴黎街头、聚会和政治语言中占据支配地位。18 世纪法国的处境岌岌可危，经济极度困难，政治一片混乱，国家面临外部军事入侵的威胁，大批民众上街搞街头政治，短工、手艺人和其他工人靠"结成俱乐部的能力"和社会网络苦苦支撑着，无套裤汉派于是应运而生。工人和行会早就创造出了共同会议、慈善性质的自发组织的保险计划、节日

[①] red bonnet，红色的弗吉尼亚帽，又叫"自由帽"，是一种无边软帽，广泛流行于法国大革命时期，后用 bonnet rouge 指激进分子、无政府主义者。

和公共游行，以保护他们的行业及其成员，以及在当时更广阔的社会里给人提供了一席之地。从这点来看，无套裤汉派还是一个文化产物。政治家在国民会议发表演讲时会提到他们。在当时的歌曲、小册子和漫画里可以找到他们。陶瓷和其他形式的物质实体中也不乏他们的身影。这些年里，他们也实实在在出现在巴黎的街头和广场上，尤其是在实际管理城市的雅各宾俱乐部和公社里。

在大众视野中出现的无套裤汉中，没有哪一个比《杜歇老爹报》所描绘的更具影响力或更流行了。该报是政治记者雅克 - 勒内·阿贝尔（Jacques-René Hébert）于 1790 年创办的。"杜歇老爹"是一个与旧制度时期的狂欢节、集市联系在一起的想象出来的人物。在三级会议和 1790 年辩论期间制作出来的几本小册子也用了这个人物。《杜歇老爹报》给阿贝尔带来了影响力和名望，也最终夺去了他的生命。他以第一人称"杜歇老爹"的口吻进行写作。据称，杜歇老爹是一个诚实坦率的普通人，他攻击那些压迫人民或试图挫败大革命的人。如此一来，《杜歇老爹报》就把新闻、评论和观点结合在一起，所有这些都是透过通俗的镜头观察到，并借一个潜在的街头打斗者之口说出来的。他描述了自己与王室、政府官员、政治家和其他人想象中的许多对话，提供了一个普通人的世界观。该报通常印刷得很马虎，纸张粗糙，有点泛蓝，语言既粗俗又下流，骂人的脏话比比皆是，玩笑和暴力威胁也多如牛毛。它呈现的是一个极其特别的世界，一个由巴黎的各行各业和大街小巷组成的世界。它经常歧视女性，但同时也摆出一种顾家好男人的样子。这种受身体影响的政治反映出一种极其男性化的世界观。他无论是在对抗大革命的敌人时（每当有贵族攻击自由，［无套裤汉］就会拿起他的长剑、长矛，朝那个地区飞奔而去），还是待在自己家中，都不曾远离暴力。[35] 报纸还与口头传播的世界交织在一起，这样就使它的传播范围比那些形式更严肃的政治评论的要远一些。在巴黎，大概有三分之一的成人不识字，所以只能靠别人在酒吧里或地区会议上朗读、讨论报纸。

阿贝尔曾在阿朗松（Alençon）受过律师训练。1780 年，在输了一场法律诉讼后，他逃到了巴黎。他在一家剧院工作过一段时间，空闲时写了一些没排演的剧本。后来，他因被指控偷窃而丢掉了这份工作，于是又找了份医生助手的工作。其间，他继续写作。1789 年，他的小册子《幻灯》（La Lanterne magique）获得了激进读者们的垂青。他加入了以反贵族出名的科德利埃俱乐部，并于 1790 年发行了第一期《杜歇老爹报》。大约与此同时，安托万·勒梅尔（Antoine Lemaire）出版了一本同名小册子，受到了右翼报刊、不太激进的报刊以及街头报童叫卖声的攻击。但实际上可能是阿贝尔借用了勒梅尔的标题。阿贝尔的印刷店位置很好，使他能够观察并参与左岸各俱乐部和地区激烈的政治活动。地理位置和所见所闻给他提供了制作报纸的素材。成千上万份《杜歇老爹报》从这扇门出来，走进了千家万户。它一共发行了365 期。

该报最初总体上是支持君主制的，但阿贝尔卷入了 1791 年的马尔斯校场大屠杀事件，目睹了 50 名抗议者被军队射杀的惨剧。于是，他的政治立场变得更激进了。杜歇老爹突然攻击起了保守派①，比如拉法耶特及其政治盟友们、米拉波伯爵和让 - 西尔万·巴伊（Jean-Sylvain Bailly），把他们描绘成试图破坏大革命的富有贵族。当国王及其家人

---

① 即君主立宪派，代表自由派贵族和大金融资产阶级利益，其领导人有所谓前三头、后三头之分，前三头是拉法耶特、米拉波和巴伊。

试图逃出巴黎的时候，阿贝尔又展开了对君主制的攻击。教皇因谴责宣誓①遵守《神职人员民事组织法案》的神职人员，也成了他攻击的对象。该报成了雅各宾派当局的宣传工具。雅各宾派给军队送去了成千上万份《杜歇老爹报》，试图提升士气和共和主义情绪。

"得了，他妈的，我们将战胜内部和外部的一切敌人。所有叛徒迟早都将被献祭。没有人能够强迫一个拥有2400万人口的民族接受他们不愿接受的，更何况他们还拥有武装保卫自己的能力，整个国家处处都有长矛、刺刀和大炮。

"在军营里，看到有这么多年轻小伙子将奔赴边境保家卫国，这是多么令人高兴的事啊！他们像盼望节日一样盼着那一天早日到来，届时他们终于可以打到那个一无是处的德·布耶②了。让那个老废物德·孔代③率领他那支邪恶的军队到这儿来吧！他将得到应有的对待。哦，这些年轻的公民是如此热情地接待了我！我刚一脚踏进军营，就被一个人一把拉住胳膊，一个人握住了我的手，还有一个人则搂着我的脖子。他们对我说道：'来吧，杜歇老爹！到我们的帐篷里来，让我们为国家的健康干杯。'

"伟大的众神啊！我正是在那里靠着诅咒贵族结识了许多值得深交的朋友。在和我们年轻的战士们度过了愉快的一天后，我就告辞离去了。哦，去他娘的，我的朋友们，当我离开他们的时候，我是这样

---

① 1790年11月27日，制宪会议通过法令要求神职人员宣誓效忠国家、法律和国王，引起法国天主教会信仰危机，全国一半左右的神职人员拒绝宣誓。

② 1791年6月，发生了路易十六出逃事件，目标是把国王转移到边境城市蒙梅迪，掌管法国东北部军队的德·布耶（de Bouillé）侯爵负责迎接。由于革命思想在法国士兵中传播，布耶决定依靠德意志和瑞士雇佣兵来保护国王。

③ 孔代亲王路易·亨利二世·德·波旁（Louis Henry Ⅱ of Bourbon - Condé，1756—1830年）。

说的：'假如我不是这么老的老伙计，就会跟着你们一起行军，还会想打头阵。'别担心，杜歇老爹，要干翻外部的敌人，有我们就够了。你，干他娘的，只需要当心内部的敌人。"

团结只有通过武力才能实现。1793年夏，山岳派（montagnard，又名 the Mountain，因国民会议开会时坐在最高处的席位上而得名）和无套裤汉派发起了一场清洗政府和俱乐部的内部敌人的运动。在这之后，阿贝尔便得以把拥有特许经营权的《杜歇老爹报》变成了一家由政府补贴的垄断报纸。[36]

这种通篇充斥着污言秽语的散文把杜歇的政治观点推销给了广大人民群众，创造出了一种大众的且通俗的声音和角色。该报在风格和内容上都与《法国公报》大相径庭。它的问世没有经过王室认可和政府批准。它谈论的是人民和街头及其代表——革命政府的权力和权威。它所包含的信息并不是针对商人、律师或王室官员的。它对商品价格、船只的进出港情况以及洞悉外国大使馆的活动都不感兴趣。它利用一个辨识度高的人物形象来讨论当时的问题，即便使用的镜头是纯虚构的，对它的受众法国普通人而言，它所包含的信息反而是既荒诞离奇又真实得多的。

法国，尤其是巴黎，对这个粗俗、酗酒的普通人的热情凸显了这个刻板印象的韧性和力量，同时暴露出法国社会内部的深层分裂。它在揭露真相的同时也挑起了纷争。一个竞争者记者写道，当新的一期《杜歇老爹报》出现在大街小巷时，它"引得人们窃窃私语、争执不休：每个人都给出了自己的观点，都在说教，那些不怀好意的人大获全胜，错误和无知确保他们永远不乏追随者"。[37] 而且，在旧制度时期的社会里始终存在而被大革命释放出来的暴力是这份开本小、感染力却很强的出版物的语言、思想和情感的核心。到了 1793 年秋，该报自诩为巴黎公社的代言人，越来越反对政府。在王后玛丽·安托瓦内特接受审判期间，杜歇老爹越来越将她妖魔化成"奥地利母狼"，并指控她与自己的儿子乱伦，这令年轻的雅各宾派领袖马克西米连·德·罗伯斯庇尔（Maximilien de Robespierre）感到反感。阿贝尔以及他的许多追随者后来都成了革命怒火的牺牲品：他越来越反对罗伯斯庇尔和公共安全委员会的其他委员，于 1794 年 3 月 24 日被送上了断头台。行刑人甚至表演了一个可能会令露天游乐场的杜歇老爹觉得好玩的特技。他调整了刀片落下的位置，使它停在离尖叫的阿贝尔只有 1 厘米的地方，这样反复三次后，才终于落到了他的脖子上。

巴黎和外省 ①

有名的记者和他们有影响力的报纸的总部都位于巴黎，靠近权力中心。在这儿，他们能够观察，同时能试图塑造政治事件的进程。但随着审查的放松，地方新闻界也开始蓬勃发展起来。突然之间，支持革命的俱乐部在法国遍地开花。它们很快就开始互相通信，并急于通过俱乐部网络听取、分享消息和意见。[38] 这些俱乐部也经常与报纸联系紧密。1789 年年末，其中一家俱乐部创办了一份报纸——《观察家俱乐部报》，由俱乐部的不同成员分别负责报道市级政治、法庭审判和国民会议的辩论。像许多报纸一样，它很短命，现仅有 7 份流传于

---

① "19 世纪的法国分成两大地域：巴黎和外省。"出自巴尔扎克《外省的诗神》，收入《人间喜剧》第 8 卷，人民文学出版社 1994 年版，第 86 页。

世。还有一些女性俱乐部，其中一家发表了一份报纸招股说明书，定于 1790 年 1 月 1 日开始发行一份名为《今日事件报》的报纸，现在一份存世的也没有。

第戎（Dijon）和马赛的俱乐部也都创办了自己的报纸。1790 年到 1793 年，马赛的雅各宾俱乐部至少办了 6 份报纸。在旧制度期间，阿维尼翁作为教皇飞地是免于审查的，于是《阿维尼翁信使报》利用了这一特权。后来，支持革命的萨班·图尔纳尔（Sabin Tournal）成为它的主编接管了它，并为"友社"① 提供支持。在像利摩日（Limoges）、波尔多（Bordeaux）和北方的许多城镇这样的地方，俱乐部和报纸的编辑之间关系密切。因此，俱乐部的事务在这些报纸的许多内容里都有着重要的地位也就不足为奇了。它们不仅在经济上要依赖俱乐部会员们的支持，有时甚至是俱乐部全权所有的，而且会员们会编辑报纸，为它撰稿，给它提供关于俱乐部辩论的报告，告知读者们从巴黎传来的最新消息，以及俱乐部在诸如《神职人员民事组织法案》之类的事务上的态度。报纸上也有其他地方和全国的新闻以及定期专栏，比如在《曼恩 - 卢瓦尔省日报》上能找到读者对新法规的提问。例如，在废除了封建制度后，习惯法所规定的河流权利是否还可以实施？[39] 报纸在大革命年代建立起来的公民文化的发展过程中发挥了重要作用，尽管那个时期是如此的混乱。

话虽如此，但许多怀着对大革命的热情而创办的地方报纸都未能坚持下去，比如周报《里永公民监察报》。该报仅发行了两个月就停刊了。它的激进主义思想和尖锐的反教权主义观点使它在多姆山省（Puy-

---

① "人权和公民权之友社"（Société des Amis des Droits de l'Homme et du Citoyen），因俱乐部设在巴黎科德利埃修道院而又名科德利埃俱乐部。

de-Dôme）这种乡下地方找不到愿意付钱买它的本地受众。在大量涌现的首批俱乐部报纸中，只有一份持续办到了 1793 年以后，它就是《边境日报》。1794 年，又有一批新的报纸创办。它们与雅各宾派结成了更紧密的同盟，支持激进革命。共和国二年热月九日（1794 年 7 月 27日），罗伯斯庇尔及其支持者被赶下了台。此后，幸存下来的报纸在报道政治和其他新闻时变得温和了，或是剥离了与俱乐部的联系，就像《吉伦特政治、文学与商业报》所做的那样。[40]

就销量而言，巴黎的报纸拥有几个关键性的优势。得益于规模经济，一次的印数或许可达到 1 万份，巴黎的报纸能以较低的成本制作和销售。相比之下，地方市场很小，报纸的政治焦点又进一步缩小了受众范围，尽管它们的目标是成为宣传思想和重塑市民的工具。地方报纸的主编们至少需要 300 名订阅者才能使自己的报纸存活下去。只有少数几家报纸能达到这个数，比如《波多尔全国俱乐部日报》。巴黎的报纸还常常吹嘘自己有著名的主编和记者，与政治事务中心有联系且离得很近。地方报纸声称自己能够从巴黎的报纸里筛选出最新、最准确的消息，并用本地事务的细节对它进行增补，但要想与巴黎报纸竞争，这些还远远不够。

法国大革命在海外

法国大革命不仅对法国的外省有影响，而且产生了全球性后果。从印度的果阿邦（Goa）到加勒比地区，法国的殖民地卷入了法国和英国、荷兰以及其他欧洲列强之间爆发的战争。大革命的理念以及冲突也传遍了全世界。详细描述法国发生的种种事件、关于最新的政治演说以及保王党和反革命分子的行动的新闻被商人和海军舰队源源不断地传递到大西洋的彼岸，让新世界的人们了解事态的发展和政治的动向。大革命本身并不局限于法国，欧洲各国的街头都兴起了支持大革命的运动，特别是在奥地利管辖的意大利土地上，以及在低地国家和瑞典。兄弟会雅各宾派俱乐部的成立令各国当局都紧张不安。英国的情况同样如此，但在那里，通过政府的行动和创建臣民宣誓效忠君主的忠诚者[①]团体，这类活动很快就被镇压下去了。革命理念和行动特别影响了加勒比地区，尤其是法属圣多明戈（Saint-Domingue），在那里，人权话语帮助引发了一场革命。对报纸印刷商来说，大革命是新闻素材的不断源泉，同时影响了报纸与政治赞助和受众预期之间的复杂关系。

在美利坚合众这个年轻的国家里，人们满腔热忱又略带几分担忧地观察着大革命的进程。法国是美国的第一个军事盟友，因此美国人密切关注着凡尔赛宫和巴黎发生的事，与此同时也深深地迷上了法国的文化和思想生活。虽然在 1789 年美国人一开始是普遍支持自由和立宪主义的，但反教权主义愈演愈烈，大众政治的力量不断增强，使得美国人对此越来越担心。而且，大革命还向加勒比地区的产糖诸岛输出了革命思想，这对严重依赖奴隶的美国社会和经济构成了重大挑战。美国报纸在报道法属圣多明戈的革命时普遍称其为一起"灾难性事件"。[41] 在美国，除了报纸用很大的篇幅报道巴黎最新的政治动态，

---

① 指对政党、政府、君王等忠诚的人，尤指叛乱时期忠于旧政权者、勤王者。在不同的国家、不同的时期，所指也不同，可指支持北爱尔兰与英国统一的亲英分子、美国独立战争时期的反对独立者、西班牙内战时期忠于共和政府并反对佛朗哥叛乱的人。

其政治本身也受到了大革命的影响。报纸还用大革命当暗号来讨论、反对或提醒人们注意美国的政治和政策。[42]法国发生的事自然也引起了英国的密切关注。除了发表从法国来的信件、报告以及从法国新闻界转载材料，在世纪之交，英国国内的新闻界还开始派出自己的记者。

关于大革命的实际情况的消息也传到了《莱顿公报》。当1794年（一说是1795年）冬，法国军队通过佛兰德斯战役（Flanders Campaign）巩固了他们的收益的时候，低地国家也经历了他们自己的革命。本质上是法国的附属国的巴达维亚共和国（Batavian Republic）成立后，《莱顿公报》的主编让·卢扎克对此的回应是在1795年2月作为新校长在大学里发表了一篇演讲，并将演讲稿印刷出来，寄给了许多朋友。面对激进主义，他提倡温和主义，并对民主的作用持怀疑态度。次年，法国当局试图解除他的主编职务，并撤销他现代史教授的职务。他的兄弟（也是该报的印刷商）艾蒂安（Etienne）获得了更多的控制权。1798年，让·卢扎克最终失去了对该报的控制。几年后，该报就停刊了。尽管它提供的是可靠的信息和一系列的观点，但它一直都是旧政权新闻界的代表，根本上还是政府创造出来的宣传工具，而不是一个真正的舆论空间。这类报纸是作为精英的工具被创造出来的，它们的角色在后革命时代的世界里就变得不那么明确了。虽然精英化的新闻业帮助建立了现代世界，但也导致了被认为是单一的、统一的舆论，这种舆论反映的是国际精英的意见，而并没有反映出本国的政治和社会。[43]

新闻界与大革命的进程彼此关联，但这种关系只能用复杂来形容。例如，新闻界真的影响了事件吗？还是反而在从众，且强化了受众的假设和成见？当时有许多人，包括一些主要记者，都相信他们能引领这头革命之虎，而不是仅仅骑它而已。有一个很有名的说法，当听到吉伦特派的 21 名成员被判处死刑时，德穆兰惊呼道："我的天哪，我的天哪！是我杀了他们！"这位记者兼政治家相信，是他的报纸通过一连串攻击，尤其是发表误导人们认为吉伦特派领导人布里索是一名英国间谍的指控，导致吉伦特派遭到了巴黎舆论致命的反对。新闻界显然在这类事件中发挥了作用。可以说，它们既是政客传播不实信息或丑闻的工具，又是把对手整下台的更大阴谋的一部分，或是一个具有独立政治地位的团结的第四等级。德穆兰的权力和影响力，当它还持续存在时，来自他的新闻工作和他政治家兼活动家的角色之间的模糊边界。波普金（Popkin）指出，与其说新闻界是政治压力背后的主要推动力，不如说它是政治压力的晴雨表。这并不是说它没有放大舆论。和其他地方的新闻界一样，法国报纸的经济情况鼓励编辑们搭乘一种坚定信念的便车，而不是试图开辟自己的道路。虽然新闻界也许创造了可能爆发革命的环境，但就像 18 世纪 80 年代末和 90 年代的其他大多数参与者一样，它不能控制事件，只能引发一般戏剧性事件。

6

丑闻

　　1812 年到 1814 年，伦敦报纸的读者们大饱眼福，读到了许多关于威尔士亲王和王妃[①] 问题重重的婚姻的报道，其中包括一些据说是两府之间往来信件的如假包换的副本。1813 年 2 月 10 日，《纪事晨报》刊登了一系列信件，开头第一封后来被称为"摄政王[②] 的情书"。这些信件显示，卡罗琳王妃试图看望由亲王照管的女儿，并希望自己的生活和财务安排能够得到改善。信件出现在伦敦的三家报纸——《信使报》《太阳报》《星报》以及其他许多地方报纸上。后来，法庭审理伪证罪时，有证据表明这些信件中有许多是在珀西瓦尔子爵夫人布里奇特（Bridget，Viscountess Perceval，她后来成了埃格蒙特夫人［Lady Egmont］）的安排下上报的。她这样做是为了获得公众的支持以缓解王妃的困境。虽然这些信中有许多是珀西瓦尔夫人写的，同时利用了显

---

① 指后来的乔治四世及其妻子卡罗琳王后。
② 1811 年，乔治三世因患病而无法理政，威尔士亲王兼任摄政王；1820 年，乔治三世驾崩，摄政王即位为乔治四世。

然是通过卡罗琳王妃才拿到的材料，但她并没有把信件直接交到报纸编辑们手中，而是通过中间人。其中一个中间人名叫约翰·米特福德（John Mitford），他是珀西瓦尔夫人的亲戚，是一名前水手，也是一名二流记者。另一个中间人叫托马斯·阿什上尉（Captain Thomas Ashe），他作为一名作家、敲诈者、流窜作案的骗子获得了不小的臭名。两人在珀西瓦尔夫人垮台的过程中都发挥了作用，他们被威尔士亲王一方说服，背叛了珀西瓦尔夫人和王妃。米特福德事件尤其成了当时八卦议论的主题，因为珀西瓦尔夫人把他安置在一家疯人院里，以期帮他躲过侦查，并削弱他作为证人的可信度。在米特福德发表了一篇描述她在信件发表过程中参与程度的报道后，她试图提起诉讼，但没有成功。在这场企图影响舆论的尝试中，报纸处于核心地位，并帮助塑造了随之而来的一桩丑闻。

这桩丑闻发生的背景是当时的社会上充斥着新闻出版物。19世纪初，伦敦拥有众多周报和日报，有些很短命，另外一些则持续发行了较长时间，并与传播来自首都的消息的地方报纸网络连接在一起。三分之一甚至可能更多的伦敦人阅读报纸。英国每年印刷的报纸超过1700万份。到了1821年，报纸种数增至135种（1782年仅有50种）。[1]订阅、街头销售、广告、政府资金为报纸的发展提供资金，为一众参与报纸物理生产过程的行业提供了支持，还提供了一个反映现实、通报消息、娱乐大众、震撼社会的媒介。就内容而言，它们反映的是社会大众的许多关切、兴趣和消遣，报道的内容不止战争、船运和政治相关的新闻。这个充满活力的新闻界还报道了各种各样的社会阴谋、宗教争端、文艺发展、服装时尚，把好笑或可怕的故事、短文、诗歌和像离合字谜这样的文字游戏囊括了进来。读者通常有自己偏爱的版块，正如托马斯·罗兰森（Thomas Rowlandson）在他的漫画《报纸》（*The News Paper*，约作于 1809 年）里所轻微嘲讽的那样。这幅漫画描绘了 12 个正坐着看报的人，其中有一个大腹便便的男人很喜欢"来了几只上好的新鲜绿海龟"这样的美食消息，一位女士对报纸上的时尚表现出一种"我宁愿冻死也决不向他们这种粗俗的时尚低头"的态度。在小说中，读报还能被用作一种能指①，它既能用来表示性别（男人常被描绘成拿着一份报纸）和社会阶层，又可以作为一种情节叙事或人物塑造的手法。例如，在简·奥斯汀的小说《曼斯菲尔德庄园》（*Mansfield Park*，1814 年）中，普莱斯先生为了避免跟范妮交谈所采取的方法是："屋内倒是一片寂静，因为苏珊很快也跟他们去了，只剩下了父亲和她，父亲掏出了一张报纸——这报纸经常是从邻居家借来的，看了起来，似乎忘记了她还在屋里。"② 后来，当范妮读到一封隐晦地谈到亨利和她表姐私奔一事的信的时候，她的父亲带着报纸回来了，报上有关于此事的另一个版本。在这里，奥斯汀把私人信息和公开信息相对照。她采用的讽刺手法巧妙地突出了新闻的琐碎性和深刻性，自以为是、有时含沙射影的新闻语言，以及公共事务介入家庭空间的方式。[2]

---

① 能指（signifier）和所指（signified）是索绪尔结构语言学中的一对范畴。在意指作用中，能指是用以表示抽象概念的语言符号，是单词的词形或词音；所指是语言符号所表示的具体事物，是单词表示的对象或意义。

② 引文出自孙致礼译、译林出版社 2004 年出版的中译本第 7 章第 327 页，跟本书原版的英文引文有点出入，译文根据中译本。

威尔士亲王与威尔士王妃

也许没有哪出戏比威尔士亲王及其妻子卡罗琳所上演的更能激发民众的关注和淫秽兴趣了。有关王室继承人这桩婚姻的传奇故事非常有名。1795 年，为了偿还巨额债务，威尔士亲王乔治被劝诱跟他的德国表妹不伦瑞克的卡罗琳（Caroline of Brunswick）结婚。他还被迫抛弃了已与他秘密结婚（根据《1772 年王室婚姻法案》，这桩婚姻被宣布无效，因为法案规定亲王结婚要获得君主的批准）的情妇玛丽亚·费兹赫伯特（Maria Fitzherbert）。对于亲王来说，跟卡罗琳的婚姻是一桩权宜婚姻，而不是爱情或友谊的结合：护送卡罗琳到英国与乔治亲王成婚的是马姆斯伯里勋爵（Lord Malmesbury），据他说，亲王在与他未来的新娘第一次见面后因认为她相貌平平而要了一杯白兰地，更是在新婚之夜喝得醉醺醺的。比亲王小几岁的卡罗琳很快就意识到，她最初对与大不列颠未来国王结成童话般婚姻的希望破灭了。他们最终还是圆了房，但在 1796 年夏洛特·奥古斯塔公主（Princess Charlotte Augusta）出生后，威尔士亲王与王妃渐行渐远，互相敌对。夏洛特被带离母亲身边。卡罗琳则搬到射手山（Shooter's Hill）居住，后来又搬去了布莱克希思（Blackheath）附近位于查尔顿（Charlton）的蒙泰古府邸（Montague House）。这个住处够高级时尚，但和温莎城堡、卡尔顿宫有着天壤之别。威尔士亲王又跟玛丽亚·费兹赫伯特搞在了一起，卡罗琳的人生则充斥着华丽的宴会、旅行和被她的敌人所指控的风流韵事，她只能从这些事物中寻得些许慰藉。她的府邸后来被人描绘成"一个极不协调的大杂烩……所有亮晶晶的东西、发出刺眼强光的东西和戏法花招拼凑在一起。一切都是那么华而不实、花里胡哨的。整个一场噩梦"[3]，这里影射了在此举办的不堪入目的下流活动。

公开展现的快乐掩盖了内心的悲伤。与女儿的分离是卡罗琳尤其难以忍受的，也许是为了缓解悲伤，她收养了一名男婴。这个名叫威廉·奥斯汀（William Austin）的男孩很可能是德普特福特（Deptford）的一名造船工和他妻子所生的儿子。但谣言很快就传开来，说他是王妃跟别人通奸生下来的孩子。[4]1806 年，她的所作所为使亲王一方抢先展开了一场后来被称为"谨慎调查"（Delicate Investigation）的行动。王妃私下的——以及不那么私下的——不检点情事成了一份秘密报告的主题，该报告试图证明她犯有通奸罪，且威廉·奥斯汀实际上就是她的私生子。然后，亲王就可以诉请离婚了。[5]虽然调查结果显示她跟几名海军军官"过从甚密"，而且毫不费力地就能对她的行为做出"对她极为不利的解读"，但没有证据表明她犯了法。在激进的政治家、"雄辩家"亨利·亨特（Henry 'Orator' Hunt）看来，这项调查"是要大大地伤害王妃，因为在威尔士亲王的朋友中，不乏想通过谣言毁掉她清白名声的那种诽谤者"。由于不愿意勉强接受亲王为她规划的受约束的生活，卡罗琳及其支持者们通过增加她与女儿接触的机会和达成一份合适的财务协议寻求补偿。

主要的武器被证明是发表在报纸上的诸如"摄政王的情书"之类的书信揭秘。这些信件把卡罗琳描绘成受到亲王及其盟友伤害的人，展示了他们是如何未能恰当回应她作为母亲对孩子的合理关切的。[6]当学者和评论家们考察其他女性作品，尤其是小说的时候，报纸较少受到评论界的关注。[7]这一事件还发生在新闻界的过渡时期。当时，新闻界正开始尝试摆脱赞助人和政府对编辑的影响。正如历史学家汉娜·巴克（Hannah Barker）所指出的那样，虽然报纸通常仍要依靠他们的政治主人，这些主人会按自己的意愿分发现金和信息（如果有必要，还会威胁诉诸法律），但像《纪事晨报》（它的年利润可达 1.2 万英镑）这样的报纸的盈利能力使得编辑的独立性越来越强。巴克指出，"关于 18 世纪和 19 世纪早期的报纸因政治腐败和操控而无能为力的假设需要得到广泛的修正"。[8] 新闻界确实拥有一定的自由度，但那些居住在格拉布街上的雇佣文人，正如接下来将会看到的那样，毫不排斥被秘密地说服。[9] 这类说服手段的使用可能的确能表明新闻界的自由度正在日益增大，因为不能采取通常的财务手段来控制新闻界，而是需要对反抗施加更多间接的压力。

珀西瓦尔夫人

布里奇特·珀西瓦尔被卡罗琳王后的女侍臣夏洛特·林赛夫人（Lady Charlotte Lindsay）形容成一名"精力充沛的亚马逊女战士"。她是陆军中校、下院议员格林·永利（Lieutenant-Colonel Glynne Wynn MP）唯一的女儿，叔父是第一代纽博罗勋爵（Lord Newborough）托马斯·永利（Thomas Wynn）。[10]1792 年 3 月 10 日，她嫁给了约翰——第四代珀西瓦尔子爵、埃格蒙特伯爵爵位的继承人。婚姻将把珀西瓦尔带入离王妃更近的政治圈子里。珀西瓦尔家族拥有财富和长期的政治关系，其血统可追溯到被《伯克贵族名谱》（Burke's Peerage）称为"和征服者威廉一起来到英国"的阿塞林·古埃尔·德·珀西瓦尔（Ascelin Gouel de Perceval）。这个家族的财富来源于他们通过为王室效劳而获得的萨默塞特郡和爱尔兰的地产。16 世纪晚期，理查德·珀西瓦尔为伊丽莎白女王效力，通过破译秘密信件得到了关于西班牙无敌舰队的第一条情报。他由此赢得了女王的宠爱，升至爱尔兰监护法庭的高等法院注册官。在爱尔兰，他获得了"面积相当大的地产"。[11]1691年，他的后代约翰·珀西瓦尔继承了这些地产，开始了议会生涯。被不那么残酷的文学和科学世界所吸引，约翰成了英国皇家学会会员，并于1707年开始了他的环欧大旅行。1732年，他成了美洲佐治亚州总督。1733年，在一连串的爱尔兰贵族爵位后，他得到了埃格蒙特伯爵这个爵位。1748年、1749年，第二代伯爵成了反对党在上议院里的头号领袖，并于1763年被任命为第一海军大臣。他的第四子斯宾塞·珀西瓦尔（也是珀西瓦尔夫人的丈夫的叔叔）获得了一个不令人忌妒的职位——他是唯一一位死于暗杀的英国首相。斯宾塞跟王妃的关系也很密切。1809年，时任财政大臣的他帮助处理了卡罗琳的财务要求。亲王同意支付4.9万英镑来为王妃偿债，并每年付她5000英镑的生活费（分别相当于今天的200万英镑和23.2万英镑）。斯宾塞还安排查禁了"那本书"——一本关于"谨慎调查"收集来的证词的完整记录。他烧掉了锁在自己家中的500本，并在《泰晤士报》上登广告，要求人们把其他的副本也寄给他。[12]珀西瓦尔夫人显然加入了一个以耍政治阴谋闻名的显赫家族。

只有当珀西瓦尔夫人成了王妃身边团体中的关键成员之一，并参与王妃试图获得更牢固的经济基础的活动的时候，这些阴谋诡计的技巧才得以施展开来。她的丈夫珀西瓦尔勋爵是辉格党人，他们在布莱克希思的宅邸离王妃住的蒙泰古府邸很近。据埃格蒙特家族书信文件集披露，两户人家会互相拜访，珀西瓦尔夫人还跟王妃的女侍臣安妮·汉密尔顿夫人（Lady Anne Hamilton）定期通信。珀西瓦尔夫人很快就接管了王妃的事业，动用的是她最熟悉的两件武器：社交阴谋和笔。

假如亲王没有试图拒绝卡罗琳与女儿接触，她"作为母亲的情感就不会被深深地伤害"，那么她就很可能"继续过着她的隐居生活，根本不会注意到那些用猥琐的恶毒诬蔑威胁她的虫豸"。1812 年，她试图在伦敦找第二处住所，以期跟女儿能有更多的接触。[13] 亲王的支持者们警告亲王说，倘若亲王去世，卡罗琳就将成为摄政王。于是，亲王更下定决心试图离婚，重启了新一轮的"谨慎调查"。战场转移到了新闻界的页面上，报纸在攻击建制派的过程中变得更勇敢了。1812 年 9 月，一本匿名的小册子指出，报纸"一直在广为传播他们危险的学说，［却］几乎没有遇到来自任何方面的阻力"，事实上，它们"甚至敢辱骂最高统治者本人"。[14] 据卡罗琳的女侍臣坎贝尔夫人夏洛特（Charlotte, Lady Campbell）的日记记载，1812 年冬，亲王威胁要公开发表安妮·汉密尔顿夫人和王妃之间的一封信。也许是对此的回应，王妃于 12 月在《纪事晨报》上为她打算发表的信件登了一则"广告"。坎贝尔夫人害怕这些书信被公开，因为"公开这些本来就不是写给公众看的信件将使背信这一指控显得可信"。[15]

1813 年 1 月 14 日，卡罗琳给首相利物浦伯爵（Lord Liverpool）和大法官艾尔登伯爵（Lord Eldon）寄了一封信，试图引起摄政王的注意，以改善她的经济状况。坎贝尔夫人（她觉得这封信出自几人之手）预计这样的办法于事无补："哦，天哪！哦，天哪！真希望他们能让事情就那样坏下去！我们正在背地里搞鬼，我担心我们输掉的远比可能赢的多得多，而且这还是［在尽快收手的情况下］。我们手上本有张好牌，它本可以自行发挥作用的。"[16] 亲王拒绝读这封信。于是她又寄了一次，但卡尔顿宫拒绝收信。1 月 26 日，王妃写信表达"她的惊讶之情，整整一个星期，竟连个答复也没有"。卡尔顿宫答复道，亲王于 1 月 23 日已经读了那封信，但不愿回信。[17] 王妃对此的回应是进一步抱怨她受到的待遇以及与女儿分离导致的痛苦。信件的发表使夏洛特公主和卡罗琳原定于 2 月 11 日的见面被利物浦伯爵否决了。尽管卡罗琳提出上诉，但枢密院 ① 在 2 月 25 日最后决定应该继续保持对王妃与女儿接触的限制。[18]

1813 年 2 月 10 日，1 月 14 日的这封后来被称为"摄政王的情书"的信通过某种"未知渠道"出现在支持辉格党的《纪事晨报》上。这引起人们制作了大量支持卡罗琳的印刷品以及用信中的字句作为装饰的盘子和罐子。1813 年 1 月的一些报纸上含有"很长的历史文章，打算用猜想出来的王妃的错误激怒民众［反对她］，而且，最重要的是，明确指出夏洛特公主明天就可能登基"。[19] 这件事已进入了公共领域，被她的支持者们消费，正如坎贝尔夫人所担心的那样，成了政党政治问题和公众意见问题，被报纸"热烈、反复地讨论"。坎贝尔夫人担心，政府遭到相当大攻击的时候，王妃就成了"政党的工具"。[20]

现在不确定谁是发表信件这一计划的发起人。坎贝尔夫人的看法是，"或许，［珀西瓦尔］夫人是整个花招的策划者、密谋者"。然而，坎贝尔又在其他地方说珀西瓦尔是一个"懦弱的迷人女子，在我看来，她只是一个方便好用的工具而已"，暗示是王妃或第三方着手策划了这个阴谋。[21] 至于王妃，她试图否认与此事有关。安妮·汉密尔顿夫人在给利物浦伯爵的信中写道："关于威尔士王妃于 1 月 14 日寄给摄政王的信被发表一事的阴险影射……像 1806 年那些诋毁王妃殿下名誉

---

① 英国君主的咨询机构、顾问机构。

的人所做出的所有指控一样，缺乏根据且虚假失实。"安妮夫人还指出，如果首相没有剥夺"王妃殿下唯一真正的幸福，即看望自己唯一的孩子"，"有尊严的沉默本会是王妃遵守的行为准则"。[22]

然而，有一些证据表明珀西瓦尔夫人与此事脱不了干系。此事发生前几个月，她对《领航报》主编的两个女儿所上的学校产生了兴趣。由于这层关系，王妃"结识"了这两个女孩。后来，当她们得了百日咳的时候，王妃推荐了一种有效的治疗方法，从而赢得了"《领航报》的芳心"。从此，《领航报》就全心全意地为王妃效力。主编写信告诉珀西瓦尔夫人："现在，《领航报》就是所谓的'反对党'，自从1812年2月以来，一直是这种风格。"据这封信所载，1806年，该报的老板爱德华·菲茨杰拉德（Edward FitzGerald）还在为《晨报》撰稿的时候，就已经在保护王妃免受攻击者的伤害了。"在这场威尔士王妃参与的值得赞美的合乎人性的斗争中"，主编现在会为王妃提供"他们报纸的稳定的最热烈的支持"。[23]珀西瓦尔夫人很快便把信件发表在了该报上，正如她认为的那样，她是代表卡罗琳做这事的；然而，这些信件中并不包括"摄政王的情书"。[24]

中间人

像摄政期的许多政治活动一样，这种新闻干政离不开中间人的服务，他们把格拉布街与上流社会的会客厅连接在一起。珀西瓦尔夫人正是通过一个名叫约翰·米特福德的远房亲戚，才能为王妃提供这些服务。米特福德在海军服过役，声称自己曾是"胜利号"上的一名海军候补少尉，参加过土伦战役和尼罗河河口海战。根据他在《关于霍克斯顿的沃伯顿私人疯人院里的罪行和恐怖的描述》（*Description of the Crimes and Horrors in the Interior of Warburton's Private Madhouse at Hoxton*，1825 年）中的记载，1811 年，当他在地中海担任"菲洛梅尔号"（*Philomel*）的代理船长的时候，收到妻子的一封来信，信上说珀西瓦尔夫人乐意帮他找一个公务员职位。受此吸引，他乘船回到了英国，途中"旧疾复发，似乎影响了大脑"。当他抵达布莱克希思时，发现子爵夫人"正忙着给公共期刊撰写信件，矛头直指摄政王和国务大臣们"。[25] 他们觉得，对于王妃一方而言，米特福德能派上用场。托马斯·沃伯顿（Thomas Warburton）是臭名昭著的"惠特莫尔之家"（Whitmore House）的老板，这是一家位于霍克斯顿的为有钱病人服务的疯人院。沃伯顿提供了一份医学证明，使米特福德得以从海军中退役。从 1812 年 5 月到 1813 年 2 月，米特福德一直被安置在沃伯顿的医院里。据他回忆，这是为了"消除别人对在布莱克希思举办的聚会的怀疑，他们在那里被人监视了"（也有可能是因为他之前的病一直没好）。米特福德并不是被迫待在精神病院里，在那里，他还有自己的房间，他"想来就来，想走就走，当他在精神病院里时，总是在奋笔疾书"。[26] 由于有疾病证明以及失去了军衔，他从海军那儿拿到了一笔钱。子爵夫人也答应资助他的家庭。他声称自己还得到了雷德斯代尔勋爵（Lord Redesdale）的经济支持。根据法庭记录，珀西瓦尔夫人还给了他 2000 英镑作为中间人的酬劳。[27]

这种安排可能相对而言是不同寻常的，利用了疯人院宽松的管理规则。米特福德在《关于霍克斯顿的沃伯顿私人疯人院里的罪行和恐怖的描述》中暗示，许多家庭常常用这类机构来满足健康之外的各种需求，就像许多传奇小说里所描写的那样，把令人讨厌的妻子、丈夫或亲戚像丢垃圾般地丢在那里。《1744年疯人院法案》中的条款规定，只要有"某个内科医生、外科医生或药剂师"的书面密封"医嘱"，精神病人就能被安置在疯人院里。这些行业管理不善，让这种文件很容易获得，疯人院通常能提供一个方便的地方，用来安置令人难堪的亲戚或那些被公众期待远离社会的人（随着《1808年郡精神病院法案》的颁行，乞丐或犯法的疯子也开始被安置在公共精神病院里）。沃伯顿是以"药剂师"的身份签署米特福德的精神病诊断证明的，尽管他并不是药剂师协会的成员。米特福德从这里写信给报纸等新闻刊物。珀西瓦尔夫人还给他提供了要登在报纸上的亲卡罗琳的材料，比如一个名为《小男孩纳尔逊》（Nelson as a Boy）的专栏。该专栏后来在他的安排下发表在《星报》上，由约翰·梅恩（John Mayne）编辑。珀西瓦尔夫人还命令他写信给《泰晤士报》的约翰·沃尔特（John Walter），让《泰晤士报》也刊登佐证材料（尽管她知道《泰晤士报》"几乎就是在 W 侯爵〔托利党人，韦尔斯利侯爵，Marquis of Wellesley〕的口述下写成的"）。[28]1813年3月15日，《英国新闻报》主编托马斯·菲普斯（Thomas Phipps）写信给安妮·汉密尔顿夫人，称他的报纸可以为她们的事业尽一份力；3月28日，该报发布新闻称枢密院启动了新一轮的"谨慎调查"，透露在原先的调查中有人曾出2万英镑想收买曼比上尉（Captain Manby）。[29]被用来供应这些信息的正是米特福德。

米特福德并不是为布莱克希思的宣传机器服务的唯一代理人。1814年春，旅行者兼记者托马斯·阿什上尉拜访了珀西瓦尔夫人在伦敦金融城东边位于布莱克希思的家。阿什被召来讨论一篇他打算代表她发表在大众媒体上的文章，这篇文章将抨击摄政王对待王妃及其女儿的方式。据阿什的《回忆录与忏悔录》(*Memoirs and Confessions*，伦敦，1815 年)记载，在他到访的前一天，珀西瓦尔夫人因把支持威尔士王妃的伪造信件放在报纸上发表而在宫中受到了训斥和当众的羞辱。他写道："我是被叫着名字通报的。然而，当我走进房间的时候，似乎完全没人注意到我。[珀西瓦尔夫人的]眼睛凹陷，瞳孔缩小，眼神黯淡无光。它让我不由得吐出驱魔咒语，而不是为自己的状况感到庆幸。她的额头似乎更多地象征了对权力的爱，而不是对跟她同类的人的爱。她鼓起勇气正读着什么，脸颊上悄悄地露出笑容，这笑容不是因快乐，而是反常的、不祥的、冷冰冰的。"[30]

阿什是一个知名的伪造者和敲诈者，是在斯宾塞·珀西瓦尔的指导下开始干这一行的。[31] 在他的《回忆录与忏悔录》中，他声称是珀西瓦尔夫人雇用了他，最初雇他是为了要他"雇用一些流浪汉，只要一有公共娱乐活动，只要摄政王一公开露面，这些流浪汉就会对摄政王发出嘘声"，"由此使他相信人民坚决反对他"对待王妃的方式，后来雇他是要他为公共报纸写文章。

阿什在《回忆录与忏悔录》中写道，他为一个"九头蛇党"(hydra party)工作，"在这些头中，就包括威尔士王妃的"。他声称珀西瓦尔夫人写信要他"必须用一把更冷酷、更致命的武器攻击亲王，要能杀人不见血，鲜血会给被害者笼罩上为大众牺牲的光环。这将使他在无知者眼中成为因国家利益刺杀恺撒的布鲁图"。[32] 阿什戏剧性极强的散文很快便派上了用场。1813 年 2 月，正如前面概述的那样，又一轮关于王妃婚姻忠贞度的秘密调查正在进行，这是亲王一方对她要求见夏洛特所做出的回应(据记载，王妃被这一消息惊得掉了笔)，而且"她没有任何社会关系了——除了反对者"。她这一方需要进攻。[33] 阿什

"拿起他的笔"，被珀西瓦尔夫人雇来"写反对亲王的议会演讲"，还写"一些讽刺短文投给报社，以引起公众的注意，激起公众的怒火"。必须让公众看到王妃是如何被不公正地对待的，尤其是"作为一名女性"所受到的委屈。[34]1813 年 3 月 15 日，塞缪尔·惠特布雷德（Samuel Whitbread）谴责托利党的《晨报》和《先驱晨报》上刊登的反卡罗琳的文章"充斥着对王妃殿下不利的诽谤，这些传闻已被证实是假的了"，他还在议会为王妃辩护，令"大多数听众……潸然泪下"。[35]1813 年 4 月，王妃收到了伦敦金融城的市长和高级市政官员们向她表示同情的书信。

1815 年，阿什出版了《那本书^①的精神》（*Spirit of the Book*），以他的视角讲述了关于"谨慎调查"的事件，披露了一些原本遭到封锁的信息。这进一步激化了形势，揭示了攻击在政治层面上的意义，即辉格党陶醉于托利党的不适中。王妃一方认为调查结果对亲王危害极大，因为它们可能揭露他跟费兹赫伯特夫人婚外情的细节。由于认识到公众支持的有限性，政治家、王妃的首席顾问亨利·布鲁厄姆（Henry Brougham）担心"她会被叫作高明的写信人，且遭到普遍的鄙视"。[36]至于王妃本人，卡罗琳写道，她受到的任何伤害都会"比因沉默而遭受的小"。[37]书商和报纸从业人员继续从丑闻和大众对王妃的支持中获利。例如，《英国新闻报》发表了"摄政王的情书"，且开始支持王妃，其发行量就从 7000 份升至 8900 份。[38]

卡尔顿宫现在需要不择手段，因为卡罗琳似乎赢得了公众的支持。

---

① 指前文提及的被斯宾塞·珀西瓦尔查禁的那本书，书中完整收录了 1806 年"谨慎调查"收集到的证词。

摄政王考虑要公布检察长①的 1807 年报告,这将把王妃打入地狱。他还透露自己曾试图和王妃离婚,但被建议不要采取如此激烈的公开行动。[39] 卡尔顿宫不得不采取更谨慎、更隐蔽的手段,开始对王妃一方的成员施加更大的压力。埃格蒙特家族书信文件集的增补本中有几封于 1813 年春收到的信件,当时珀西瓦尔夫人正在利用米特福德帮她发表信件,但这些信中威胁的是一个名叫"约翰·史密斯先生",为新闻界提供故事的中间人。这个中间人会不会是米特福德或阿什,又也许是一个未知的第三方? 米特福德后来声称,"他被监视了,还有人要追捕他,那些他假装与之通信的人所开展的调查使他的家庭备受困扰"。[40]珀西瓦尔夫人认为这些信件出自约翰·麦克马洪(John McMahon)之手。他是亲王的私人秘书,长期以来逆来顺受。她还声称,有些便条出自"殿下高度信任的两位绅士"之手,暗示其中之一是首相利物浦伯爵;政府无疑在这桩婚姻和可能发生的离婚上倾注了大量的注意力。[41] 便条上,既有贿赂("我们清楚你的拮据和人脉,假如你告诉我们你所知道的关于此事的一切,我们就将使你获得解脱——届时你就可以独立了""你的职业生涯将会得到推进"),又混杂着威胁("请考虑一下,看到自己被迫和盘托出将会多么痛苦""我们可以让你上天堂,也可以让你下地狱……上周二有人看见你在海军部,所以听好了,我们随时都能找到你")。上面还有看起来是出自信件持有者之手的批注:"由一名传令龙骑兵投递。一位绅士和一位女士坐在一辆马车里等。龙骑兵在送信之前还提到了他们。"[42]

埃格蒙特家族书信文件集的增补本里还有一封写给珀西瓦尔夫人

---

① 在英格兰、威尔士,指检察总长、副检察长;在苏格兰,指政府法律总顾问、副检察长。

的有评注的匿名信的副本，它写于"伪造信件发表之后"，她认为信中的笔迹是米特福德伪装的。含有王冠和三个鸢尾花纹章的水印表明该信跟亲王有关。信上建议她"辞退你的管家和他的妻子，还有男仆。他们都不诚实。她是一个——"。这封信的目的是怂恿她遣散这些人，如此一来，他们会怀恨在心，"对任何谎言"都会发誓是真的。[43]

威胁还可以与摄政王可以动用的财力结合在一起。历史学家伊恩·麦卡尔曼（Iain McCalman）指出，该方法"尽管不可敬，但至少是一种默认的被广泛实施的政治方法"。1812 年，卡尔顿宫的盟友们考虑"收买《英国新闻报》的可能性"，想让它成为亲王一方的喉舌。起初，亲王对这个行动方案犹豫不决（也许是经济缘故），于是该报继续忠于王妃，但在 1813 年春，亲王一方终于买下了它（或者至少买通了菲普斯），并于 1813 年 4 月 4 日发表了"一封信，［亲王］称这封信在王妃、安妮·汉密尔顿夫人和珀西瓦尔勋爵之间传递"。[44] 伦敦的大街小巷贴满了宣布信件发表的海报。此举被证明是一个有效的投资。第二天，亲摄政王的《信使报》就复制了这篇报道。此事震惊了蒙泰古府邸的王妃宫廷。卡罗琳写道："菲普斯表现得相当令人反感，他被卡尔顿宫腐蚀、收买已经有一个星期了。"卡罗琳呼吁她的朋友们不要"再订《英国新闻报》，因为他必须明白有身份的体面人不喜欢被骗，而且每一个人总有一天都会看到他们自己的被伪造的信件出现在［《英国新闻报》］上"，还指出"可怜的安妮夫人和 P 夫人［珀西瓦尔］正处于最大的恐慌中"。[45] 她们的阴谋被揭穿，她们的品性和"女性荣誉"受到了损害。卡尔顿宫急于恢复亲王的名誉，因此没有浪费一丁点时间，充分利用了形势。麦克马洪安排发表了一些关于王妃的新鲜的"恶言毁谤的"文章，并试图收买一个主编以发表亲王的说法。[46]

该事中的利害关系促使菲普斯与珀西瓦尔夫人接洽,以核实他的报道的真实性。她否认与此有任何牵连,并表示米特福德精神病发作,为了自身利益而发表了这些信件。后来,她试图说服米特福德太太从沃伯顿的疯人院里雇两个男人来束缚她的丈夫,米特福德太太声称米特福德打了她,朝她扔了一个写字台,还威胁要用一把刮胡刀割破自己的喉咙。[47](沃伯顿经常以这种方式把他的护理人员租出去,还一度把看守借给了弗朗西斯·艾利斯医生〔Dr. Francis Ellis〕用来看管乔治三世,他常常在私人住宅里照料精神病患者,这样做是为了扩展业务和避免去领新的证明书。)[48]结果,米特福德就不能出来做证了。尽管他被关了起来,但在4月13日,他要么是逃过了护理人员的法眼,要么是直接被他们放了。他从精神病院出来后给菲普斯提供了一些他声称从珀西瓦尔夫人那儿来的信件。[49]1813年6月6日,在摄政王一方的指导下,菲普斯在《英国新闻报》上透露,他"从米特福德那儿得到了一些正被热议的信件,他说这些信是珀西瓦尔夫人递送给他的〔原话如此〕"。[50]

现在,这一事件转向了法律层面。6月21日,珀西瓦尔勋爵和夫人控告菲普斯诽谤,并收到了来自高等法院首席法官、第一代埃伦巴勒男爵(1st Baron Ellenborough)爱德华·劳(Edward Law)的裁决。[51]下议院议长罗伯特·卡斯尔雷(Robert Castlereagh)在下议院提及此事时坚称王妃与一场削弱亲王人气的阴谋有牵连。[52]面对这些主张,珀西瓦尔夫人的回应是在王座法庭上控告米特福德做伪证。1814年2月24日,案子又呈到了埃伦巴勒男爵面前。法庭不会支持她这个指控。埃伦巴勒男爵曾是1806年"谨慎调查"的委员之一。他拒绝"赞成任何表示王妃是清白的声明",曾一度主张王妃的"淫荡亲吻"等同于煽动叛国罪。[53] 其他法律界人士，包括亨利·布鲁厄姆在内，都钦佩埃伦巴勒头脑敏锐，并承认他的司法地位。但和其他法官一样，他在政治上对谁效忠是显而易见的。尽管坎贝尔夫人指出"甚至在位君主也不过是一个首席司法行政官而已，要服从法律，不能逾越法律边界"[54]，但埃伦巴勒显然是亲王的人。从18世纪80年代末开始，埃伦巴勒就代表国家提起公诉。他在1787年乔治·戈登勋爵诽谤案、1794年托马斯·沃克密谋推翻宪法案以及其他几个案件中担任检察官。《牛津国家人物传记大辞典》(*Oxford Dictionary of National Biography*)指出，作为一名法官，埃伦巴勒"脾气易怒暴躁，常常对每个人都很不耐烦"，既骂不胜任的出庭律师，又骂不可靠的证人。担任王座法庭的审判长期间，他降低了陪审团对审判的重要性，更喜欢把事实问题看作法律问题，想要的是法律意见，而不是陪审团的看法。当法庭充其量只能算拥有有限的独立性的时候，尽管他有时会支持更加自由的事业，比如为言论自由辩护（例如，1810年，在《纪事晨报》被起诉期间），但1803年他起诉让·珀耳帖（Jean Peltier）诽谤拿破仑·波拿巴（Napoleon Bonaparte），这强调了他作为国家工具的可靠性。

珀西瓦尔夫人在法庭上质疑此事的决定，被认为是她的判断力极差的表现。她低估了亲王一方的决心以及影响菲普斯和米特福德的能力。跟珀西瓦尔或卡罗琳能给两人的赞助相比，亲王一方能允诺的更多。如果没有意识到司法系统是在一个赞助网络中运作的，就无法理解司法系统。威斯敏斯特和法庭之间的联系也很紧密，因为超过半数的法官是前议员。而且，正如历史学家维克·加特莱尔（Vic Gatrell）指出的那样，法官"在一个刑事司法体系里工作，该体系首先坚决维护的是财产等级制度，其次才是伸张正义。在这个体系里，受人尊敬的赞助、感知到的品性、当地的紧张关系就应该影响判决和上诉；法官和内政大臣即使不向大人物屈服，也不得不去安抚他们；陪审团则通常是胆小怕事的"。[55]埃伦巴勒算是非常怀疑王妃的道德且支持亲王的人。更为普遍的是，法院系统被期待用于保护现状和建制派不受他们认为的局外人的伤害，比如珀西瓦尔夫人和卡罗琳王妃，尽管她们跟贵族和王室联了姻。虽然王妃的处境缺乏广泛的大众政治指控，但当时欧洲战乱、英王健康状况持续不佳的背景也为削弱公众异议提供了进一步的理由。最后，珀西瓦尔的诉讼案也经不起推敲：毕竟，她一直在报上发表信件，也一直用着米特福德的服务。

　　埃格蒙特家族书信文件集的增补本里含有一批与这场审判有关的便条和文件，它们试图证明米特福德在做伪证，试图证明米特福德有罪，而珀西瓦尔夫人在与米特福德或菲普斯会面时其实另有安排。[56]她指望沃伯顿的证明书确保米特福德不能被用作证人，但她把信心放错了地方，法庭对这份文件不予采信。珀西瓦尔夫人把米特福德的妻子召到了布莱克希思，说服她听从珀西瓦尔夫人的律师霍尔特先生的建议，将自己的丈夫当成疯子关起来。尽管沃伯顿拒绝给出证词，但法庭找到了其他证据，接受米特福德出庭做证。辩方出示了珀西瓦尔和她的朋友安妮·汉密尔顿夫人写的一系列信件，还有一封王妃写的信，上面的笔迹被证实是卡罗琳的。法庭的裁决对米特福德有利，但安妮·汉密尔顿夫人坚持认为"副本的副本不是证据"且埃伦巴勒应该禁止她的信件被当作证据使用。[57]阿什注意到，埃伦巴勒"暗示"他对珀西瓦尔夫人有份参与的"卑鄙、有害、毁灭性的联盟并非一无所知"。[58]

时隔多年，在此已难以对本案的具体细节做出评价。历史学家们已经接受了埃伦巴勒对珀西瓦尔夫人的评价，也相信坎贝尔夫人不喜欢她，把珀西瓦尔描绘成一个愚蠢的、魅惑的或有罪的人。只有米特福德和菲普斯出示了印刷证据。[59]审判无可辩驳地证明她用米特福德当中间人，在报纸上刊登"段落"，在议会里发表演说。珀西瓦尔夫人自己也承认了这一点。然而，4月4日发表在《英国新闻报》上的信件的来源仍不明朗，因为安妮·汉密尔顿夫人和珀西瓦尔夫人都认为它是伪造的；而且，当时亲王一方已开始影响菲普斯和《英国新闻报》了。珀西瓦尔夫人的律师霍尔特曾对她说道，王妃的支持者们"认为夫人阁下做的可能比您实际上做的要多"。[60]

尽管此案有些地方不明朗，令人难以参透，但至今仍保有较为广泛的关注。首先，它强调了贵族女性可利用的机会和可活动的范围，以及她们与公共媒体的交往。坎贝尔夫人和珀西瓦尔夫人形成了有趣的对照。像当时的许多人物一样，坎贝尔夫人对此事产生了强烈的，也许只是冷嘲热讽的兴趣，但她本人并没有直接参与其中。相反，她发挥自己善于观察的天赋，创作了一系列通俗小说，比如《自我放纵》（Self-indulgence，1812年）。她从事创作部分是因为财务需要。在《行为即命运》（Conduct Is Fate，1822年）后，她又创作了一系列大部分匿名的小说。她还匿名出版了自己的日记，在1838年引发了一场算得上丑闻的风波。[61]与她相比，珀西瓦尔夫人的选择更危险一些。我们只能推测她涉足新闻界的动机，但她肯定不是轻举妄动。她知道这不只是社交阴谋，而且通过新闻媒体与更广泛的公众半直接地建立起了联系。

1813年2月21日，珀西瓦尔写信给米特福德，信中影射了玛丽·安妮·克拉克（约克公爵最近的情妇）事件①："约翰牛（John Bull）②的心是她的，他的双眼被打开来。我们一定要心怀希望。假如英国人会支持克拉克太太，反对国王的儿子——我总认为这种支持很不公正，也败坏了他们的信誉——那么同样地，英国人也就会打心眼里想保护他们老国王的外甥女③，她还是他们年轻的未来女王的母亲。"至于亲王，枢密院同样关心摄政王的人气和他集结公众意见为他的事业服务的能力。坎贝尔夫人在日记里指出："每个社会身份都有它的代价，即要吞下的苦果。亲王和王妃必须为公众而活。"[62]法庭在审理中承认："民众头脑受到了一位显赫要人（指威尔士王妃）的风流韵事的刺激。"[63]此事的参与者们不断使用"民众头脑"一词（例如，米特福德回忆道："民众头脑已高度发炎了。"阿什写道，要将"每日毒药"送入"民众头脑"里）。伦敦报纸的高销量反映出丑闻得到了广泛的传播，[64]对这一事件的兴趣并非只局限于上流社会和中产阶级。极端兴奋之情汇集在小册子、报纸和"那本书"周围。伦敦的暴民能被煽动起来根据需要发出嘘声或欢呼声。例如，阿什声称他曾被要求在歌剧院里组织一群捧场的人向王妃欢呼，还被要求雇一群人去嘘摄政王。[65]

正如菲普斯所指出的那样，新闻可以沿着伦敦的主干道发布，审判显示女性参与公共领域的方式还是符合性别规定的。女性能与官方

① 乔治三世的次子弗雷德里克亲王（Frederick Augustus,1763—1827年，约克和奥尔巴尼公爵）的情妇玛丽·安妮·克拉克（Mary Anne Clarke）在两人关系破裂后，为了报复而揭露自己曾利用他在军队的统帅地位卖官鬻爵；1809年3月9日，国会就此进行了三天辩论；约克公爵后被迫辞职，又于1811年复职。
② 英国的拟人化形象，源于1727年约翰·阿布斯诺特的小说《约翰牛的生平》。
③ 卡罗琳的母亲是乔治三世的姐姐。

和新闻界合作，但必须受到某些限制。例如，对米特福德提起诉讼的是珀西瓦尔勋爵，但珀西瓦尔夫人的律师指出："加上珀西瓦尔勋爵的名字只是一个形式。"[66] 该案成了一个品行问题。珀西瓦尔夫人的律师为她辩护，称她是一个拥有"高贵地位和无可挑剔的品德"的女人，"她被迫不得不保护自己的荣耀和名誉"，而且像母亲一般关心米特福德及其家庭的福祉。高等法院王座庭庭长对这问题也提出了自己的看法，指示陪审团注意《当纳尔逊还是个孩子的时候》中的一些句子（"猛攻你的敌人——杀他个措手不及，使他大惊失色——恐惧使他摔下了马"）。他说，这些句子"带给我的痛苦比我能回想起的阅读其他任何文献时所感受到的都要多。它蕴含的灵魂是如此苦涩，如此不符合基督教的教义……先生们，这是一个非常男性化的句子……谢天谢地，这类行为，无论是在男人还是在女人中，都很少见"。[67]

辩方律师担心，允许女人干政可能会扰乱国家秩序："在公共事务的管理过程中，如果枢密院里的枢密院（consilium in consilio①，这里借用了夫人阁下的一个说法），如果牝鸡司晨，能够被容忍，即使是一刻，我们国家的尊严在所有外国眼中也就荡然无存了，良好的社会秩序也将结束。"[68] 这些具有性别取向的用语和假设还出现在其他地方：坎贝尔夫人把珀西瓦尔夫人贬为一个"懦弱的迷人女子"，把整件事贬为珀西瓦尔和安妮·汉密尔顿夫人煮坏的"一锅鱼汤"②。[69] 亲王一方对以布莱克希思为活动大本营的"九头蛇"的描绘利用了性别政治象征主义的全套概念。阿什声称，自己的任务是通过写文章来"保护

---

① 拉丁语，这里指的是 consilium principis in consilio，翻译成英文应当是 council in council，指委员会里还有委员会。

② 指尴尬局面、一团糟。

一位受到严重伤害的女性"（他还拜倒在珀西瓦尔夫人"奉承的眼神"下）。[70] 他注意到公众对王妃作为一个"受委屈的女人"的反应，并对布莱克希思派所提出的王妃的"女性主张"做了注解："不屈不挠的九头蛇雇我为威尔士王妃不停地辛苦工作，获得民众的同情，她们之所以采用这种手段，是因为她们无法通过司法渠道达到目的；她们想让我提出她身为一名女性的主张，以取代那种原本完全依靠真实性的影响力。"[71] 正如她的密友所记载的那样，珀西瓦尔夫人很容易被描绘成一个给她的女主人制造麻烦的"衬裙政治家"。

最终，阶级和社会地位还是发挥了作用。陪审团由 1 名"绅士"和 11 个有工作的男人组成，比如几名仓库工人和合法售酒者、1 名旋工、1 名理发师。辩方强调他认为珀西瓦尔夫人不配拥有贵族身份。他说："我不止一次地出于某种原因忘了珀西瓦尔夫人出身高贵，这使我称呼她为珀西瓦尔太太，而不是珀西瓦尔子爵夫人。"他提醒陪审团，赢得正义的不应当是"有权有势的原告所拥有的强大影响力"。珀西瓦尔夫人越界了。[72]

现在，卡罗琳很难再与珀西瓦尔夫人交往了，正如敲诈者兼作家阿什评论的那样，王妃与她"断绝了关系"。珀西瓦尔夫人声称，这种"殉难"正是摄政王一方的目的，她是一场阴谋的受害者；事实上，她甚至暗示是摄政王发表了这些信件以试图诋毁王妃。这一事件突出显示了亲王和他在政府里的盟友们有多不怕采取威胁行动：卡罗琳的代理人受到了威胁，她早就知道麦克马洪和其他人在监视她；珀西瓦尔夫人的律师还写道，他们当前的目标是"尽可能地缩小王妃殿下的朋友圈"。[73]

他们在这个目标上大体取得了成功。珀西瓦尔夫人在报纸上成了被嘲笑的对象。例如,漫画《捍卫自身事业的段落夫人——参看信件》(*Lady P Aragraph*[①] *CHAMPIONIZING–Vide Letters*)展现的场景是她正在写信,地板上散落着一些书籍,其中就有马基雅维利[②]的,米特福德则在张贴一些恶毒的图画。辩方律师和法官一再将她的"爆炸性文章"贬为"段落"。[74]米特福德本人也对珀西瓦尔夫人展开了口诛笔伐,在《关于霍克斯顿的沃伯顿私人疯人院里的罪行和恐怖的描述》中把她和王妃描绘成"衬裙政治家"。所有那些憎恨斯宾塞·珀西瓦尔的人肯定也都会"针对目前形势发泄自己的积怨"。[75]

然而,在菲普斯公布了审判结果和各种信件后,珀西瓦尔夫人仍然考虑要继续追究此事。她的律师劝她要小心,应该避免与新闻界接触,因为"报纸上关于任何一方的每条最新信息发布都是扔到火上的束薪,给那些心怀恶意的人提供了他们渴求的新鲜补给。事情似乎……已经顺其自然地走到了尾声,实际上烧起来的火也快要熄灭了,千万别让死灰复燃"。[76]更为广泛的是,这事损害了王妃在一些改革家心中的名声,其中就包括弗朗西斯·伯德特爵士(Sir Francis Burdett)。他怪卡罗琳王妃"与珀西瓦尔夫人结交,认为最近所有的信息发布都是她的错,并宣布他不想和此事有任何关系"。[77]阿什发现出版商退回了他的小册子,"他们就像躲一条草丛中的蛇,畏畏缩缩地躲避一份关于九头蛇的手稿";他还声称,王妃一方试图用一份年薪600英镑的编辑职位收买他。更为重要的是,这事导致王妃的人气受损,还可能是她做出离开英国的决定的原因。[78]

珀西瓦尔夫人也成了阿什的受害者。阿什写信给她,告诉她他

----

① 当时的新闻界给珀西瓦尔夫人(P 夫人)起的绰号。

② 以主张为达目的可以不择手段而著称于世,马基雅维利主义也因而成为权术和谋略的代名词。

计划出版自传，现在正在找赞助人。她拒绝了这个拐弯抹角要钱的请求，却未能成功地禁止该书的出版。[79]1815 年，亨利·科尔伯恩（Henry Colburn）的公共图书馆适时出版了 3 卷本的《阿什上尉回忆录》（*Memoirs of Captain Ashe*）。在相对安全的法国写作的阿什声称自己"已遁世绝俗，决心全力以赴、怀着对真相最神圣的敬意来写我的人生回忆录"。[80]

虽然历史学家阿瑟·阿斯皮诺尔（Arthur Aspinall）认为卡罗琳与珀西瓦尔夫人"断绝了关系"，但两人的关系并没有完全破裂。[81]据珀西瓦尔夫人的日记记载，她们于 1814 年 12 月 9 日共进了晚餐。虽然许多人以为珀西瓦尔是自作主张，但看起来王妃显然是心知肚明的，甚至可能鼓励她这么做。[82]在 1820 年乔治三世逝世后，当卡罗琳有可能成为王后，她有理由利用她可以利用的每条人脉的时候，她们的关系无疑是恢复了。当时还有人努力阻止她从法国回来，她的护照被吊销了。卡罗琳开始了秘密行动,她签名时签的是"德欧尔迪伯爵夫人"（Comtesse d'Oldi），给珀西瓦尔夫人写信时署的也是这个名字。这位伯爵夫人是卡罗琳在意大利旅居期间住在一起的人。珀西瓦尔夫人和卡罗琳的养子威廉·奥斯汀也相互通信。[83]然而，为了避免削弱民众对卡罗琳的支持，卡罗琳与珀西瓦尔夫人的关系必须保持低调。正如科尔切斯特勋爵（Lord Colchester）的一封信指出的那样:"王后陛下将会千方百计地提升自己的人气。今晚,她要去德鲁里巷（Drury Lane）;明天，应该就是科文特花园（Covent Garden）了；皇家歌剧院等肯定也不会错过同样的殊荣。她拜访了戴默太太（Mrs Damer）、伊丽莎白·惠特布雷德夫人（Lady Elizabeth Whitbread）和珀西瓦尔夫人，但拜访后者时是步行前往，当时她的马车远远地停在荒原上等待。"[84]

在王后的闹剧中，不是只有珀西瓦尔夫人在持续演出，约翰·米特福德也继续是一个重要的——尽管是秘密的——玩家。雷德斯代尔勋爵帮他养妻子和孩子，他自己则从新闻写作和诗歌创作中获得一些收入，还为散布丑闻的激进报刊《祸害》和《上流社会杂志》写稿。1818年，他以"阿尔弗雷德·伯顿"（Alfred Burton）为笔名出版了《约翰尼·纽康的海军历险记——一首四章长诗》（*The Adventures of Johnny Newcome in the Navy, a Poem in Four Cantos*，该诗再版了数次），还出版了《一个英国水手的诗集》（*Poems of a British Sailor*）。他声称自己与约翰·威廉·波利多里（John William Polidori）和拜伦勋爵（Lord Byron）合著了《吸血鬼》（*The Vampyre*）。该小说出现在1819年4月的《新月刊》上。米特福德深陷酗酒的泥潭，无法自拔。他后来在巴特西旷野（Battersea Fields）的一家砾石采掘场里工作过一段时间，睡在荨麻和草铺成的床上。[85]

1814年，王妃离开了英国。这是发表信件的策略无意中造成的结果。英国民间涌现出了大量的单页民谣纸和小本民谣集，把卡罗琳描绘成一名受委屈的母亲，被迫离开她的孩子，开始了流放生活。这些印刷品找到了一个现成的市场，强化了这一事件的性别化性质（sexualized nature）。讽刺的是，1820年，J.L. 马克斯（J. L. Marks）雇用米特福德制作支持卡罗琳的宣传品，其中就包括讽刺诗歌《当绵羊消失后，温莎城堡一瞥：一首诗》（A Peep into W-r Castle①, after the Lost Mutton②: A Poem）。最初，王室花了35英镑（相当于如今的2000英镑左右）查禁了这首诗。后来，一位激进的改革家威廉·本博（William

---

① Windsor Castle，英国王室温莎王朝的家族城堡，是英国君主主要的行政官邸。

② mutton dressed as lamb 指老来俏、装嫩的人，题中的"mutton"当指卡罗琳。

Benbow）把它印成 1 先令一本的小册子出版发行。《当绵羊消失后，温莎城堡一瞥》把乔治四世描绘成一头长着络腮胡的狩猎绵羊的山羊，讽刺他当摄政王期间跟多位女性私通。读者们不会看不懂其中的性影射；毕竟，1820 年至 1821 年的这次煽动如同第二次"谨慎调查"，和米特福德事件期间发生的那次一样，普遍使用的都是有性别特点的用语。米特福德嘲弄摄政王的歌谣很快就传遍了伦敦的大街小巷，盗版猖獗（其中许多做出来就是为了从王室那儿要封口费的）。之前于 1814 年出版的其他漫画和小本民谣集也被重新用于后来的这场煽动中。[86]

在卡罗琳王妃事件中，双方都施展了许多政治手段。在 1813 年和 1814 年的斗争中，这些手段得到了发展和检验。贵族妇女可以在《太阳报》《领航报》，甚至是《纪事晨报》这样的报纸上——如果她们想——参与某种形式的政治活动。这种活动把操纵舆论的努力和会客厅的算计相结合。而且，争论的性别性质已经很明显了。《领航报》的主编写信给珀西瓦尔夫人道："我想表达一个心愿，希望在不久的将来就能看到威尔士王妃不再需要表达英国男人的强烈男子汉情感（因为我确信在她的事业中它们绝不会被抑制）。"[87] 支持王妃是一个具有男子气概和骑士风度的男人应尽的责任（由此显示出一个人对"成为英国人意味着什么"这个问题的当代性理解：坎贝尔夫人公开谴责卡罗琳的反对派的行为缺乏"真正的骑士精神"）。[88] 这种观点也有政治意涵，因为《领航报》的信还明确表示，摄政王及其妻子之间的裂痕搅乱了王室的幸福与和谐，自然也破坏了国家的政治和谐。虽然珀西瓦尔夫人从未明确地把更广泛的政治问题和王妃的女性正义事业联系在一起，但她的信件显示她对政治拥有敏锐的嗅觉和强烈的兴趣。毕竟，她声称她的儿子数年内就将成为财政大臣。[89]

王妃和她这一派所采用的方法未能替她们赢得她们所需的民众支持。部分原因是为亲王工作的体系很有效率，而且能够影响格拉布街和珀西瓦尔夫人试图构建的中间人地下世界。她们的这些方法还跟"旧式腐败"① 联系在一起，因而不太可能吸引影响力越来越大的中产阶级的支持。贵族妇女不被允许进入地下世界，于是不得不通过中间人，只能冒着极大的危险邀请像阿什这样的男人进入她们的沙龙。1820年、1821年中，当抗议令建制派真的惊恐不安的时候，很能说明问题的是，它们发生在公共空间，比如街道、会议大厅，而不是在会客厅这样的私人空间里。报纸在这些空间之中起着连接作用，尽管连接有时并不牢靠。半隐秘的信件世界的大门正在被打开来接受报纸的更加公开的检视。简·奥斯汀在《诺桑觉寺》（*Northanger Abbey*，成书于1803年，但直到奥斯汀死后的1817年才得以出版）中捕捉到了这一转变。书中，亨利·蒂尔尼（Henry Tilney）问凯瑟琳，在我们这个"有公路和报纸传递消息，什么事情都能公布于众"的国家里，假如他的父亲"犯下这种暴行，怎么能不宣扬出去呢"？[90]

---

① 旧式腐败（Old Corruption）这一术语创造于19世纪30年代的英国，它指的是一个腐败系统，在这个系统里，精英阶层通过卖官获利，赞助人通常靠钱帮他们的朋友、盟友们获得议会席位，政治和社会精英把公款纳入自己的腰包，等等。经过一系列改革，到19世纪中期，英国的旧式腐败就不那么盛行了。

7

现代报业的诞生

在弗吉尼亚州，有一个缓坡，坡下有一弯小河和一座石头农舍。从华盛顿哥伦比亚特区中心出发，现在开车约半小时就能到达这里，而在 19 世纪，骑马或乘坐马车要花半天的时间。1861 年 7 月 21 日，人群聚集在这里，观看了一场战斗。它后来被冠以不同的名称，比如"野餐战役"、第一次奔牛河战役、第一次马纳萨斯战役。它是美国内战陆战的开端。尽管许多人相信这场战役能决定性地打败叛乱分子从而迅速解决冲突，但与此相反，它预示着一场长期战争的来临，预示在接下来的四年里将会发生许多激烈、血腥的战斗。现在，并不清楚当时围观者的确切人数，但许多从华盛顿和其他地方来的游客的有关描写留存了下来，一位联邦军①上尉把他们称为"一大群观光客"。他们在那里野餐，或摆摊向观看者们出售食物和饮料。围观的人中有许

---

① 美国内战即南北战争中，北方是美利坚合众国，由支持联邦政府的北部各州组成，称作 Union 或 Federal Union，其军队叫联邦军（Union Army）；南方是美利坚联盟国，简称邦联，绰号迪克西（Dixie），试图脱离联邦，其军队是联盟军（Confederate States Army）。

多是政治家，被吸引来见证他们所支持的这场战争。

他们中还有记者和素描师，或是出于好奇，或是被报纸派来记录这场战役，其中包括战地记者威廉·霍华德·罗素（William Howard Russell）和摄影师马修·B. 布雷迪（Mathew B. Brady）及其助手们。他们得以记录下这场战役的血腥程度和无决定性结果的性质。也许没有哪场战役受到了跟它一样的来自新闻界的密切关注或即时播送。林肯总统是通过电报得知结果的。当时，电报这项技术已有 20 年的历史，电报信息通过固定线路以电信号的方式发送出去，信号使用的是摩尔斯电码。同样，记者也能给他们的报纸发送头条新闻。随着故事被更多的细节所充实，新闻题材也在全国各地数百家地方报纸中同时迅速地传播开来，由此传遍全世界。

像克里米亚战争中的多次战役一样，奔牛河战役可以被称为"媒体战争"，属于这种战争最早期的战役之一。而且，新闻的即时性和采集方法成了讨论的主题。直接观察、记录这场战役的不是只有军队而已，它还引发了各种各样的评论，有的是关于它是如何被目睹、被报道的，还有的是关于它是如何更广泛地影响国民心态的。例如，1861年，《波士顿先驱报》发表了 H.R. 特雷西（H. R. Tracy）写的一首诗《奔牛河畔的平民们》（Civilians at Bull Run）：

你听说过如此欠缺荣耀的故事吗？

一个去看打仗的平民们的故事。

他们手边，从三明治到白兰地，一应俱全，

大肚子填饱，胃尽量塞满。

有从道富银行（State Street）来的多头（bull），

也有从华尔街（Wall Street）来的多头（cattle），

还有国会议员们，来看热闹。

报纸的记者们（一些经常做空的人［shorter］）

在一个美丽的星期天，来到了这奔牛河畔。

这个观察捕捉到了战争的流行叙事和战争现实之间的某种差异，前者强调战争的崇高目标、正义的牺牲和斗争的荣耀，而后者则是非决定性的、胜负未决的、血腥的、混乱的。报纸引发了大众对联邦或邦联的事业的热情。报纸上继续充斥着令人对战争产生浪漫想法的报道，同时不停地敲锣打鼓，尽管声音有点小，但还是用"不完整的信息、不准确的说法和人为加强戏剧性效果的叙事手法"揭露了现实。[1]在歌颂胜利和希望获得最终胜利的浮夸散文中，有着伤亡人员名单、死者名字、贸易损失和大战略的不确定性。报纸结合了全国（乃至国际上）的声音和观点，同时提供了一个狭隘的世界观。它透过邻居般的视角报道较为宽广的事件，有助于形成一个无形的网络，从而把当地社区的各种关切结合在一起。19世纪中期，在奴隶制这个问题上，美国在言辞上和现实中都爆发了大冲突，在此期间，技术进步和精英阶层对新闻语言和新闻在塑造政治过程中的作用的担忧最有力地凸显了出来。

宣传、新闻与奴隶制

南北战争爆发前几年，美国新闻界就奴隶制已争论得如火如荼。

它的影响力是如此之大，以至于南方各州试图予以压制，并取得了一定的成功：1836 年至 1840 年，各种各样的言论钳制令再三被提交到国会讨论，旨在禁止国会和各州讨论奴隶制问题。1836 年至 1840 年，被提交给国会讨论；1844 年，被废止。在某些报纸上，可以找到废奴主义者的声音，但白人优越性的假设还是在南北战争前的种族政治中占据着支配地位。那些主张废奴的报纸在南方遭到了查禁，比如《解放者报》（波士顿，1831—1865 年）。据《里士满询问者报》报道，一个民间的治安维持团体悬赏 1500 美元（相当于今天的 5.1 万美元）"缉捕、起诉并定罪任何"散发《解放者报》的"白人"。[2]1843 年，莉迪亚·玛丽亚·查尔德（Lydia Maria Child）在反奴隶制的赠阅书《自由之钟》（ The Liberty Bell ）上发表了《奴隶制的美好家园：一幅写实的素描》(Slavery's Pleasant Homes: a faithful sketch)。该故事一针见血地指出了新闻界普遍存在的种族主义。它讲述了发生在乔治身上的一些令人不适的事情。乔治是一名奴工，同父异母的兄弟弗雷德里克·达尔乔（Frederic Dalcho）同时也是他的主人。故事里，乔治娶了一个叫罗莎的女奴，罗莎后来惨遭达尔乔强奸；作为报复，乔治杀死了达尔乔；随后，当别人被指控杀了达尔乔要被绞死时，乔治承认了自己的罪行；最终，乔治挨了一顿毒打，并被处以绞刑。在这个虚构故事的结尾，查尔德把两组"据实"的报纸报道并列在一起："佐治亚州的报纸是这样宣布的：'恶魔般的谋杀。弗雷德里克·达尔乔，我们最富有、最受人尊敬的公民之一，于上周被他的一个奴隶抢劫并杀害。黑魔鬼被逮住吊死，绞刑还是便宜他了。'"故事中的讲述者观察到，北方的报纸抄录了这个版本，只不过补充道："这些都是黑心的怪物，废奴的仁慈之举将把他们放出来残害我们的南方兄弟。"

虽然新闻界不应该被视为废奴主义的堡垒，但当奴隶问题在政治舞台上占据支配地位时，它越来越多地为各政党之间的激烈辩论提供了空间。1848 年，美国打赢了美墨战争，赢得了一些土地，比如加利福尼亚州、内华达州、犹他州和新墨西哥州。这些新加入联邦的州的地位问题所引发的激烈争论打破了蓄奴州和自由州之间自 1820 年以来一直维持的脆弱共识。这些州会成为自由州吗？还是不会？奴隶制和这些未来的州在国会里的影响力会打破势力均衡吗？ 1854 年，伊利诺伊州的参议员斯蒂芬·道格拉斯（Stephen Douglas）精心策划的《堪萨斯 - 内布拉斯加法案》使南北双方达成了第二次脆弱的妥协：当这些准州成为州时，当地的奴隶制问题交由"人民主权"[①] 解决。该法案激怒了民众，也为进一步消灭生活在这些准州的美洲原住民铺平了道路。报纸在告知民众、煽动舆论方面发挥了至关重要的作用。1854 年，《伯灵顿自由报》让读者在报纸上体味了各种意见。它的头版展现了"内布拉斯加新闻界"的众生百态，提供了"一些样本，有关内布拉斯加法案的通过在主要报刊中所引发的各种情绪"。辉格党的《商业广告人报》说："协定[②] 被违反了……事已至此。北方受到了不公平的对待。一份庄严的协定就这样被违反了。南方自己保证奴隶制永远不会

---

① 又译为人民权力至上、大众主权、主权在民等；在美国内战前，指的是加入联邦的各州可以废奴，也可以蓄奴，由各州人民或其代表决定。

② 1790 年，南北双方就新州该成为自由州还是蓄奴州的问题达成协议，规定以北纬 39°43′ 为界（梅森 - 狄克逊线），线以北为自由州，以南为蓄奴州；1820 年，国会开始讨论密里苏州加入联邦的问题，后签订协议规定，密苏里州作为蓄奴州加入，分界线改为北纬 36°30′，史称"密苏里妥协案"，按此协议，堪萨斯 - 内布拉斯加理应以自由州加入联邦。

越过作为蓄奴州加入联邦的密苏里州的某一条纬度线，现在却打破了它的承诺。"该报还称，北方"为了和平而默认"的妥协"已经被滥用和歪曲了"。民主党的《晚邮报》则认为，该法案体现了南方州对权力的滥用，这将惩罚执政党。它认为，不久美国很可能会把古巴作为另一个蓄奴州吞并进来，并"重启非洲贸易①"。它还注意到了新闻界的影响力，指出："南方报刊已经在像谈论一个普通的拨款法案一样随便、轻率地谈论［吞并古巴和重启贸易的问题］。"它还认为，《堪萨斯 - 内布拉斯加法案》之所以能在国会通过，部分是因为得到了《华盛顿星报》和其他几份报刊的支持。报上还刊登了传言，说那些支持该法案的人的朋友们将被授予公职。《纽约论坛报》竭力主张"在巨大危险的面前"要保持冷静。这提醒人们注意到报纸作为一个主要的公众代言人是如何发挥作用的。《纽约时报》的记者声称自己走遍了北方的农村地区，指出："我们对那些曾经反对奴隶制引起的动荡不安（Slavery Agitation）并支持妥协方案②的人们所表现不满情绪的程度感到惊讶。"报纸部分地反映、证实、影响了舆论，坚定了南北双方的观点。双方的报纸在妖魔化对手方面都发挥了至关重要的作用，创造出了一个令人憎恨的"他者"形象，使之成为己方读者的对立面。《纽约时报》透露："［一份］南方报纸最近在全国各地散布一个巧妙的侮辱人的比喻。把北方人描绘成罗马帝国里的希腊人，为他们的南方骑士主人们提供男教师、皮条客和书籍，忍受着受压迫的羞辱，却通过在讨价还价和贸易中耍小聪明、占小便宜来替自己报仇。"[3] 随着《里士

---

① 当指 16 世纪至 19 世纪的贩卖非洲黑人的奴隶贸易。
② 当指 1820 年的密苏里妥协案，被认为是北方的资产阶级向南方的奴隶主做出了让步。

满询问者报》5月的头版社论被像《国家时代》^① 这样的其他报刊转载，这种诬陷成了进一步使南方及其宣传看上去不可信的方法。[4]

1858 年，亚伯拉罕·林肯和斯蒂芬·道格拉斯为竞选伊利诺伊州参议员展开了七场辩论，史称"大辩论"。互相竞争的报纸用速记记录下了每场辩论，由此创造出大量的油墨印刷品。对辩论感兴趣的人们并未局限于伊利诺伊州境内，多亏如今有了靠电报、铁路和邮政系统分享消息的新闻界，全国各地都对此进行了报道。辩论中的感情是如此强烈，以至于速记打字员本身都成了政治关注的焦点。[5]芝加哥的两家报纸——民主党的《芝加哥时报》和共和党的《新闻与论坛报》都雇用了詹姆斯·B.谢里登（James B. Sheridan），又雇用了亨利·宾默尔（Henry Binmore）和罗伯特·R.希特（Robert R. Hitt）当他的助手。紧接着，林肯帮希特在华盛顿找了份在几个政府委员会里当秘书的工作，并指出，希特"几乎是他一生所认识的所有和报纸有关的人中唯一一个他完全相信其诚实的人"。每家报纸都指控另一家篡改了候选人的话。《芝加哥时报》暗示有一个"'文人'委员会"在改进林肯的话语，因为"他们不敢让林肯以真面目见报……他无法连贯地说 5 个语法正确的句子"。《新闻与论坛报》声称："如果割裂肢解公开演讲是刑事犯罪，那么道格拉斯雇来报道林肯演讲的流氓将很适合进监狱。"林肯演讲中的雄辩之辞被"掏空了，取而代之的是胡说八道的唠叨"。指控持续进行:《新闻与论坛报》指控《芝加哥时报》的速记员奉道格拉斯之命"丑化和歪曲"了林肯的演讲文本。两相对照显示，《芝加

---

① 《国家时代》（*National Era*）是一本废奴主义杂志，著名的反奴隶制的《汤姆叔叔的小屋》最初就发表在它上面；里士满现在是弗吉尼亚州的首府，南北战争期间则是美利坚联盟国的首都，即南方的首都。

哥时报》上所刊登的林肯演讲全文的确比《新闻与论坛报》上的少了些得体贴切的文句。谢里登和宾默尔无疑缺乏希特的速记技巧。也有证据显示，宾默尔后来受雇于道格拉斯，"忙于给全国各家报纸写信，设法让别的报纸保持沉默，千方百计地帮助道格拉斯当选"。[6]

除了被美国各地的报纸报道,这一系列辩论还传到了大西洋彼岸。1858年9月,《泰晤士报》的纽约记者在他的事件报道中提到了它们,称:"伊利诺伊州参议员的竞选一如既往地充满敌意。道格拉斯先生和林肯先生互相辱骂。"他还指出,公众的兴趣正转向纽约的竞选。英国读者们还得知,"'尼亚加拉号'已起航前往查尔斯顿,把这些从'回声号'上下来的黑人运送到非洲海岸去"。读者被假设为已经知道这里指的是在古巴海岸附近从一艘奴隶船上被解救出来并获得自由的200名黑奴。[7]

美国内战持续了4年。美洲和欧洲的报纸花了数千个版面来报道它。《泰晤士报》派去了因克里米亚报道① 而出名的威廉·霍华德·罗素。他对战役做了长篇戏剧性报道。欧洲新闻界也从自身关切出发呈现这场冲突。他们关心的是:地缘政治中可能发生的事和威胁、对贸易的担忧以及关于奴隶制度和"新生的"美利坚共和国的辩论。地区性关切也放大了冲突中的利益,尤其是在英国西北部,其主导产业纺织业严重依赖美国棉花,这里也是一场支持废奴主义者抵制美利坚联盟国棉花的运动的中心。在美国,关于这场战争的新闻在所有新闻中当然是头条。战争不但没有破坏报业,反而改变了新闻界的命运,至少在北方是如此。成功的报纸为了跟上人们对内容的需求,投入了大

---

① 当指1853年至1856年的克里米亚战争,俄罗斯与英国、法国为争夺小亚细亚地区权利而开战。

量资金以保障其内容的供应。两家主要报纸在这方面花了相当于今天的数十亿美元,其中大部分花在电报线上。当这些线路被战争摧毁时,它们就会使用其他方法。1861 年年初,《纽约先驱报》的记者亨利·维拉德（Henry Villard）写信给其新闻主雇之一《纽约论坛报》:"中断了几天之后,我又能给你们提供来自华盛顿的消息了。由于首都和北方之间的所有电报线和铁路线都被切断了,我不得不另辟蹊径以达到目的……我已经开辟了一条信使线……为了保证速度,我设立了六个驿站,每日传递一次,每趟都用尽可能多的马。花销当然很大。但《纽约先驱报》将承担大头。"[8]

媒体时代?

美国内战发生在所谓的现代媒体时代。虽然正如前面的章节所论述的那样,在英国内战、美国革命和法国大革命期间,新闻界在塑造舆论和政治观点方面都发挥了重要作用,同时作为单独行动者,新闻界与舆论、政治观点也是紧密联系在一起的,但是在萨姆特要塞（Fort Sumter）打响第一枪之前,新闻和报纸的世界早已发生了巨变。报业在规模、与创造和传播有关的技术、读者性质等多个方面都发生了巨变。这些创新还与其他方面的变化有关,比如报纸税、从农业社会向城市和工业社会的转变、更广泛地参与政治的要求。能读会写的技能虽非所有人都拥有的,却也相当广泛地被掌握了,尤其是在美国。19世纪下半叶,伟大的报业帝国就是在这些变化的基础上建立起来的,但在拿破仑战争①和1812年战争②之后欧洲和北美相对和平的岁月里，变革的种子就已播下，且已发芽。

报纸的数量急剧增加。在一个扩大的公共领域里，人们针对奴隶制度、美国政治的性质、州和联邦政府的相对主权问题都展开了辩论。新闻界这个概念也得到了巩固。报纸形成了更为成熟的外观模式，在文字专栏、刊头、标题、被认可的版面设计方面，都有了共同语言。它们的语言和各种各样的语域③变得更加鲜明了。新闻界被确认为第四等级。在美国，言论自由也得到了确认，至少理论上是如此。19世纪，报纸的老板、编辑和记者这些概念开始呈现出更清晰的形式，可以勉强被视为职业。正如编辑和记者谢里登、宾默尔和希特向我们展示的那样，在这些职业里，有各种各样分工明确的角色，分管新闻采集、出版、分销、插图和广告。"报纸作家"或"送报人"的工作被看作印刷行业的一部分。[9]正如宾默尔后来为道格拉斯写的吹捧文章所展现的那样，对新闻界时刻保持警惕的政治家们开发出了把它当作一个宣传或洗脑工具来使用的新方法。当时就有人指出："报纸新闻界拥有巨大、广泛的影响力。公众可以借它表达不满，因此它必定会对公众想法产生强有力的影响。"[10]市场已经成熟到足以为各色团体制作不同的报纸。报纸越来越针对不同的政治信念、宗教偏好或行业提供不同的内容。农业期刊和报纸是其中一个重要的组成部分，首次出版于1796年的《贝尔信使周刊》尤为出名，19世纪二三十年代，涌现了许多它的竞争者。[11]1836年到1842年，《有色美国人》在纽约富兰

----

① 1803年至1815年爆发的各场战争。

② 1812年至1815年美英之间的战争，又称为美国第二次独立战争。

③ 语域是语言使用的场合或领域的总称，语言使用的领域种类很多，在不同的领域使用的语言会有不同的语体。

克林街 2 号印刷, 满足了该市大型黑人公民社区的需求。日益增强的阶级意识也反映在目标读者是工人、商人等中产阶级以及建制派的各种报纸中。新闻界还强调了地点和地区的重要性,因为到了 19 世纪中期,美国、英国和欧洲大陆上大部分国家几乎每个镇都有一份本地报纸,且常常会有两家互相竞争的报纸。

这是一个报纸间竞争极其激烈的时代。许多报纸未能达到财务安全状态,或没发行几期就停刊了。其他许多在几年后也倒闭了。18 世纪晚期,人们在印刷商的办公室里经营报纸,印刷店除了出版报纸,还承接其他各种各样的工作;到了 19 世纪中期,大城市的报纸生产商就主要忙于生产自己的报纸了。特刊和其他印刷任务可能会占用新闻界和印刷店店主们的一些时间,但其业务的焦点仍在新闻上。就这样,大量资金被投在出版社、机器、获取消息和确保分销网络正常运转上。[12] 与早期小型出版社相比,大都会的报纸几乎不拥有经营场所,而是租借办公室和印刷厂,尽管这些场地可能相当大。在大城市里,这类报纸倾向于聚集在权力中心和印刷厂的传统旧址附近。在纽约,这导致围绕着公园街形成了"报纸街"。[13]

到了 1850 年,美国自豪地拥有了数千种报纸,年发行量约为 5 亿份。像匈牙利知识分子山陀尔·法卡斯(Sándor Farkas)这样的欧洲访客对美国的报纸阅读广泛程度感到震惊。他指出:"移民尽管可能远离文明,尽管可能很穷,但每个人都读报。"报纸制作和传播的财务情况正在经历一个转变过程。在 19 世纪的前三十多年里,许多美国人都会订报,他们每年花 4 到 10 美元(相当于今天的 130 到 330 美元)订阅像纽约的《哥伦比亚报》或《独立纪事与波士顿爱国者报》这样的报纸。[14] 当美国新闻界的风格从共和国时代著称的在报道政治派别之间的辩论时持党派立场转向更重视盈利、着眼于报道耸人听闻的消息的时候，有创业精神的出版商们看到了赢得大众市场的机会。到了1830年，美国的人口增加到了近1300万，几乎是独立时的5倍，而且第一次大规模移民的浪潮已经开始。1833年，本杰明·H. 戴（Benjamin H. Day）出版的《纽约太阳报》的售价惊人的低，只卖1分钱。1835年，詹姆士·戈登·贝内特创办了《纽约先驱报》。他们建立起来的"便士报业"（penny press）通过大幅削价与现有报纸抢生意，后者往往卖6分钱或更贵，而且经常搞预售、要订阅。1841年，令许多拒绝接受其耸人听闻的特点和违反安息日规定的行为的牧师们大为沮丧的是，《纽约先驱报》创办了周日版。[15] 随着《纽约太阳报》（它还发展出了一个在人行道上卖报的报童网络）、《纽约先驱报》和《纽约论坛报》①的诞生，报业进一步吸引了投资和商业兴趣。1851年，《纽约每日时报》获得了一笔6.9万美元的投资，由此可以看出人们对新闻界的未来很有信心。该报是《纽约论坛报》的一名前编辑创办的，旨在比其他便士报消息更灵通且不那么民粹。1857年，它改名为《纽约时报》，在云杉街、公园街和拿骚街的交会处占据了一幢转角大楼。

英国小说家查尔斯·狄更斯于1842年首次访问纽约，在那里他备受公众迷恋的困扰。他的《游美札记》（*American Notes*）记录了他对在美国发现的大部分事情的反感。一年后，他又在小说《马丁·瞿述伟》（*Martin Chuzzlewit*）②里报了仇，用一个章节模仿嘲弄了美国生活。年轻的瞿述伟初次见到纽约就是在定期邮船"螺桨号"（*Screw*）上。

---

① 1841年4月，由霍勒斯·格里利（Horace Greeley）创办；《纽约太阳报》《纽约先驱报》和《纽约论坛报》是美国三大著名的便士报。

② 下面三段译文引自叶维之译本第16章，上海译文出版社1983年版，第362—364页。

当时它正在进港，迎接它的是"报童的尖叫声"，"汽船还没拢岸，就上来了一大群这类小公民，像无数耗子似的满船乱跑"。

"'快看今天的《纽约阴沟报》！'有一个这么吆喝。'快看今天的《纽约刺客报》！《纽约家庭侦探报》！《纽约壁耳报》！《纽约窥探报》！《纽约劫掠报》！《纽约锁眼通讯报》！《纽约起哄日报》！纽约各种各类的报！快看昨天黄磷火柴派进行爱国运动，辉格党一败涂地的详细新闻；快看亚拉巴马州最近挖人眼珠的凶案；快看阿肯色州使用猎刀进行决斗的有趣新闻；快看政界、商界和上流社会的一切新闻。快买份儿瞧吧！快买份儿瞧吧！今天的报，快买份儿瞧吧！'另一个报童这么吆喝。

"'快看《阴沟报》！'另一个报童这么吆喝。'快看《纽约阴沟报》！快看印数已经超过一万两千份，就要卖完的今天的《阴沟报》，登着最好的商情报道，全部船期消息，还有整整四栏地方通讯，还报道昨晚怀特夫人家中举行舞会的详细新闻，纽约城的闺秀名媛与上流人士欢聚一堂，关于所有参加盛会的太太小姐们的私生活，还登出了《阴沟报》自派记者调查出来的详情细节！快看《阴沟报》！快看已经发行到一万两千份以上的《纽约阴沟报》！快看《阴沟报》揭发华尔街匪帮，快看《阴沟报》揭发华盛顿匪帮，还有《阴沟报》的独家纪事，揭露了国务卿八岁时候罪恶昭彰的欺骗行为，如今不惜重资，才能由他本人的保姆嘴里吐露出来的。快看《阴沟报》,快看《纽约阴沟报》，已经发行到一万两千份儿以上，有整整一栏文字介绍尚待揭发的纽约人士，还都登出了真名实姓！快看《阴沟报》以诽谤罪被控，对前天审理此案法官的评论，快看《阴沟报》颂扬那未做有罪决定的独立的陪审团，并且声明，作了有罪决定，《阴沟报》就该用什么手段来报复！快看《阴沟报》，快看《阴沟报》！快看那很机警的《阴沟报》，老是眼观六路，耳听八方；合众国的主要日报，已经发行到一万两千份儿以上，还嫌印数不够呢。快看《纽约阴沟报》！'

"'全靠利用这种很开通的手段，'有人几乎是趴在马丁耳朵上说，'我们这个热血沸腾的国家才能把感情发泄出来呢。'"[16]

技术进步，尤其是蒸汽印刷和纸张的机械生产，帮助创造了这个"发泄渠道"，使一个相对便宜的报纸大众市场发展了起来。纸张仍可能很贵，尤其是那些以棉麻混合物（或者偶尔用稻草，1829 年，《奈尔斯每周纪事》和《费城通讯报》就短暂做过这方面的实验）而不是以木浆为基本成分制造出来的纸张，但从 19 世纪起，纸价开始急剧下降。与其全靠亚麻，不如用便宜得多的棉破布。[17] 在这一时期，技术的一系列发展把纸张生产从缓慢的手工作业转变为一个更为工业化的过程。特拉华州威尔明顿市的约书亚·吉尔平（Joshua Gilpin）非法获得了圆网造纸机英国专利的细节。1817 年，他的新工厂开始在布兰迪万（Brandywine）河畔造纸。为了纪念这一时刻，他给美国哲学学会（American Philosophical Society）赠送了一卷 300 米长的纸。1837年末，这一技术被康涅狄格州引进的长网造纸机所取代。这一技术进步使产量增加了十倍。添加剂实验也发挥了作用：从 1806 年开始，人们了解到添加松香、明矾可以使纸张里的纤维更平滑、更坚韧，从而能够更快、更便宜地造纸。纸浆洗涤、漂白等方法的改进提高了用廉价破布制成的纸的质量。到了 19 世纪 30 年代,纸张已相对很便宜了，这降低了拼写课本的生产成本,意味着不是每所美国小学有一本课本，而是每个学生都有一本课本，从而孕育了未来的读者和印刷文化的消费者。[18]

印刷技术和印刷厂的组织性改变了夜间印刷的潜在产量。《泰晤士报》得到了移居英国的德国人弗里德里希·科尼希（Friedrich Koenig）研发的一台机器。这台蒸汽驱动型滚筒印刷机通过旋转滚筒引导纸张，采用机械供墨形式进行印刷，一夜之间可以印上数千张报纸，印刷速度可达每小时 1100 张。1814 年 11 月 29 日，《泰晤士报》主编约翰·沃尔特宣称，这是"自印刷术发明以来最伟大的进步。读到这一段的读者现在手中拿的《泰晤士报》是成千上万份中的一份，这些都是一台机械设备昨晚的工作成果"。技术一直在进步，到了 19 世纪 50 年代，机器一晚就可以印制 4 万份报纸。尽管沃尔特也许过于乐观地指出"留给人做的只剩下看管这台无意识的机器，看着它运转而已"，但新流程进一步扩大了就业，操作印刷机需要各种专业人士，比如涂墨工、加料工以及后来出现的用刷子打纸型[①]的人。[19]1828 年，《曼彻斯特卫报》引进了一台蒸汽印刷机。

一批专利和创新持续提高印刷机的效率和产量。欧洲和美国各地的大批工程师都在寻找新方法，相互竞争、复制和学习。在美国，开始为父亲的霍氏公司工作的理查德·霍伊（Richard Hoe）使印刷机在印刷速度方面发生了革命性的巨变。1846 年，《费城公共记录报》用了他公司的轮转印刷机——"由一大堆轮子、滚筒和皮带组成……发出震耳欲聋的轰鸣声"，还进一步增加了机械加料器，从而把印刷量提高至每小时 2 万张。1851 年，《泰晤士报》购买了一对有十个加料器的轮转印刷机，这种机器基于霍伊的设计，却是由英国惠特沃斯（Whitworth）公司制造的。[20]

---

① 浇铸铅版的模子，把多层特制的坚韧的纸沾湿后覆盖在排好的活字版上，经过敲打或压制而成。

报业还建立在庞大的运河网络、电报系统网络和越来越多的主要由外来移民劳工——在美国确切说是奴隶——修建的铁路网络基础之上。邮政服务的发展也带动了它的繁荣。通过邮寄，消息可以以信件的形式在朋友、商业伙伴、亲戚之间传递，而且越来越多地通过特约记者、线人和记者网络发送出来。报纸、小册子和其他文本可以通过这些网络寄送。这样的路线有助于缩短陆地上的距离。随着定期航线和航海技术的发展，比如导航技术改进和铁制船体、蒸汽轮船的出现，大西洋、英吉利海峡、地中海和印度洋上的距离也逐渐缩短了。1840年，纽约的《先驱晨报》把伦敦和利物浦的汽船——"英国女王号"（*British Queen*）、"大西号"（*Great Western*）、"总统号"（*President*）、"哥伦比亚号"（*Columbia*）、"不列颠尼亚号"（*Britannia*）、"阿卡迪亚号"（*Acadia*）——排在了靠船帆航行的老式定期邮船前面。"不列颠尼亚号"除了运载邮件和货物，还运送乘客。它凭借自身实力成了新闻本身。1840 年 7 月，有些报纸报道说，该船从哈利法克斯（Halifax）出发向南航行，击败了"英国女王号"，率先抵达了波士顿，船上有 85名乘客，其中就包括船运巨头、冠达邮轮公司的创始人塞缪尔·冠达（Samuel Cunard）。这些船的到来加上"由陆路而来的中国新闻"告诉读者，中国皇后① 逝世，英国女王的配偶阿尔伯特亲王病重。《先驱晨报》的读者们还得知，伦敦定期邮船还没到，一到就将带来进一步的消息（那些不想了解这类事的人可以去看末版的娱乐栏目）。该报还指出，波士顿的报纸上"充斥着逐字逐句从本报抄来的描述"。1840 年7 月 31 日，它在头版的顶端感谢"波士顿快线的哈登先生"为"我们

---

① 当指死于 1840 年农历正月的道光帝孝全皇后。

的英国报纸合订本"带来了欧洲新闻。被编辑用反语标记为"最重要的"新闻也跟女王配偶有关。"这不是真的,"一家伦敦报纸的一名记者说,"阿尔伯特亲王已经刮掉了他的胡子这事不是真的。"读者对阿尔伯特亲王的健康状况和上嘴唇有什么想法,现在不得而知,但中国新闻意味着:"由于中英之间的矛盾,美国商人已经全部离开了广州。"这将对商业有所影响。[21]

整个 19 世纪,报纸以越来越快的速度把全球各地的消息带给人们,使人们注意到国家、种族之间的差异和联系。虽然主要报纸展现的是大都会的白人观点,但它们有时也会使其他声音得以传播,包括那些生活在欧洲殖民者占领土地上的民族的后代的声音。1828 年到 1834 年,第一份印第安人报纸《切罗基凤凰报》出版发行,上面混杂着英语和新设计的切罗基"音节表"——一种由塞阔雅(Sequoyah)创制的代表他的语言中 85 个音节的文字。切罗基人被迫离开他们的家园,沿着"眼泪之路"迁徙到密西西比河以西的土地上。该报给幸存下来的切罗基人提供了一个社区中心,上面既有切罗基部落新宪法的细节,又有强调他们失去了土地并遭到白人移民威胁的新闻和文章。报纸免费分发给那些能读懂切罗基文字的人,阅读人群遍布该部落居住区的大部分地区,但使它卖得更广的还得靠订阅(起售价 2.5 美元,约合今天的 68 美元)。《切罗基凤凰报》主编伊莱亚斯·布迪诺特①的脑海中有一个更广泛的受众。他不仅就切罗基人失去故土撰写社论,而且游历了美国和英国,在切罗基居住区之外吸引订户,并确保主要用英语印制该报。1829 年,该报改名为《切罗基凤凰与印第安人支持者》。

---

① 伊莱亚斯·布迪诺特(Elias Boudinot),切罗基印第安人,原名加拉吉纳·奥瓦提(Galagina Oo-watie),在白人政治家布迪诺特(1740—1821 年)的资助下才得以接受教育,因此改名。

迁移党（Removal Party）认为迁移到密西西比河那一边会给切罗基人最美好的希望。布迪诺特转而支持该党的观点。他和其他人——但关键没和首席酋长——一起跟美国政府签署了《新埃科塔条约》（Treaty of New Echota）。该条约同意迁移，并允许美国政府没收切罗基人在佐治亚州的土地。1832 年，布迪诺特辞去了主编的职位。两年后，该报停刊。1839 年，布迪诺特和他的几个亲戚在印第安淮州①被一个不知名的切罗基团体出于报复暗杀了。

1850 年，达科他②创办了别的原住民报纸（比如《达科他塔瓦西库族，即达科他之友报》，但它是基督教传教活动的产物，而不是部落成员的作品）。《美洲印第安人》于 1851 年创办，拥有者和出版人是加拿大密西沙加（Mississauga）的一个阿尼什纳比人（Anishinaabe）——乔治·考培威（George Copway）。他的目标受众就是美洲和欧洲的白人，旨在以报纸形式收集、整理美洲原住民的生活信息。[22] 然而，直到 19 世纪末，美洲原住民报纸的数量才多了起来（结果证明都很短命，因为一直延续到"二战"后的官方同化政策阻碍了它们的制作）。

美洲原住民很少淡出报纸的视野：自殖民时代以来，报纸就长篇累牍地报道他们跟殖民者的冲突，新闻界继续依赖并强化种族主义形象，把他们描绘成消亡中的迟钝、野蛮的民族。就在南北战争爆发前，第一条横贯大陆的铁路建成了。当时，《纽约论坛报》的记者、后来的政治家霍勒斯·格里利（Horace Greeley）穿越美洲大陆，把报告发回报社以宣传该铁路。[23] 作为一名改革家、废奴主义者，格里利未能免俗，还是受到了广泛传播的对美洲原住民的种族歧视和苛刻看法的影

---

① 19 世纪初期美国政府强迫印第安人定居的区域，在今俄克拉何马州。

② 原美国淮州，1889 年分为北达科他州和南达科他州两州。

响。格里利对美洲原住民的描述既反映了几代人的刻板印象，又通过他作为一名重要新闻界人士的影响力（当时《纽约论坛报》的读者人数高达 4 万左右）强化了这个印象。他把这些剩下的原住民社区描述成过去岁月的遗迹，说它们是一个最糟可以用摧毁、最好可以用同化的方法解决的问题。自殖民时代以来，新闻界一直在用最糟糕的方式描绘原住民。19 世纪，这一形象被固定了下来，甚至得到了强化。他们最好的形象是一个"高尚的野蛮人"，更常见的则是一个"卑贱的野蛮人"，既粗野又残暴。

　　这样的报道大部分未经去伪存真就被传递进了英国和欧洲大陆的新闻界。例如，1859 年 1 月，伦敦的《泰晤士报》在它的《美国》专栏里刊登了一些寻常新闻：外交人员抵达南安普敦；"对堪萨斯州新麻烦做进一步报道，这次的麻烦表现出让人有理由相信其具有正当性的样子"；一帮支持奴隶制的人采取暴力行动；约翰·布朗发动了一系列"劫掠"活动；消息也从旧金山（那里的天气"比以往都冷"）通过陆路邮件传来，报告了来自科曼切人（Comanche）的威胁；为了应对这些危险，连队正在建造"坚固的营房"，"里面备足了武器和弹药"。[24]如此一来，报纸既从刻板印象中汲取养分，又强化了欧洲和白人美洲社会对原住民生活的印象。而且，电报报告的简明性使记者和报纸宁可采用"一套标准化的写作方式来写印第安人"，也不愿仔细分析或质疑为什么要把美洲原住民如此简单地描绘成暴力的，为什么只有当他们"怒不可遏、准备开战"时，才会出现在报纸上。[25] 报纸在报道美国西部地区发生的暴力冲突时，没有任何来龙去脉或解释说明，从而框定了读者看待原住民的方式。相比之下，对印第安人实施的大屠杀从未成为重大的新闻故事。英国的威尔士人、盖尔人和康沃尔人的地区也许以类似的方式在报纸上被浪漫化了，他们的语言则因政策而受到了压制。用这些语言出版的报纸寥寥无几。第一份成功的威尔士语报纸《威尔士人报》①创办于 1804 年，在接下来的半个世纪里，又出现了其他几种。1855 年，印花税的放宽促使威尔士西部和北部发行了几家报纸。一个令人更不安的类似现象在英国的殖民地出现，殖民和商业当局办了一些英语报纸：《希基的孟加拉公报》(1780 年)②《印度公报》、《加尔各答公报》、《马德拉斯信使报》(1785 年) 和《孟买先驱报》(1789 年)，上面刊登的都是从英国视角出发的新闻。1822 年，古吉拉特语（Gujarati）的周报（法敦吉·马兹班［(Fardunjee Marzban ］的《孟买新闻报》于 1832 年成了日报，至今仍以《孟买新闻报》③之名出版发行着）创刊；1826 年，又有了印地语（Hindi）的周报（《旭日报》④一直办到了 1827 年 ）。这两份报纸都侧重广告、鸦片等商品的价格、伦敦的宫廷和政治新闻以及英国地方行政事务，几乎没有给本地新闻留版面。在这些欧洲报纸进入殖民地之前，新闻当然存在，而且拥有学者朱莉·科德尔（Julie Codell）口中的 "与现代报业同时存在的信息收集和传播的历史悠久的本土传统"。[26]19 世纪 30 年代到 50 年代，涌现出了大量英语报纸和本国语报纸，部分是因为 1835 年的《自由媒体法案》(Liberal Press Act) 减少了对新闻界的限制，并使其

---

① 《威尔士人报》即 The Cambrian。"Cambria" 是 "Wales" 的拉丁语；"Cambrian" 与 "Welsh" 是同义词；"Cambrian Mountains" 是位于威尔士中部的山脉名，译作坎布里安山脉或威尔士山脉；因威尔士的寒武纪地层被最早研究，所以地质学家用 "cambrian" 指寒武纪。
② 1780 年，詹姆斯·奥古斯塔斯·希基（James Augustus Hicky）在加尔各答创办了印度的第一份具有近现代意义的报纸《希基的孟加拉公报》。
③ 孟买，1995 年以前英文名称为 "Bombay"，1995 年改名为 "Mumbai"。因此，《孟买新闻报》对应名称也有所变化，前者为 Bombay Samachar，后者为 Mumbai Samachar。
④ 报名 Udant Martand 为印地语，意为 The Rising Sun，这是印度的第一份印地语报纸。

成本降至约 2 安那①。这些报纸中有许多开始把版面用来登政治评论，英语期刊《印度教爱国者》尤为如此。在 1857 年到 1858 年的大叛乱之后，新闻界受到了相当仔细、严密的监督和审查。

报纸除了可以歪曲其他群体的形象，也可以让他们发声。《切罗基凤凰报》就是这样的一个例子。来自非英语国家的各种移民，无论他们是殖民时期过来的，还是在 19 世纪庞大移民潮中抵达美国的，都在美国社会这个种族沙拉碗②中有一席之地。到了 1850 年，生活在美国的人当中，也许每 10 个中就有 1 个是移民。纽约和波士顿的移民人口为非英语报纸提供了一个潜在的市场。在加利福尼亚州，讲汉语和西班牙语的移民人口为中文和西班牙文报纸提供了市场。从 18 世纪中期起，德语和荷兰语报纸就开始面向宾夕法尼亚州和其他地方的社区发行。早期的西班牙语报纸往往由流亡的爱国者制作而成，他们撰稿时头脑中想的是一个非美国的受众。德语报纸则与之不同，它们喊话的对象是美国的受众。1848 年，芝加哥有了自己的德语周报《伊利诺伊州州报》。它于 1855 年变成了日报，到了内战时期已成为芝加哥的第二大日报。它支持共和党，反对奴隶制，在伊利诺伊州的报纸纷纷反对允许新实体自己决定是成为自由州还是成为蓄奴州的《堪萨斯 - 内布拉斯加法案》的过程中发挥了重要的作用。与其他印刷形式相比，报纸也许更称得上身份的旗手，无论是政治身份、种族身份，还是国

---

① 旧时印度、巴基斯坦、缅甸的辅币单位，1 安那等于 1 卢比的十六分之一，2 安那等于八分之一个卢比。

② 20 世纪 50 年代，美国提倡大熔炉（melting pot）政策，70 年代承认沙拉碗（salad bowl）的现实，90 年代将文化建构的结果视为织锦（tapestry）；大熔炉指移民被同化后融入美国的文化和社会，沙拉碗则认为他们有权保持自己的语言、信仰、文化、价值观等，共同建构一个多元文化的社会。

籍身份，都要靠报纸彰显。

新闻的负担

长期以来，历史学家们一直都在思考这种大众媒体的政治影响，无论是在制造共识方面，还是在制造异议焦点方面以及塑造党派方面。报纸还有文化甚至情感的影响。它们可能已经营造出了一种社区感，但同时也带来了令人担心的消息，强化了政治分歧，且充满了真实性问题。这个故事可信吗？哪些信息缺失了，也许下期会补上？新闻每天都来，看似没完没了，把谈话和个人想法塞得满满的。新闻这种永不停歇的性质也加深了所有这些担忧。

诗人艾米莉·狄金森（Emily Dickinson）每天都读报纸，这或许与她后来隐居、逃离社会的名声不符。她的家庭定期订阅支持废奴的《斯普林菲尔德共和日报》，这给她带来了新闻告示和关于战争进展的最新消息。她的作品展现了外部世界侵入内心生活和无法回避新闻之间的矛盾。《我知道的唯一消息》①（The Only News I Know，1864 年）把她个人对真相和上帝的诗意认识与报纸上的告示做了简练的对比。这首诗捕捉到了她对时间、世界的认识和对真相的关心。这些关切在她的许多作品中都有所表达，但最凝练的也许还是这四个简短的诗节：

---

① 狄金森的诗没有题目，由编辑编号，其诗集最权威的版本是托马斯·约翰逊编的，该诗编号是827，下面译文引自蒲隆译《狄金森全集》卷二，上海译文出版社 2014 年版。诗中的标点符号遵照原文及蒲隆版译文。

我知道的唯一消息

是成天来自

永生的告示。

我看到的唯一表演——

明天和今天——

间或是永远——

我遇见的唯一的人

是上帝——唯一的街道——

生存——把它跨过

倘若还有别的消息——

或者更令人赞赏的表演——

我会向你畅谈——

　　报纸的流行程度和文化影响力也许可以通过像狄金森这样的诗人的反应来衡量。写作方式和出版物的形式显然对每天出现的新闻和作品做出了反应。作家、编辑和出版商把他们的作品转向一个更自觉的文学模式——比那些在公共领域里已占据支配地位的报纸、杂志有更多深思熟虑、较少煽动性和民粹思想的模式。战争的前奏和冲突本身加剧了这一转变。这类作品回避那些可能会被认为是传奇剧式的语言或主题，把修辞模式转变成一个更具象征意义的或更隐晦的语域。人们重燃对书面文字的外观、字体、纸张质量和装订的艺术性的兴趣，宁愿把重点放在为更有限的行家受众写作上，也不愿去寻找更广泛的受众。这是一个从大众报纸世界里脱离出来的举动，它试图在这个世界找到一种更成熟、更具艺术性、更美好的存在方式。

　　狄金森和其他作家、编辑、出版商都转向了文学模式，以寻找更有限、更敏感的受众，而且强调文本、纸张甚至装订的美。他们通过这种方式对乱哄哄的新闻、传奇剧式的语域和报刊特有的句子表达了自己的反抗。但在战争期间，文学与报纸在许多方面也会越走越近。狄金森、约翰·格林里夫·惠蒂埃（John Greenleaf Whittier）、赫尔曼·梅尔维尔（Herman Melville）及其他人有意探索一种更富有美感的体验方式和一种传达他们对世界的理解的方式。用评论家伊丽莎·理查兹（Eliza Richards）的话来说，他们还拷问了"在国家危机时刻写新闻和写诗之间的区别"。[27] 诗歌借鉴了新闻界的语言、风格和出版节奏。这是对新闻界文化主导地位的默认，也是对其后果的批判。例如，梅尔维尔为了写他的战后诗集《南北战争诗集》（*Battle-pieces and Aspects of the War*，1866年），在《叛乱记录》（*The Rebellion Record*）中翻查了许多报告，这份档案是由战时短命的出版物（主要是报纸）经过重印后汇编而成的。梅尔维尔不仅利用了这本巨大集子里记载的事件，而且在像《多纳尔森》（Donelson，1862年2月）这样的诗作中采用了报纸报道的形式。这首诗是头条新闻、陈词滥调和告示的大杂烩，读者的注意力会被引向报纸受众对这些文本的反应。在这个例子里，报纸是全镇的人聚集在其周围的公告栏，是信息传递的渠道，是社区的缔造者，诗中用短语"我们得知"引出了一组从前线来的断断续续的公告。梅尔维尔还仔细对比了报纸上关于牺牲的歇斯底里的话语与"妻子和姑娘们"的表现：整个社区聚集在公告栏前读报上的那些话语，"妻子和姑娘们"则回到公告栏前读她们爱人的名字，眼泪落在纸上，湮没了字迹。

尽管报纸和大众杂志的世界也创造出了一种美学反应，一些作家和出版商对这个"文化喧嚣"的回应是逃到一个更小众的出版业中，但报刊世界和文学世界是高度重叠的。报纸上满是诗歌。长期以来，诗歌一直被用来对时事发表评论，比如与美洲原住民的战争、长期存在的奴隶制和废奴问题，以及诸如监狱改革或女性权利之类的各种形式的社会改革。诗歌和报纸专栏中断断续续的散文形成了受人欢迎对比，填补了据称更客观的报纸报道背后的情感空白，特别是在战争爆发之后。报纸杂志上的诗歌，正如理查兹总结的那样，"鼓励男人们为了北方联邦而参军、战斗、牺牲；它们敦促平民支持士兵，并接受自己爱的人的死亡；它们坚信士兵们的牺牲将推动一个更强大的民主国家的发展，洗涤掉它身上奴隶制的罪恶"。[28] 美国内战期间，诗人们创作、发表了数量庞大的诗歌。它们帮助北方形成了一个"国民意识"，把阵亡将士的牺牲转化成道德目标，帮助创造了一个靠流血牺牲凝聚在一起的国家共同体的统一愿景。[29]

除了个人呼声，新闻界还影响了——或者说是困扰着——大众政治。在像美国这样的闹剧式民主国家（knockabout democracy）里，媒体可以在竞选中发挥强大的作用。政治机器不能不理它们，反而可以采取措施降低或操控其影响力。1860 年，林肯在当选后搭乘火车前往白宫，一路有记者们随行。正如研究南北战争时期新闻界的历史学家 J. 卡特勒·安德鲁斯（J. Cutler Andrews）在他的《内战北方报告》（*The North Reports the Civil War*，1955 年）中指出的那样，在马纳萨斯战役爆发之前的日子里，促使林肯决定在那个早期阶段就对南方联盟军发起进攻的部分原因是"新闻界的大声呼吁"。新闻界是如此重要，以至于林肯政府把控制美联社（The Associated Press）的电报网络的能力视为其军事战略中一个至关重要的组成部分。

墙纸、铅版与现代报业

和其他冲突一样，美国内战也导致了日常用品的匮乏，包括纸张。报纸显然面临印刷材料库存不足的困境，因此一些有创业精神的出版商转而利用起了手头的其他材料，其中包括一卷卷的墙纸。19世纪60年代，人们开始用破布和稻草为原料，以一种相对较新的机器制造的卷状样式生产墙纸。这类纸张除了用来覆盖或装饰墙壁，还可用来垫抽屉、包盒子和箱子。19世纪初，美国开始流行这样做。因为墙纸的背面除了用于粘贴的浆糊或胶水，基本是空白的，所以当不再能弄到白纸的时候，绝望的作家们把目光投向了手边的材料。例如，有记载说，在里士满，女人们从墙上扯下纸来，给在打仗的儿子和丈夫写信。战争爆发时，美国仅有55家造纸厂，大部分在北方（南方24家，密西西比州一家都没有；南方经常从北方购买纸张，为了印制邦联钞票，甚至从英国购买棉破布作为造纸原料）。这些造纸厂造纸的原料不是木浆——美国要到1867年才开始制造木浆——而是棉花，正是非裔美国奴工辛勤劳动生产出来的作物，也是内战爆发的核心原因。南方试图利用"棉花王国"的经济实力，烧毁了约250万捆棉花，造成棉花短缺，希望以此迫使英国甚至法国宣布支持南部邦联。

随着冲突的继续，南方停止向北方供应一捆一捆的棉花，种植园里的男人们全被军队抽走了，纸张的价格疯涨，到了 1862 年年末已暴涨了 10 倍。那些能够得到的棉花也有其他用处，从制服到绷带，再到来复枪的纸质弹壳①，都需要棉花。随着出版物在大小和长度上都有所缩水，报纸老板们被迫改用其他材料，包括包装纸、卫生纸、蓝色账簿纸和墙纸。[30]

已知有超过 35 种报纸曾印在墙纸上。J.M. 索兹（J. M. Swords）出版的《维克斯堡公民日报》在格兰特将军（Genreal Grant）率领的联邦军围困该城期间就曾用墙纸印刷。随着包围的持续，该报缩至只有一页纸，用过包装纸印刷，也用过从书里撕下来的空白页，另外还有 6 期用的是墙纸。在维克斯堡投降后，联邦军发现 7 月 2 日这期的活字已经排好了，于是在 7 月 4 日加了一段附言："两天的时间带来了巨大的变化，联邦的旗帜飘扬在维克斯堡上空。格兰特将军已 '抓到了这只兔子'。他在维克斯堡已用过餐了，而且他的确是带着他的晚餐食材来的。'公民'②活着亲眼看到了这一幕。这是它最后一次出现在'墙纸'上。它不会再歌颂骡肉和烹制的猫肉块是奢侈的享受，也绝不会再劝南方的勇士们吃这种食物。除了本条附言，这是用我们发现的已排好的活字印出的最后一期墙纸版。今后，作为一件稀罕物，它将很珍贵。"[31]

正如联邦军的附言所说，这类报纸可能主要被视为不同寻常的物品，读者和影响力都很有限。就许多方面而言，情况确实如此，但在如此一个危机时期，为了印报而付出的努力强调了新闻印刷品的社会

---

① 用纸卷成筒，里面装火药，最初弹头与纸筒是分别装入枪内的，后来才发展到把弹头和火药一同装入纸质弹壳内，在纸质弹壳技术逐步成熟后，金属弹壳才出现。

② 此指《公民报》这份报纸。

和文化重要性，以及它所能达到的作用。它把装饰性纸张的家庭空间与新闻的公共领域相结合，概括了报纸的跨界性。[32] 它的存在说明了非常真实的欲望。战争时期，信息和新闻不仅对政治家和军队来说是至关重要的，而且对可能会被卷入暴力冲突的平民而言也很重要，况且由于双方军队的规模，平民也会渴望获得关于他们参军的家人、亲戚、朋友和邻居的消息。在内战时期，对南北双方而言，从别处来的消息是一种心理支柱，能帮助各方在错综复杂的事物中构建起一个"想象的共同体"。也许更为关键的是，新闻加强了本地和外地的联系，它们带来的信息既有用，比如关于补给物资抵达或铁路受损情况的报告，又强化了共同体身份。在国家面临危机的时刻，报纸还能让个人拥有分心、喘息的片刻。

在这样的时刻，对新闻和纸张的关心提醒人们注意新闻界的中心地位。正如前面的章节显示的那样，人们也一直在寻求消息、音信、情报、内幕八卦和有根据的权威信息。但到了 19 世纪中期，印刷技术、各种形式读写能力的普及、新闻工作和报纸制作作为职业的发展（通过冒险报道克里米亚战争或美国内战，就能在这行取得成功）以及复杂的分销网络回应并塑造了这个欲望，使报纸在欧洲和美国的社会里成了在文化和文本中处于中心地位的由现代工业批量生产出来的产品——一个人可以在照片肖像画中加入一些东西以显示自己是这个社会的一个部分。那个时代离不开小说、杂志、识字课本、宗教著作和《圣经》这些文本物件，但报纸的出版频率、地理和社会传播的广泛程度，以及与形成共同体的权力核心和社会关系之间的紧密联系，赋予了报纸一种也许是其他文化形式所不具有的作用力和活力。报纸给日常生活提供了一个背景，它就像消息灵通的社会的墙纸一样。

在这里，它们的物质性也发挥了作用。正如美国内战的墙纸报纸所显示的那样，它们的短暂性和即时性有赖于生产原料。造纸的技术和供应链既复杂又粗糙。报纸通过改变自己的尺寸、颜色、质地，能够适应不同类型的纸张的获取难度和供应量大小。简单地折叠在一张、两张或十几张纸上的一排文字，确保了报纸几乎可以在任何环境里都能找到自己的位置。它们能适应政治形势的变化，对印刷税或纸税的变化能做出反应，调节自身价格。到了南北战争时期，报纸不仅是印在纸上，而且在印制过程中用到了纸。从早期的"科兰特""格塞塔"开始，一种固定在长方形印版上的金属活字一直都是印刷报纸的工具。1829 年，一个名叫克劳德·谢罗（Claude Genoux）的里昂印刷工发明的纸型印版不再是平的，而是可弯曲的，这样就可以浇铸出薄的弯曲的铅版[①]。这种新方法借鉴了 18 世纪早期英国和德国研发出的铅版浇铸技术（当时已不再使用），采用它就能快速、相对便宜地生产出复制版（duplicate plate），把复制版再连到轮转印刷机上，从而可以在几台印刷机上更快地生产。法国方法的核心创新之处在于使用混凝纸浆来制作一种更好的模型，而不是用黏土、熟石膏或沥青等材料。接着，这些模型被用来给轮转印刷机浇铸金属版。现在，无需费劲地把活字加装在滚筒上，就能印刷出很多页来。在巴黎，谢罗的纸型浇铸铅版法被用来印刷《巴黎新闻报》。

到了 19 世纪 40 年代，欧洲开始使用这种方法。1848 年，颇具影响力的法国报纸《立宪主义者报》帮助路易·拿破仑当选为法兰西第二共和国总统，但这导致它的两名印刷商——詹姆斯·巴托洛梅奥·德拉

[①] 把铅合金熔化后灌入纸型压成的印刷版。

加纳和托马索·巴托洛梅奥·德拉加纳（James and Tommaso Bartolomeo Dellagana）逃到英国，同时带去了关于铅版印刷工序的知识。1857年，《泰晤士报》在做出了一个大到足以印报纸的纸型后开始用这种方法印刷，1863年又做出了一个弯曲的铸型，使之可以用在轮转印刷机上。在美国，许多印刷商和工程师都试验过铅版印刷方法。1854年，一个出生于伦敦、名叫查尔斯·克拉斯克（Charles Craske）的雕版工得以利用《纽约论坛报》的办公室来做他的实验。[33] 理查德·霍伊去伦敦考察了《泰晤士报》的印刷机运转情况，它们的印刷机利用的是从费城的一个印刷机代理商那儿获得的知识，这家代理公司在观测过谢罗的方法后还买下了它的海外代理权。后来，霍伊把他的单张纸轮转印刷机（sheet-fed rotary machine）卖给了《劳埃德周报》和《曼彻斯特卫报》。这两家报纸花了1万英镑的成本换掉了较慢的英国蒸汽给料机，大大提高了产量。在美国，尽管早期不乏对铅版印刷技术的热情，但花了几年时间才将其投入实际应用。直到1861年，《纽约论坛报》才开始用克拉斯克研发的方法印刷。1864年，在报纸创设自己的铅版印刷部门之前，克拉斯克与纽约全部4家报纸——《纽约太阳报》《纽约先驱报》《纽约时报》和《纽约论坛报》签订了合同，他使报纸的数量多到能够满足人们对战争消息的需求，以及新产生的对周六棒球比赛比分的需求。[34] 这些新的铅版房间很快就因气味、烟雾和蒸汽出了名。金属照例被熔化以制成印版，湿的纸型散发出蒸汽，被放在木质毛毯架上晾干，各种各样废料的碎屑则被扔进一口烧煤炭和木材的金属熔炉里。克拉斯克出了名地喜欢嚼雪茄烟蒂。据他同事们的记录，他有把烟草汁吐到模型上以从滚烫的印版里取出纸型碎片的习惯。《纽约太阳报》的老板抱怨道："你们这些铅版工比办公室其他部门的人更吵、更臭。"[35]印报纸是一项艰巨的工作,正如纽约排印协会在 1833 年成立时所宣称的那样:"几乎没有哪份工作比出版一份每日发行的晨报更辛苦了⋯⋯它要求雇员在几乎整晚和白天的大部分时间里都要同时消耗脑力和体力;很少能有超过 7 小时的休息和放松时间。"[36]

在这样的铸版厂里工作的男人们——制模工、工头、用刷子打纸型的人(brusher)——大概还有女人们(19 世纪 60 年代有许多报纸工会都致力于阻止工资较低的女人进入他们的车间工作),都是熟练工。他们拥有专业的知识,知道混合物要多湿才能平衡模型的干燥程度,还要做出其他上千个小判断,所有这一切都要迅速完成,为的就是第二天一大早报纸能够投递出去。当《纽约先驱报》从伦敦弄来了自己的德拉加纳滚筒印刷机的时候,还运来了一伙过去常操作它的男人。这群人大都留在了美国,他们成了纽约第一铸版工工会(New York Stereotypers Union No. 1)的创始成员。

到了 1860 年,报纸已采取了一种现代形式。1880 年,美国有近 9000 份周报,几乎每个镇或每个村都有自己的报纸。1890 年,美国有 1600 多种日报,总发行量高达 840 万份。19 世纪初的手动印刷机每小时可以印 200 页,蒸汽轮转印刷机用铅版印出的量是它的 50 倍。在英国,知识税的削减,特别是 1855 年 1 面值印花税的取消,使《每日电讯报》得以成为英国的第一家"便士日报",到 1856 年年初,其发行量达到了 27 万份。新闻界不仅代表了信息分享、一个本地印刷商或谈吐诙谐的记者的技能和天赋,而且代表了一个庞大的互通互联的知识网络。它在专利法框架内运作,也利用了靠工业间谍、工程创业和实验取得的一些进步。对新闻界的需求来自对政治的兴趣,无论这种兴趣是激进的还是保守的，都来自对世界运行机制和本地、全国、全球发生的事情的着迷。随着报纸尺寸的扩大，政治新闻所占的版面变小了，因为读者们寻求趣事、社会新闻、建议和娱乐就像寻求消息一样多，除非它们跟犯罪、事故或持续令读者和作家着迷的轰动主题有关。[37] 名人新闻、体育报道与宗教集会、大型会议、特色服务或文学批评都在争版面和曝光度。作为一种文学形式，新闻报道被公认为既试图追求准确性甚至权威性，同时又痴迷于新奇感、趣味性和娱乐性。在寻找故事和娱乐读者的过程中，真相完全有可能被牺牲掉；冷静、谨慎的语言显然也是为了轰动和娱乐。从 19 世纪 90 年代约瑟夫·普利策（Joseph Pulitzer）的《纽约世界报》和威廉·伦道夫·赫斯特（William Randolph Hearst）的《纽约日报》的"黄色新闻"①，到更稳重的《纽约时报》、伦敦的《泰晤士报》和《每日电讯报》，报纸都在追寻不同的受众，在为不同的阶级和政治口味定制产品。报纸针对的是不同的阶级——工人阶级、中间阶级和上层阶级，且在某种程度上是由不同的阶级制作而成的。消费它们的地点、方式也不同。一些被私人住宅或绅士俱乐部订阅，还有一些则被男性工人团体购买，或被目标客户是女性的一些阅览室买走。[38] 报业还有一个重要的本地或外地的维度，因报业日渐成熟和读报在日常生活中处于中心地位，它才得到了加强。美国幅员辽阔，这个地理特点确保地方媒体在美国社会里发挥了核心作用。

类似的图景在英国和欧洲大陆同样存在，以地区和城市为总部的报纸在当地社区影响深远。例如，1857 年,《卫报》的保守派对手《曼

---

① 以低级趣味的文字或耸人听闻的报道吸引读者者，源自 1895 年《纽约世界报》的连环漫画《黄孩儿》，漫画为吸引读者用黄色印刷。

彻斯特信使报》被称为"地方扩张"的拥护者。[39] 在首都外围的城镇里，新闻工作、报纸制作、广告、销售和分发报纸为数千人提供了就业机会并建设了行业作风。无论是至少会订一份报的酒吧、咖啡馆，还是在旅馆或其他半公共建筑物里的阅览室、新闻室，每座村庄、城镇都会为消费新闻提供场所。[40] 1807 年，小册子作者、记者威廉·科贝特（William Cobbett）断言道："问店主他为何要订报。他会告诉你，因为报纸吸引人们到他店里来，而且在许多情况下，它的吸引力比在那里可以喝到的酒强得多。"同时，其他酒馆则可能因它的报纸读者们而出名。[41] 研究 19 世纪英国强大的地方新闻界的历史学家安德鲁·霍布斯（Andrew Hobbs）指引我们关注像狄更斯《我们共同的朋友》（*Our Mutual Friend*，1865 年）里的斯洛皮（Sloppy）这样的人物，"他读起警察案件的报告来真是有声有色的"①，这个描述使我们想起了一个"很有技巧的公开读报人在拥挤的酒吧里把报纸读得活灵活现"的世界。[42] 英国各地都建起了阅览室，有的由像普雷斯顿②乐善好施的磨坊厂主约翰·古德尔（John Goodair）这样的人提供，以满足人们对新闻的渴望，这种需求似乎远超对小说或其他书籍的。[43] 在兰开夏郡克利瑟罗（Clitheroe）的一位名叫约翰·奥尼尔（John O'Neil）的织布工的日记里，我们可以瞥见更多关于报纸在日常生活中的作用的信息。他在日记中写道："我北上去了克利瑟罗，喝了杯圣诞酒。这是我这辈子喝过的最棒的威士忌，差点儿把我灌醉。它让我醉得无法读报，所以只好没得到啥消息就回了家。"[44] 较富裕阶层的读报习惯已经根深蒂固。19 世纪早期，本杰明·罗伯特·海登（Benjamin Robert

---

① 引自智量译本上卷第 16 章，上海译文出版社 1986 年版，第 285 页。

② 英格兰兰开夏郡郡治所在地。

Haydon）的油画《等待＜泰晤士报＞》（1832 年）① 描绘了室内有一位绅士在读报，他旁边的同伴边喝酒边等他看完轮到自己读的场景，在构图中占最重要位置的就是报纸。该画被复制为印刷品，成了诸如画报《笨拙》② 中讽刺铁路激增 ③ 的《等待＜铁路时报＞》（*Waiting for the Railway Times*）之类漫画的基础。

当奥尼尔不读报纸（或没有在呷着他的圣诞威士忌）的时候，他在织棉布——一种把维多利亚时代的英国与国际和帝国的贸易体系深度绑定的产品。事实上，商业生活或物质生产中几乎没有哪些方面能免于这些联系，而且，报纸还在帝国形成的过程中起到了作用，无论是通过直接殖民还是商业的方式。它们通过报道国内外的新闻事件促使人们形成帝国的概念，并在 19 世纪，随着时间的推移，进一步追求读者的忠诚度。尽管时间和距离导致国内外的报道具有滞后性，质量也有所下降，但无论如何还是起到了联结国内外的作用。[45]1842 年，位于查令十字街 ④ 上的圣马丁书店的东印度室是"一间宽敞舒适的阅览室"，里面有"经由每条陆上通道发来的最新情报和印度报刊"。到了 19 世纪 50 年代，它提供来自印度各地的多种报刊供读者选择，其中包括《孟买信使报》《孟买政府公报》《孟买公报》《孟买电讯报》《孟

---

① 当时，辉格党和托利党围绕一项改革法案在议会进行激烈较量。1831 年 10 月 8 日，《泰晤士报》用四个版面报道了当天早晨六点半才结束的上院辩论。画作《等待＜泰晤士报＞》（*Waiting for the Times*）描绘的是伦敦读者为此等着读《泰晤士报》的情景。

② *Punch*，1841 年创刊于伦敦，英国历史上发行量、影响力最大的幽默杂志，其供稿人约翰·利奇（John Leech）和编辑马克·莱蒙（Mark Lemon）首次将幽默讽刺画正式命名为"卡通"（cartoon）。

③ 1830 年至 1850 年的英国铁路狂飙运动，几乎每户家庭都把积蓄用来购买铁路公司发放的债券、股票，报纸助推了这股投资浪潮，1846 年被认为是"铁路狂热"年代的峰顶。后来泡沫破灭，股票变成了废纸。

④ 查令十字街是著名的书店街。

买先驱报》《孟买卫报》《加尔各答政府公报》《科伦坡观察家报》《德
里公报》《马德拉斯政府纪事报》和《卡拉奇广告人报》[①]。该书店还帮
忙用船运送了《国内新闻报》《印度新闻报》《联合服务公报》《艾伦的
印度邮报》《公务员公报》和《海军与陆军公报》。[46]

汉娜·巴克（Hannah Barker）提醒我们，在 19 世纪 20 年代至 50
年代，英国报纸参与了"种类繁多的政治运动，支持了一系列激烈的
公共辩论"。包括《泰晤士报》在内的所有主要报纸和相当数量的地方
报纸基本上都是支持改革的。从卡罗琳王后事件到宪章运动[②]，再到克
里米亚战争中英国当局所表现出来的无能和处置不当，报纸在其中都
起到了放大、传播改良主义情绪的作用。19 世纪 30 年代，在要求实
现政治改革的运动期间，特别是为了将选举权扩大到更多的男性有产
阶级中，《泰晤士报》敦促其读者们承担起"庄严的责任，在整个王国
境内，把自己融入政治社会中"，而当上议院于 1831 年 10 月驳回扩大
选举权法案时，《泰晤士报》和伦敦其他报纸一样，在版面四周印上黑
边以示哀悼。[47] 然而，报纸并不能结成统一战线。巴克指出，像《剑
桥纪事报》或《肯特郡公报》这样的地方报纸担心改革走得太远、太
快。《肯特郡公报》还警告道："这个伟大国家的居民正迅速把自己分
成两种人"，即"秩序之友"和"变革爱好者"。[48] 尽管报纸通常支持
辉格党改革，但也有一些保守派政客试图讨好媒体，比如 1840 年的
《信使报》。当有人找罗伯特·皮尔[③]商量，暗示他们的朋友有意愿收购

---

① *Kurrachee Advertiser*，Kurrachee 即巴基斯坦的第一大城市 Karāchi。
② 1836 年至 1848 年英国议会改革运动，其原则载于《人民宪章》上，要求男性普选权、选区平
　等、无记名投票、废除下院议员财产资格以及举行年度大选。
③ 罗伯特·皮尔（Robert Peel）被看作英国保守党的创建人，常被称为英国历史上最杰出的首相。

一些报纸的股票时，他表达了自己的担忧："我跟报纸老板们的金钱交易是如此恐怖——从中经历了很多难堪——以至于我也许对这样的谈判有过分的偏见。"[49] 最终结论是和报纸关系太近会适得其反，正如下议院议员托马斯·弗里曼特尔爵士（Sir Thomas Fremantle MP）指出的那样，跟一家报纸关系太近可能引发其他支持他们的报纸的嫉妒，而且该报将被视为"我党的喉舌，对它今后在每个公共问题上可能采用的腔调和语言都负有责任（不管这有多不公正）"。[50]

虽然报纸可以让反对派发声或帮助建构阶级意识，但作为一个拥有复杂、昂贵的技术基础设施的大众媒体，它既可以是抗议的声音，又可以是资本的声音。19世纪30年代，在争取工厂改革和十小时工作制的动荡期，分歧变得尤为明显。工业改革家理查德·奥斯特勒（Richard Oastler）在给《利兹信使报》编辑的信中写道，在布拉德福德及其周边的精纺毛料厂里，"成千上万名我们的同胞……目前生存在奴役状态中，比那个地狱般的制度——'殖民主义奴隶制'的受害者们还惨"。1866年，一名改革者在一本关于这场斗争的历史著作中写道：这封信在改革的支持者和反对者中引发了一场"报纸争论"；在曼彻斯特工厂改革委员会的一次会议中，当刊登着奥斯特勒那封信的《利兹信使报》被拿出来的时候，给精疲力竭的委员会带去了"新的勇气和希望的光芒"。[51] 总的来说，《利兹信使报》是站在工厂主的角度看问题，担心改革会损害工业。1832年，《曼彻斯特卫报》也认为十小时工作制就是"自杀性的疯狂行为"。[52]

尽管理查德·科布登（Richard Cobden）和查尔斯·布莱特（Charles Bright）等活动家发起运动废除了印花税和其他税费，但《泰晤士报》仍然是销量最大的报纸，1855年的发行量高达6万左右。虽然包括

《泰晤士报》在内的报纸可以是改革或政治变化的支持者，而且的确是1855年阿伯丁①政府倒台的大功臣，但它们也能代表建制派的声音。报纸老板们同样拥有影响力。下议院议员约翰·沃尔特（John Walter MP）确保他的《泰晤士报》反对"新济贫法"②。在这种情况下，报纸是与民意背道而驰的。一直到19世纪40年代，报纸持续收受特工部门的资金。1848年，面对要求男性普选权的大规模宪章派抗议，报纸警告读者，这场与爱尔兰动乱合流的运动"目的是把我们这个岛搞得跟他们的地方一样糟"。虽然像宪章运动这样的激进运动可以制作自己的大报和较小幅的报纸，比如《北极星报》（它于1839年巅峰时销量达到5万份，在酒馆、咖啡馆和工作场所被大家传阅，其阅读量也许是销量的20倍到50倍以上），但真正大规模生产的报纸需要在熟练工、机器和分销基础设施方面投入资金。《北极星报》一度发展蓬勃的部分原因是它能够充分利用受雇的报纸代理商，使之成为宪章运动的组织者，又把组织者当代理商用。[53] 为了蓬勃发展，报纸需要吸引广告商、订户和愿意在街头买报纸的读者。对一项事业的热情只能在有限的程度上克服这些限制；危急关头，一个国家的法律、警察和军事力量轻易就能扰乱反对派的报纸和出版机构。

　　报纸的内容还影响了社会的态度，且常常是以消极的方式。从19世纪中期起，急剧增加的犯罪报道加深了人们对暴力犯罪的恐惧。历

---

① 第四代阿伯丁伯爵乔治·汉密尔顿·戈登（George Hamilton Gordon），因优柔寡断而未能阻止英国卷入克里米亚战争，其领导的政府宣布和发动了他本人反对且明知错误、会带来灾难的克里米亚战争，戈登于1855年引咎辞职。

② 1601年，英国王室通过了《伊丽莎白济贫法》(The Poor Law)，基本原则是让那些没有工作能力的人得到救济或赡养，给那些有劳动能力的人找一份工作。1834年，议会通过了《济贫法修正案》，史称"新济贫法"。20世纪以来，济贫法被社会保险所替代。

史学家克里斯托弗·凯西（Christopher Casey）断定正是这份恐惧"中止了看似不可阻挡的废除死刑的进程"。[54] 更受欢迎的媒体的发展也鼓励了这种意见的转变，它利用技术发展和印刷品税的减免，创作出娱乐性更强的出版物来，比如亨利·英格拉姆（Henry Ingram）的周报《伦敦新闻画报》（创办于 1841 年，到 1855 年每周可卖到 20 万份左右）。这给社会灌输了一种名人文化，而且除了其他新闻，还给翘首以待的公众提供了耸人听闻的犯罪故事。

很难回避的一个现实是：人们对记者歪曲事实有诸多不满，与报纸输出的谎言和虚假陈述相比，真相是严重不足的。1834 年，一个如阿甘（Forrest Gump）般的虚构人物——杰克·唐宁少校（Major Jack Downing）告诫他的读者们："千万别信你在报纸上看到的任何东西。"这个角色的塑造者、记者兼幽默作家西巴·史密斯（Seba Smith）对报纸是如何拼凑而成的略知一二。他也知道它们"是可怕得冒烟的东西，任何人读它们只要读上半小时，就会满眼是烟，连猪圈和礼拜会所都分不清了"。报纸完全可能是"让人着迷的东西"，但它们无疑也可能欺骗人。当试图进一步找个比喻来形容它们时，唐宁突然想到了酒："你知道的，朗姆酒有时也会搅得原本相当平和的人际关系不和，让他们吵得像疯狗一样，报纸也一样。朗姆酒让人做蠢事，报纸也一样。朗姆酒让人看到重影，报纸也一样。朗姆酒喝太多会让人恶心想吐，报纸也一样。"[55]

尽管存在着烟雾、朗姆酒和狄金森口中的"新闻的负担"，但人们还是深信报业很重要。查尔斯·米切尔（Charles Mitchell）的《1846年报纸名录》（*Newspaper Press and Directory for 1846*）在让广告商能够与报纸老板建立密切联系方面发挥了巨大的作用。他认为："新闻界是滥用的校正器，是冤屈的纠正器，是现代的骑士精神；它们保护贫者和无助者，捆住压迫者的双手。"他引用了《先令杂志》里的一篇他认可的文章："新闻界的真正使命，它的灵魂，就是搜集、传播事实真相。"[56] 随着时间的推移，经过艰苦努力，新闻界已经确立了自己作为第四等级以及在大多数西方国家社会结构中一个重要制衡力量的地位。它作为抵御权力滥用的堡垒屹立不倒，既不寻求好感，也不寻求财富。"我们不在乎权势人物是微笑还是皱眉。"米切尔写道。[57] 他写的是事实，但就像报上的许多东西一样，也经过了某种润色。米切尔职业生涯的开端是在《曼彻斯特信使报》当学徒。后来，他创办了世界上首批广告公司之一——查尔斯·米切尔公司。他的办公室位于伦敦舰队街外的红狮大楼（Red Lion Court）里。他认识当时所有重要的记者，其中包括查尔斯·狄更斯、《星期日泰晤士报》的戏剧评论家斯特林·科因（Stirling Coyne）和《笨拙》的雪莉·布鲁克斯（Shirley Brooks）。《笨拙》这本漫画杂志由米切尔印刷，但他却声称是他创办的。1846 年，他开始做报纸名录。到 1856 年，该名录已确立了其作为英国新闻界年度行业名录的地位，上面主要是有关风气、宗教"主张"、政治倾向和实践细节的公正报道。当然，它也反映出米切尔搭建起来的网络：名录把一度由狄更斯编辑的《每日邮报》描绘成"一个如此突出地把那些既能引领又能代表公众意见的男人囊括进来的宣传机构"。米切尔找到了自己作为一名广告代理商的角色定位，答应指引广告商找到一份"适合他们广告"的报纸，这种形式在今天被称为媒介策划。[58] 这在当时是一个利润丰厚的市场。到了 19 世纪 60 年代，像托马斯·霍洛威（Thomas Holloway）这样的医疗供应商每年支出的广告费是 4 万英镑。1847 年，米切尔的《笨拙》画报抱怨道，英国已成了一个"广告商的国度"。[59] 商业贸易与新闻界几乎是密不可分地联系在一起：的确是一项说不清道不明的墨色事业 ①。

---

① an inky business, 作者化用了巴尔扎克 *Une Ténébreuse Affaire*（1841 年；中译本题为《一桩神秘案件》或《一桩无头公案》）的英译本标题 "A Murky Business"。

后记

在工业时代，报刊的人气和大众媒体所拥有的机会意味着通过新闻界可以迅速攫取空前绝后的财富和政治权力。那些积累了足够的资本，能通过新研发出来的技术手段来生产足够多的报纸以满足大众市场需求，且具备编辑头脑能发现受欢迎的论调和内容的人，的确能变得非常富有。就在几代人的时间里，一个新名词"报业巨头"（press baron）被创造了出来，用以形容主宰整个报纸行业的那几个男人：约瑟夫·普利策（Joseph Pulitzer）和威廉·伦道夫·赫斯特（William Randolph Hearst）创建了媒体帝国和建筑地标，既通过他们的报纸又本人亲自深度参与了政治。在20世纪的英国，诺斯克里夫（Northcliffe）勋爵、比弗布鲁克（Beaverbrook）男爵、罗瑟米尔（Rothermere）爵士、卡姆罗斯（Camrose）爵士、凯姆斯利（Kemsley）爵士成了有钱有势的人物。这些巨头有他们19世纪的前辈。在美国，像老戈登·贝内特①、小戈登·贝内特和曼顿·马布尔②这样的男人们因他们的报纸而

---

① James Gordon Bennet，《纽约先驱报》的创办人。

② Manton Marble，《纽约世界报》的创办人。

成为极具影响力的角色。在英国，爱德华·劳埃德（Edward Lloyd）最初是一名传奇剧作家、抄袭者，后来创办了"世界上发行量最大的"报纸——《劳埃德周报》。如今，我们有干过记者的政治家，以鲍里斯·约翰逊（Boris Johnson）为例，他们发现轰动效应和谎言可以是一条娱乐化的跻身显赫地位的道路。[1] 在美国，第45任总统向我们展示了他攫取权力、绕过媒体的既定行为模式抄近路的天赋，这样做就创造出一种"假新闻"的新语言，而媒体似乎无法找到一种有效的方法报道、分析、评论总统本人及其立场。他似乎从未像开骂的时候那样开心过，比如他对"灰色女士"①《纽约时报》的攻击："哇！衰退中的《纽约时报》的副主编刚被降职了。应该被解雇！完全有偏见和不准确的报道。这家报纸是个骗子，可信度为零。假新闻又挨了一击，但这次是个重创！"[2]

本尼迪克特·安德森（Benedict Anderson）于1983年对读报训练在国家认同的构建过程中所起作用的描述，在研究新闻、印刷和民族主义的学者间影响巨大。他认为每日消费报纸是一个"非比寻常的大规模仪式"，需要"几乎恰好同步的消费……每个领受圣餐者都很清楚他在举行的仪式正在同时被其他成千上万（或数百万）的人复制着，他对这些人的存在坚信不疑，然而对他们的身份却一无所知"。[3] 在一个总统每日或每小时都发推文的年代里，这样的公式化表述无疑是需要重新检视的。但正如上一章所言，报纸的内容、结构和消费行为也削弱了这些国家共同体，形成了国际社会和国际纽带。[4] 报纸可以削弱国家根基，正如它在美国内战中所做的那样帮助拆解了国家纽

①《纽约时报》风格古典严肃，故被戏称为"灰色女士"。

带，或者又如在大英帝国里那样强加、动摇了国家边界。新闻专业化、阅览室禁锢被打破，缔造一个与国家的权力相同或不同的想象共同体的努力都有可能对阅读报纸这一"每日仪式"产生颠覆性的影响。现在，当我们刚刚意识到势力的存在，发现我们接收的新闻数字馈送或数字流大多受到了操控，于是发出前所未有的怒吼的时候，我们也发现了与过去的混乱中所出现的如出一辙的内战、分裂、情绪强烈的迹象，网络信息的语言、语气和速度又起到了推波助澜的作用。现在的媒体是"社交"媒体，由大批"网上机器人程序"（bot）、无害的推文转发、脸书上的点赞、浏览器上的跟踪文件（tracking cookie）以及神秘的大数据和 AI 算法共同组合而成。在伴随新型冠状病毒危机而来的"信疫"[①] 中，我们已经见识到了它们是如何放大谣言、恐惧和虚假的希望的。

这未必是一个乐观的结局。2013 年，维基百科上的词条"报纸的未来"被改名为"报纸的衰落"。[5] 在一定程度上，这可能反映出网上的百科志愿者编辑觉得线上资源用起来更方便，但传统报业毫无疑问经历了一段深刻变革的时期。自手动印刷终结以来延续至今的生意模式 —— 广告和批发经销被谷歌、脸书和其他互联网巨头摧毁了。就在美国总统发推文抱怨《纽约时报》的同一天，一位媒体（Buzzfeed，一家新型线上新闻和娱乐网站）评论员指出，英国的报纸发行量下降了 5（《卫报》）到 12（《每日电讯报》）个百分点，即使正值政治混乱期。[6] 合并、在线订阅、读者打赏支持已经为未来指明了一条道路。虽然免费报纸在现代世界许多人的通勤路上能继续找到一席之地，但对

---

① infodemic，由信息（information）和流行病（pandemic/epidemic/endemic）造出的新词。

严肃报纸而言，未来之路仍看起来主要是数字化的。甚至更为严重的是，城市、本地和外地的新闻编辑室可能会被关闭，记者有可能被解雇。在许多城镇甚至州，当局发现自己不再受到第四等级的仔细审查。我们可能"成天都能收到告示"[1]，可能四周都有喊叫声，但怀疑它们传播的并不是真相。也许，这正是我们的选择。

---

[1] bulletins all day，出自前文引用过的艾米莉·狄金森的《我知道的唯一消息》一诗，"The only news I know is bulletins all day from immortality"。

致谢

本书的部分研究是在费城的图书馆公司（Library Company, Philadelphia）进行的。我很感谢威廉·里斯公司（William Reese Company）提供的奖学金，使这一切得以实现；感谢吉姆·格林（Jim Green）和他的同事们，谢谢你们的热情招待，谢谢你们慷慨地与我分享你们渊博的学识。我还要感谢英国国家图书馆同意我为了此行而请研究假，也谢谢美洲部门主管卡罗尔·霍顿（Carole Holden）的大力支持。谢谢当时供职于瑞科出版社（Reaktion Books）的本·海耶斯（Ben Hayes）给我提的建议，他告诉我发表在《今日历史》（History Today）杂志上的一篇文章里可能有值得进一步探讨的东西。感谢迈克尔·利曼（Michael Leaman）大度地持续支持本项目直至完结。

我尤其感谢研究型图书馆的同事们，特别是英国国家图书馆美洲和澳大拉西亚藏品馆、手稿部的同事们，国家档案馆特殊资料阅览室的负责人们，图书管理员们以及在幕后与谷歌图书、互联网档案馆、HathiTrust 数字图书馆合作共事的其他人。历史研究所的同事们总是给予我有效的鼓励。我很高兴佳士得拍卖行把最后一批埃格蒙特家族书信文件集交给了英国国家图书馆，满纸都是珀西瓦尔夫人经历的磨难。我一开始只是想为这些书信文件编写目录而已，不料最后竟写成了一本书。最近，安布罗斯（Ambrose）和我一起骑车经过瑞科出版社的办公室时指出，我花在这本书上的时间比他的年龄还长。谨以此书献给他，希望某种程度上能弥补没能陪伴他的那段时光。

注释

前言

[1] Robert Lynam, ed., *The Works of Samuel Johnson, LL.D*, vol. v (London, 1825), p. 189.

绪论

[1] J. Greer and D. Mensing, 'The Evolution of Online Newspapers: A Longitudinal Content Analysis, 1997–2003' , in *Internet Newspapers: The Making of a Mainstream Medium*, ed. Xigen Li (New York, 2006), p. 13.

[2] Roy Greenslade, '166 u.s. Newspapers Stop Printing in Two Years' , *The Guardian*, www.theguardian.com, 6 July 2010; Clay Shirky, 'Last Call: The End of the Printed Newspaper' , https://medium.com, 19 August 2014.

[3] Michael M. Grynbaum, 'Trump Calls the News Media the "Enemy of the American People" ' , *New York Times*, www.nytimes.com, 17 February 2017.

[4] Michael Harris and Alan J. Lee, *The Press in English Society from the*

Seventeenth to Nineteenth Centuries (Rutherford, 1986), p. 15.

[5] Shannon E. Martin and David A. Copeland, *The Function of Newspapers in Society: A Global Perspective* (Westport, ct, 2003), p. 4.

[6] Harris and Lee, *The Press in English Society*, p. 19.

[7] 然而，菲尔丁不见得有多认同这个团体，因为他称之为 "黑手党" (*Covent Garden Journal*, quoted in *'Estate, n'*, www.oed.com, March 2020).

[8] Robert E. Park, 'The Natural History of the Newspaper', *American Journal of Sociology*, xxix (1923), p. 277.

1 起源

[1] 'Ða wearþ se cing swyþe bliðe þissere tidunge' (*Anglo-Saxon Chronicle*) in 'tiding, n.1', www.oed.com, accessed March 2020.

[2] Arthur der Weduwen, *Dutch and Flemish Newspapers of the Seventeenth Century, 1618–1700*, vol. i (Leiden and Boston, ma, 2017), pp. 81–82.

[3] Joad Raymond, *The Invention of the Newspaper: English Newsbooks, 1641–1649* (Oxford, 1996), p. 5.

[4] Quoted in Eileen Reeves, *Evening News: Optics, Astronomy, and Journalism in Early Modern Europe* (Philadelphia, pa, 2014), p. 12.

[5] See P. M. Handover, *A History of the London Gazette, 1665–1965*(London, 1965), p. 7, no. † for details of the dating of the first issue.

[6] P. M. Handover, A History of the London Gazette, 1665–1965 (London, 1965), p. 2.

[7] Harold Love, 'L'Estrange, Sir Roger', *Oxford Dictionary of National Biography*, http://oxforddnb.com, accessed 9 December 2020.

[8] C. Y. Ferdinand, *Benjamin Collins and the Provincial Newspaper Trade in the Eighteenth Century* (Oxford, 2008), p. 7.

[9] Handover, *History of the London Gazette*, p. 6.

[10] 'Courant uyt Italien, Duytslandt, &c', in Weduwen, *Dutch and Flemish Newspapers*, vol. i, p. 182.

[11] Weduwen, *Dutch and Flemish Newspapers*, vol. i, p. 81.

[12] 'Story, n' , www.oed.com, accessed March 2020.

[13] W. G. Bell, *The Great Fire of London in 1666* (London, 1951).

[14] William Bray, ed., *Diary and Correspondence of John Evelyn*, vol. ii (London, 1859), p. 12.

[15] Thomas Blount, *Glossographia; or, A Dictionary Interpreting all such Hard Words* (London, 1656).

[16] Jack Avery, 'Book-women after the Great Fire of London' , https:// blog. nationalarchives.gov.uk, accessed 11 December 2020.

[17] Fred Hunter, 'Women in British Journalism' , in *The Encyclopedia of the British Press, 1422–1992*, ed. Dennis Griffiths (London, 1992), p. 686.

[18] Adam Fox, *The Press and the People: Cheap Print and Society in Scotland, 1500–1785* (Oxford, 2020), p. 208.

[19] Brian Cowan, *The Social Life of Coffee: The Emergence of the British Coffeehouse* (New Haven, ct, and London, 2005), p. 173.

[20] Ibid.

[21] Ibid., pp. 173–174.

[22] Ibid., pp. 105–106.

[23] Quoted ibid., p. 108.

[24] Ibid., pp. 110–111.

[25] Ibid., pp. 157, 175–176.

[26] Ibid., p. 167.

[27] Ibid., p. 172.

[28] W. E. Knowles Middleton, trans. and ed., *Lorenzo Magalotti at the Court of Charles Ⅱ : His Relazione D'Inghiltera of 1668* (Waterloo, 1980), p. 124.

[29] Jeremy Black, 'The Eighteenth Century British Press' , in *Encyclopaedia of the British Press*, ed. Griffiths, p. 13.

[30] Louise Craven, 'The Early Newspaper Press in England' , in *Ency-clopaedia of the British Press*, ed. Griffiths, p. 11.

[31] Jonathan Swift, *Letters, Written by Jonathan Swift, D. D. Dean of St Pat-rick's, Dublin. And Several of His Friends: From the Year 1703 to 1740*, vol. i (London, 1767), p. 180.

[32] Handover, *History of The London Gazette*, p. 47.

2 议会报道

[1] 'Topography' , www.historyofparliamentonline.org, accessed 2 May 2020.

[2] Mr Rigby, 'Debate on Mr Luttrell's Motion for the Admission of Strangers into the Gallery' in *Cobbett's Parliamentary History of England* (London, 1808), vol. iv, p. 210.

[3] Andrew Pettegree, *The Invention of News: How the World Came to Know about Itself* (New Haven, ct, and London, 2014), p. 220.

[4] David Jones, A *Compleat History of Europe ... for the year 1702* (London, 1703), preface.

[5] Quoted in Ann C. Dean, 'Court Culture and Political News in Lon-don's Eighteenth-century Newspapers' , *ELH*, lxxiii (2006), p. 633.

[6] Fredrick Seaton Siebert, *Freedom of the Press in England, 1476–1776: The Rise and Decline of Government Controls* (Champaign, il, 1952), p. 348.

[7] Randall P. Bezanson, *Taxes on Knowledge in America* (Philadelphia, pa, 1994), p. 25.

[8] *Mirror for the Multitude*, p. 24, quoted in John Sainsbury, *John Wilkes: The Lives of a Libertine* (London, 2017), p. xxi.

[9] 在其他地方，波特和威尔克斯还使用了其他下流表述。

[10] Stanley Morison, *The English Newspaper: An Account of the Physical De-velopment of Journals Printed in London, 1622–1932*, reprint (Cambridge, 2009), p. 167, n. 2.

[11] *A Letter to the Right Hon. Thomas Harley, Esq; Lord Mayor of the City of London* (London, 1768), p. 19, quoted in Sainsbury, *John Wilkes*, p. xxi.

[12] Morison, *English Newspaper*, p. 167.

[13] John Ingamells, *National Portrait Gallery: Mid-Georgian Portraits 1760–1790* (London, 2004). 威斯敏斯特宫里挂着伍德福尔这幅肖像画的一幅复制品。伍德福尔本人就葬在威斯敏斯特宫旁的圣玛格丽特教堂里，'William Woodfall', www.npg.org.uk, accessed 2 May 2020.

[14] Hannah Barker, *Newspapers, Politics and English Society, 1695–1855* (Harlow, 2000), pp. 95–97.

[15] British Library (bl), mss eur f 617. William Woodfall to Richard Twining, 22 December 1794.

[16] Quoted in Hannah Barker, 'William Woodfall', www.oxforddnb.com, 23 September 2004.

[17] Vicesimus Knox, *Essays Moral and Literary*, vol. ii (London, 1782),p. 20.

3 殖民地报纸

[1] John McCusker, *Essays in the Economic History of the Atlantic World* (London, 1997), p. 109.

[2] See https://franklinpapers.org, accessed 2 May 2020; Charles E. Clark, 'Boston and the Nurturing of Newspapers: Dimensions of the Cradle, 1690–1741', *New England Quarterly*, lxiv (1991), pp. 243–271.

[3] Clark, 'Boston and the Nurturing of Newspapers', p. 270.

[4] *Pennsylvania Journal*, 17 January 1765.

[5] Benjamin Franklin, 'Autobiography, part 8', https://franklinpapers.org, accessed 2 May 2020.

[6] 正如安德鲁·佩蒂格里《新闻的发明：世界是如何认识自己的》(*The Invention of News: How the World Came to Know about Itself*, New Haven, ct, and London, 2014), 一书的副标题所表明的那样, 新闻和自我身份认同是两个紧密相连、密不可分的概念。

[7] Daniel O'Quinn, *Entertaining Crisis in the Atlantic Imperium, 1770–1790* (Baltimore, md, 2011), p. 12.

[8] John Adams, Diary, 20 August 1774, www.masshist.org, accessed 2 May 2020.

[9] 参看詹姆斯·格林（James Green）关于美国报界争着追求准确度的论述。Hugh Amory and David D. Hall, eds, *History of the Book in America, vol. i: The Colonial Book in the Atlantic World* (Chapel Hill, nc, 2009).

[10] Joseph M. Adelman, *Revolutionary Networks: The Business and Politics of Printing, 1763–1789* (Baltimore, md, 2019), p. 38.

[11] *Daily Gazetteer* 17 November 1739; Catherine Armstrong, *Landscape and Identity in North America's Southern Colonies from 1660 to 1745* (London, 2016), pp. 162–163.

[12] Benjamin Franklin, *Autobiography*, part 10, https://franklinpapers.org, accessed 2 May 2020.

[13] John Adams, *Diary*, 3 September 1769, www.masshist.org, accessed 2 May 2020.

[14] *Philadelphia Journal*, 8 Aug 1765; Quoted in Mary Lou Lustig, *Privilege and Prerogative: New York's Provincial Elite, 1710–1776* (Madison, mn, 1995), p. 125.

[15] Carol Sue Humphrey, *The American Revolution and the Press: The Promise of Independence* (Evanston, il, 2013), p. 36.

[16] *Boston Gazette*, 17 March 1766.

[17] W. David Sloan and Lisa Mullikin Parcell, eds, *American Journalism: History, Principles, Practices* (Jefferson, nc, 2002), p. 146; 'Postage Rates for Periodicals: A Narrative History', www.about.usps.com, accessed 2 May 2020.

[18] *Boston Evening-Post*, 13 January 1766.

[19] *Ibid.*, 23 September 1765.

[20] Pettegree, *Invention of News*, p. 359.

[21] Charles E. Clark, 'Boston and the Nurturing of Newspapers: Dimensions of the Cradle, 1690–1741', *New England Quarterly*, lxiv

(1991), p. 253.

[22] See for example, Kariann Akemi Yokota, *Unbecoming British: How Revolutionary America Became a postcolonial Nation* (Oxford, 2010), p. 321.

[23] Library Company of Philadelphia, Bradford Papers, folder 2. Wm Burns to Thomas Bradford, May 1762.

[24] Clark, 'Boston and the Nurturing of Newspapers', p. 254.

[25] Adelman, *Revolutionary Networks*, p. 30.

[26] *New York Gazette*, 17 January 1765; *Pennsylvania Journal*, 25 April 1765 and 19 September 1765; *Philadelphia Journal*, 17 January 1765.

[27] *Pennsylvania Journal*, 3 January 1765.

[28] Library Company of Philadelphia, Bradford Papers, Folder 3, James Askey to William Bradford, March 1766.

[29] *Boston Gazette and Country Journal*, 8 April 1765.

[30] *Virginia Gazette*, 1 December 1768, quoted in Adelman, *Revolutionary Networks*, p. 33.

[31] Ibid.

4 新闻与美国革命

[1] 时间和船名皆存在争议，参看 Frank Smith, 'New Light on Thomas Paine's First Year in America, 1775', *American Literature*, I (1930), pp. 347–371; Albert Matthew, *Proceedings of the Massachusetts Historical Society*, xliii (1909), p. 245, no. 1。但是，史密斯后来大度地承认，1774 年里较早的日期是较为准确的，参看 Frank Smith, 'The Date of Thomas Paine's First Arrival in America', *American Literature*, iii (1931), pp. 317–318。然而，这种含糊不清同时也提醒人们注意，即使报纸是当时的，它所提供的信息本质上也是有瑕疵的。

[2] Robert Olwell and Alan Tully, eds, *Cultures and Identities in Colonial British America* (Baltimore, md, 2015), p. 10.

[3] Gerald D. McDonald, Stuart C. Sherman and Mary T. Russo, *A Checklist of American Newspaper Carrier's Addresses, 1720–1820* (Worces-

ter, ma, 2000), p. 188.

[4] 关于广告是如何揭露美洲被奴役的人们的生活的，参看 David Waldstreicher, 'Reading the Runaways: Self-fashioning, Print Culture, and Confidence in Slavery in the Eighteenth- century Mid-Atlantic', *William and Mary Quarterly*, lvi (1999),pp. 243–272.

[5] *Freedom on the Move Database*, www.freedomonthemove.org, accessed 2 May 2020.

[6] Jean B. Russo, ' "The Fewnesse of Handicraftsmen" : Artisan Adaptation and Innovation in the Colonial Chesapeake' , in *Cultures and Identities in Colonial British America*, ed. Robert Olwell and Alan Tully (Baltimore, md, 2006), p. 176.

[7] John C. Miller, *Origins of the American Revolution* (Stanford, ca, 1943),p. 119, quoted in Randall P. Bezanson, *Taxes on Knowledge in America* (Philadelphia, pa, 1994), p. 58.

[8] Joseph S. Tiedemann, *Reluctant Revolutionaries: New York City and the Road to Independence, 1763–1776* (Ithaca, ny, 1997), p. 110.

[9] Ibid., pp. 161–162.

[10] Moncure D. Conway, ed., *The Writings of Thomas Paine* (New York, 1894) vol. i, p. 1.

[11] James V. Lynch, 'The Limits of Revolutionary Radicalism: Tom Paine and Slavery' , *Pennsylvania Magazine of History and Biography*, cxxiii (1999), pp. 177–199.

[12] Worthington Chauncey Ford, 'Franklin's *New England Courant*' , *Massachusetts Historical Society Proceedings*, lvii (1923–4), pp. 336–353.

[13] Thomas C. Pears Jr., 'The Story of the Aitken Bible' , *Journal of the Presbyterian Historical Society*, xviii (1939), pp. 225–241.

[14] 关于出版日期，参看 Albert Matthews, *Proceedings of the Massachusetts Historical Society*, xliii (1909), p. 243, no. 1.

[15] Trish Loughran, 'Disseminating *Common Sense*: Thomas Paine and the Problem of the Early National Bestseller' , *American Literature*, lxxviii (2006), p. 2.

[16] Ibid., p. 17.

[17] Tiedemann, *Reluctant Revolutionaries*, p. 246.

[18] Harry M. Ward, *The War for Independence and the Transformation of American Society: War in Society in the United States, 1775–83* (London, 1999), p. 60.

[19] Massachusetts Historical Society (mhs) Adams Family Papers, *Diary of John Adams*, 16 September 1777, www.masshist.org, accessed 2 May 2020.

[20] David Ramsay, *The History of the American Revolution* [1789], https://archive.org, accessed 2 May 2020.

[21] Ward, *War for Independence*, p. 62.

[22] Daniel O'Quinn, *Entertaining Crisis in the Atlantic Imperium, 1770–1790* (Baltimore, md, 2011).

[23] See Todd Andrlik, 'Breaking News 1776: First Reports of Independence', www.allthingsliberty.com, 28 August 2013.

[24] MHS Adams Family Papers, *Diary of John Adams*, 14 January 1780.

[25] Ibid., 27 August 1774.

[26] Hugh T. Harrington, 'Propaganda Warfare: Benjamin Franklin fakes a newspaper', https://allthingsliberty.com, 10 November 2014.

[27] See https://franklinpapers.org, Benjamin Franklin to David Hartley, Philadelphia, 27 July 1786.

[28] MHS Adams Family Papers, John Adams, letter, 5 March 1777.

[29] MHS Adams Family Papers, *Diary of John Adams*, 14 September 1782.

[30] Ibid., 19 May 1783.

[31] See Isaiah Thomas, *The History of Printing in America, with a Biography of Printers, and an Account of Newspapers* (Worcester, ma, 1810).

5 法国大革命

[1] 文学和学术期刊也拥有类似的特权,其中就包括《法国信使报》(*Mercure de France*) 和《博学者杂志》(*Journal des sçavans*)。

[2] 然而，西蒙·巴洛斯（Simon Burrows）经过详细研究后警告道，不要想当然地就认为审查官没收的材料或生活在伦敦、纳沙泰尔等诽谤者之都的流亡者们所制作的材料能有多么广泛的受众。Robert Darnton, *The Literary Underground of the Old Regime* (Cambridge, ma, 1982), p. 143.

[3] 罗伯特·达恩顿追踪了在巴黎左岸的学生和教授中传唱的反王室歌谣是如何被警察有效而粗暴地限制流传的。Robert Darnton, *Poetry and the Police: Communication Networks in Eighteenth-century Paris* (Cambridge, ma, 2011).

[4] Colin Jones, 'The Great Chain of Buying: Medical Advertisement, the Bourgeois Public Sphere, and the Origins of the French Revolution' , *American Historical Review*, ci (1996), p. 36.

[5] Quoted in Jeremy Popkin, 'Journals: The New Face of News' ,in *Revolution in Print: The Press in France, 1775–1800*, ed. Robert Darnton and Daniel Roche (Berkeley, ca, 1989), p. 145.

[6] Jones, 'Great Chain of Buying' , p. 18.

[7] Elizabeth Andrews Bond, 'Circuits of Practical Knowledge: The Network of Letters to the Editor in the French Provincial Press, 1770–1788' , *French Historical Studies*, xxxix (2016), pp. 535–565.

[8] Simon Burrows, 'The Cosmopolitan Press' , in *Press, Politics and the Public Sphere in Europe and North America, 1760–1820*, ed. Hannah Barker and Simon Burrows (Cambridge, 2002), p. 26.

[9] Jeremy D. Popkin, *News and Politics in the Age of Revolution: Jean Luzac's 'Gazette de Leyde'* (Ithaca, ny, 1989), pp. 52–53. See also Jeremy D. Popkin, *Revolutionary News: The Press in France, 1789–1799* (Durham, nc, 1990).

[10] Popkin, *News and Politics*, p. x.

[11] 这些德意志州拥有最大的报纸读者群，每周大概要印刷 30 万份 (Popkin, *News and Politics*, p. 2).

[12] Popkin, *News and Politics*, p. 15.

[13] Burrows, 'The Cosmopolitan Press' , p. 29.

[14] Ibid., p. 25.

[15] Popkin, *News and Politics*, pp. 215–216.

[16] Darnton, *Literary Underground*, p. 221.

[17] Dominique Godineau, *The Women of Paris and the French Revolution*, trans. Katherine Streip (Berkeley, ca, 1998), p. 216.

[18] Ibid., p. 12.

[19] Ibid., pp. 68–69.

[20] Jeremy Black, 'The Eighteenth Century British Press' in *Encyclopedia of the British Press*, ed. Dennis Griffiths (London, 1993), p. 13.

[21] Popkin, 'Journals' , p. 145.

[22] Godineau, *Women of Paris*, p. 10.

[23] Hugh Gough, 'The Provincial Jacobin Club Press during the French Revolution', *European Historical Quarterly*, xvi (1986), p. 49.

[24] Quoted in Ruth Scurr, *Fatal Purity: Robespierre and the French Revolution* (London, 2007), p. 270.

[25] *Gazette de Leyde*, 29 January 1790 (Paris 22 January), quoted in Popkin, *News and Politics*, p. 210.

[26] Nigel Ritchie, 'An Anglo-French Revolutionary? Jean-Paul Marat Channels the Spirits of Wilkes and Junius' , *French History*, xxx (2016), pp. 181–196.

[27] *Histoire parlementaire de la révolution française* (Paris, 1834), vol. viii, pp. 299–300.

[28] Samuel Bernstein, 'Marat, Friend of the People' , *Science and Society*, v (1941), pp. 310–335.

[29] Godineau, *Women of Paris*, p. 67.

[30] *Histoire parlementaire de la révolution française*, vol. viii, p. 298; Godineau, *Women of Paris*, p. 68.

[31] 据一些记载，马拉的浴缸被一个记者买走了，后来又落入了保王党人圣伊莱尔先生（M. de Saint-Hilaire）手中，最终被格雷万蜡像馆收藏。

[32] Harvey Chisick, 'Pamphlets and Journalism in the Early French Revolution: The Offices of the *Ami Roi* of the Abbé Royou as a Center of Royalist Propaganda' , *French Historical Studies*, xv (1988),

p. 640.

[33] Harvey Chisick, *The Production, Distribution and Readership of a Conservative Journal of the Early French Revolution: The Ami du Roi of the Abbé Royou* (Philadelphia, pa, 1992); Chisick, 'Pamphlets and Journalism' , p. 630.

[34] Ibid., pp. 628–637.

[35] Quoted in Albert Soboul, *The Sans-culottes: The Popular Movement and Revolutionary Government, trans.* Rémy Inglis Hall (Princeton, nj, 1980), p. 227.

[36] 'Reawakening of Père Duchesne' , www.marxists.org, accessed 7 April 2019.

[37] Quoted Popkin, *Revolutionary News*, p. 154.

[38] Gough, 'Provincial Jacobin Club Press' , pp. 47–76.

[39] Ibid., p. 57.

[40] Ibid., pp. 66–67.

[41] Ashli White, 'The Politics of "French Negroes" in the United States' , *Historical Reflections*, xxix (2003), pp. 103–121.

[42] Matthew Rainbow Hale, 'On Their Tiptoes: Political Time and Newspapers during the Advent of the Radicalized French Revolution, circa 1792–1793' , J*ournal of the Early Republic*, xxix (2009), pp. 191–218.

[43] Popkin, *News and Politics*, p. 254.

6　丑闻

[1] William St Clair, *The Reading Nation in the Romantic Period* (Cambridge, 2004), p. 576.

[2] Nikki Hessell, 'News and Newspapers: Readers of the Daily Press in Jane Austen's Novels' , *Persuasions*, xxxi (2009), p. 250.

[3] A. Francis Steuart, ed., *The Diary of a Lady-in-waiting, By Lady Charlotte Bury* [née Campbell], vol. i (Bodley Head, 1908), p. 19.

[4] Christopher Hibbert, *George IV , Regent and King, 1811–1830* (Lon-

don,1976); Thea Holme, *Caroline: A Biography of Caroline of Brunswick* (London, 1979); Flora Fraser, *The Unruly Queen: The Life of Queen Caroline* (New York, 1996).

[5] The National Archives (tna), London, ts 11/106 and ho 126/3.

[6] Fraser, *Unruly Queen*, p. 188.

[7] See Elizabeth Eger and Charlotte Grant et al., ed., *Women, Writing and the Public Sphere, 1700–1830* (Cambridge, 2001).

[8] Hannah Barker, *Newspapers, Politics and English Society, 1695–1855* (Harlow, 2000), p. 80.

[9] 不断增长的广告收入也可能为 "从从属到独立所带来的态度转变提供物质基础"。Ivon Asquith, 'Advertising and the Press in the Late Eighteenth and Early Nineteenth Centuries: James Perry and the Morning Chronicle 1790–1821' , *Historical Journal*, xviii (1975), pp. 703–724.

[10] A. Aspinall, *Politics and the Press* (Brighton, 1973), p. 306.

[11] *Burke's Peerage and Baronetage* (London, 1915), p. 729.

[12] *Fraser, Unruly Queen*, p. 191; Edwin Gray, ed., *Papers and Diaries of a York Family* (London, 1927), pp. 125–126.

[13] Robert Huish, *Memoirs of Her Late Majesty Caroline, Queen of Great Britain*, vol. i (London, 1821), p. 440.

[14] 'Memorial Respecting the Present State of the British Press' , 17 September 1812, quoted in *Letters of George IV* , ed. A Aspinall, vol. i (Cambridge, 1938), p. 146.

[15] Steuart, ed., *Diary*, vol. i, pp. 99–102.

[16] British Library (bl), Add. 61986, f. 42. Lady C. Lindsay to H.Douglas, 19 January 1813. 阿什声称，卡尔顿宫付钱使之得以发表。参看 Fraser, *Unruly Queen*, p. 234.

[17] tna, ho 126/3, part 5; Huish, *Memoirs*, p. 441.

[18] tna, ho 126/3, part 5. Lord Liverpool to Caroline, Princess of Wales, 14 February 1813.

[19] Steuart, ed., *Diary*, vol. i, p. 127.

[20] Huish, *Memoirs*, pp. 446–448; Steuart, ed., Diary, vol. i, p. 136. 辉格党可能利用王妃此事在议会和伦敦金融城内集结党内政客。

[21] Steuart, ed., *Diary*, vol. i, p. 162; ibid., vol. ii, p. 388. 王妃否认与发表"摄政王的情书"一事有关，参看 Fraser, *Unruly Queen*, p. 231。

[22] bl, Loan 72/3 (Liverpool Papers). Lady Anne Hamilton to Lord Liverpool, 15 February 1813, f. 37.

[23] Lady Charlotte Lindsay to Henry Brougham [10 March 1813?], quoted in Aspinall, *Politics and the Press*, p. 306; bl, Add. 78704, ff. 67–8. Letter to Lady Perceval from [Edward Fitzgerald?].

[24] 《领航报》在写给珀西瓦尔夫人的一封信中指出："夫人您将会产生一些您自己的主意的。" bl, Add. 78704, f. 68.

[25] John Mitford, *The King (On the Prosecution of Viscount and Viscountess Perceval) Against John Mitford, Esq. For Perjury* (London, 1814).

[26] Ibid.

[27] 据说，雷德斯代尔勋爵付了 300 英镑给沃伯顿的疯人院，这笔钱够某人在这里住上 9 个月。

[28] Mitford, *The King*; Aspinall, *Politics and the Press*, p. 307; bl, Add.78704, f. 69.

[29] tna, ho 126/3.

[30] Thomas Ashe, *Memoirs and Confessions of Captain Ashe, Author of 'The Spirit of the Book'*, vol. iii (London, 1815), pp. 246–247.

[31] Iain McCalman, *Radical Underworld: Prophets, Revolutionaries and Pornographers in London, 1795–1840* (Cambridge, 1987), p. 163.

[32] Ashe, *Memoirs*, vol. iii, pp. 227, 230; bl, Add. 78703, f. 45v; Steuart, ed., *Diary*, vol. i, p. 136.

[33] Steuart, ed., *Diary*; Fraser, *Unruly Queen*, p. 233.

[34] Ashe, *Memoirs*, vol. iii, pp. 235–236.

[35] John Wilkes, *Memoirs of Her Majesty Queen Caroline Amelia Liz* (London, 1822), vol. i, p. 289; Steuart, ed., *Diary*, vol. i, p. 136.

[36] Fraser, *Unruly Queen*, p. 235.

[37] Ibid., p. 189.

[38] Aspinall, *Politics and the Press*, p. 307.

[39] Fraser, *Unruly Queen*, 234; tna ho 126/3. Minutes of cabinet.

[40] Mitford, *The King*, p. 25.

[41] Ibid.; tna, ho 126/3.

[42] bl, Add. 78703, March 1813, ff. 125–34v.

[43] Ibid., f. 138; McCalman, *Radical Underworld*, p. 41.

[44] *Letters of George IV* , vol. i, p. 194.

[45] Steuart, *Diary*, vol. i, p. 360.

[46] Ibid., pp. 118–119

[47] bl, Add. 78703, f. 143, 8 April 1813.

[48] Arthur D. Morris, *The Hoxton Madhouses* (March, 1958).

[49] 历史学家阿斯皮诺尔认为，米特福德逃了出来 (Aspinall, *Politics and the Press*, p. 308)。米特福德记载道："4 月 9 日，星期五，霍克斯顿疯人院的一位绅士来到米特福德先生位于克劳福街的家中看管他。然而，对方并没有束缚米特福德先生。一两天后，在米特福德先生的强烈要求下，他安静地离开了。"

[50] The *News*, 6 June 1813; Aspinall, *Politics and the Press*, p. 309.

[51] *The Times*, 22 June 1813; Aspinall, *Politics and the Press*, p. 307.

[52] hc Deb 05 March 1813, vol. xxiv, cc1131-55, Hansard 1803–2005, https://api.parliament.uk, accessed 11 December 2020.

[53] Edward Law, *Dictionary of National Biography* (London, 1892), vol. xxxii, p. 219; Fraser, *Unruly Queen*, p. 185.

[54] Steuart, *Diary*, vol. i, 117.

[55] V.A.C. Gatrell, *The Hanging Tree: Execution and the English People, 1770–1868* (Oxford, 1994), p. 515.

[56] bl, Add. 78703, ff. 142–70v.

[57] IBID., ff. 26.

[58] Ashe, *Memoirs*, p. 46.

[59] Aspinall, *Politics and the Press*, p. 306.

[60] bl, Add. 78704, f. 69, Francis Ludlow Holt to Lady Perceval, 14 April 1814.

[61] G. C. Boase, revised by Pam Perkins, 'Bury [née Campbell], Lady Charlotte Susan Maria' , ww.oxforddnb.com, 23 September 2004.

[62] Steuart, *Diary*, vol. i, p. 168.

[63] Mitford, *The King*, p. 11.

[64] John Mitford, *Description of the Crimes and Horrors in the Interior of Warburton's Private Madhouse at Hoxton* (London, 1825), p. 16; Ashe, *Memoirs*, p. 255.

[65] Ashe, *Memoirs*, pp. 236, 254.

[66] Mitford, *The King*, pp. 10–11.

[67] Ibid., pp. 158–159.

[68] Ibid., p. 108.

[69] Steuart, *Diary*, vol. ii, p. 220.

[70] Ashe, *Memoirs*, p. 244.

[71] Ibid., p. 241.

[72] Mitford, *The King*, p. 84.

[73] Fraser, *Unruly Queen*, p. 140; bl, Add. 78704, f. 79v; Add. 78704,f. 69v, Francis Ludlow Holt to Lady Perceval, 14 April 1814.

[74] *'Lady P Aragraph championizing.- Vide Letters'* (London, 1814); Mitford, *The King*.

[75] Mitford, *Crimes and Horrors*, p. 17.

[76] bl, Add. 78704, f. 70. F. L. Holt to Lady Perceval [aft. 1814].

[77] *Letters of George IV* , p. 521.

[78] Ashe, *Memoirs*, pp. 255–256, 294.

[79] bl, Add. 78704, ff. 76–8.

[80] Ashe, *Memoirs*, vol. ii p. 3.

[81] Aspinall, *Politics and the Press*, p. 309

[82] bl, Add. 78702, f. 157; Steuart, *Diary*, vol. ii, p. 371.

[83] bl, Add. 78703, f. 8.

[84] Charles, Lord Colchester, *The Diary and Correspondence of Charles Abbot, Lord Colchester, Speaker of the House of Commons, 1802–1817* (London, 1861), vol. ii, p. 144.

[85] J. Gilliland, 'John Mitford' , www.oxforddnb.com, 23 September 2004. 经历史学家麦卡尔曼考证，米特福德还住过圣吉尔斯附近的老自来水厂 (McCalman, *Radical Underground*, p. 166)。

[86] McCalman, *Radical Underworld*, pp. 165–167.

[87] bl, Add. 78703.

[88] Linda Colley, *Britons: Forging the Nation, 1707–1837* (London, 1996); Steuart, *Diary*, vol. i, p. 127.

[89] Mitford, *The King*.

[90] Hessell, 'News and Newspapers', p. 254.

7 现代报业的诞生

[1] J. Cutler Andrews, *The North Reports the Civil War* (Pittsburgh, pa, 1955), p. 77.

[2] Brian Gabrial, *The Press and Slavery in America, 1791–1859:The Melancholy Effect of Popular Excitement* (Columbia, sc, 2016), p. 162.

[3] *Burlington Free Press*, 2 June 1854.

[4] *Richmond Enquirer*, 12 May 1854. 这种比喻还见于 *National Era*, 25 May 1854。

[5] Walter Barlow Stevens, *A Reporter's Lincoln*, ed. Michael Burlingame (Lincoln, ne, and London, 1998), p. 240.

[6] Ibid., pp. 230–231.

[7] *The Times*, 27 September 1858.

[8] Quoted in *The North Reports the Civil War*, p. 80.

[9] *Public Documents of Massachusetts for 1835* (Boston, ma, 1835), p. 105.

[10] *The Apprentice: A Journal of the Mechanics' Institutes and General Education*, vols i–ii (London, 1844), p. 109.

[11] Nicholas Goddard, 'The Development and Influence of Agricultural Periodicals and Newspapers, 1780–1880' , *Agricultural History Review*, xxxi (1983), pp. 116–131.

[12] Alfred McClung Lee, *The Daily Newspaper in America* (New York, 1937), pp. 165–167.

[13] Lisa L. Lynch, 'Mapping Newspaper Row', https://arcgis.com, accessed 2 May 2020.

[14] Mark Canada, *Literature and Journalism: Inspirations, Intersections, and Inventions from Ben Franklin to Stephen Colbert* (New York, 2013), p. 31.

[15] Jeffery A. Smith, 'Sunday Newspapers and Lived Religion in Late Nineteenth-century America' , *Journal of Church and State*, xlviii (2006), p. 136.

[16] Charles Dickens, *The Life and Adventures of Martin Chuzzlewit* [1843], ch. 16. www.gutenberg.org; Robert McParland, *Charles Dickens's American Audience* (Minneapolis, mn, 2011), pp. 71–72. 查尔斯·狄更斯《马丁·瞿述伟》，叶维之译，上海译文出版社 1983 年版，第 362—364 页。

[17] A. E. Musson, 'Newspaper Printing in the Industrial Revolution', *Economic History Review* [new series], x (1958), pp. 411–426.

[18] A. J. Valente, 'Changes in Print Paper During the 19th Century' , *Proceedings of the Charleston Library Conference* (2010)

[19] *The Times*, 29 November 1814 (dated 20 November 1814 in *The Times Digital Archive*).

[20] Musson, 'Newspaper Printing' , p. 416.

[21] *Morning Herald*, 31 July 1840.

[22] David Shane Wallace, 'From Native to Nation: Copway's American Indian Newspaper and Formation of American Nationalism' (2011). lsu Doctoral Dissertation, p. 796.

[23] Horace Greeley, *An Overland Journey from New York to San Francisco in the Summer of 1859* (New York, 1860).

[24] *The Times*, 22 January 1859.

[25] John M. Coward, *The Newspaper Indian: Native Identity in the Press, 1820–90* (Champaign, il, 1999), pp. 101–102.

[26] Julie F. Codell, 'Introduction: The Nineteenth-Century News from India' , *Victorian Periodicals Review*, xxxvii (2004), pp. 107, 111.

[27] Eliza R. Richards, '"How News Must Feel When Traveling" : Dickinson and Civil War Media' , in *A Companion to Emily Dickinson*, ed.

Martha Nell Smith and Mary Loeffelholz (Oxford, 2008), p. 157.

[28] Ibid., p. 158.

[29] Timothy Sweet, *Traces of War: Poetry, Photography, and the Crisis of the Union* (Baltimore, md, 1990).

[30] Clarence Brigham, 'Wallpaper Newspapers of the Civil War' in *Bibliographical Essays: A Tribute to Wilberforce Eames* (Cambridge, ma, 1924); Susan Campion, 'Wallpaper Newspapers of the American Civil War', *Journal of the American Institute for Conservation*, xxxiv (1995), pp. 129–140.

[31] 'The Daily Citizen Vicksburg, Mississippi', *Information Circular*, iii (1967), www.loc.gov.

[32] Sari Edelstein, *Between the Novel and the News: The Emergence of American Women's Writing* (Charlottesville, va, 2014), pp. 120–121.

[33] 1840—1850 年，两项专利得以颁发；1850—1860 年，11 项铅版浇铸法专利；1860—1870 年，18 项专利技术。George A. Kubler, *A New History of Stereotyping* (New York, 1841), p. 180.

[34] Swen Kjaer, *Productivity of Labor in Newspaper Printing* (Washington,dc, 1929), p. 90; Philip Gaskell, *A New Introduction to Bibliography* (Oxford, 1979), pp. 201–206; Jeffrey Makala, 'The Early History of Stereotyping in the United States: Mathew Carey and the Quarto Bible Marketplace', *Papers of the Bibliographical Society of America*, cix (2015), pp. 461–489.

[35] Kubler, *History of Stereotyping*, p. 178.

[36] *Constitution of the New York Typographical Society* (1833), quoted in E. B. Dietrich, 'National Arbitration in the Balance: The Newspaper Publishers Versus the Compositors', *Social Forces*, viii (1929), p. 284.

[37] Jeffery A. Smith, 'Sunday Newspapers and Lived Religion in Late Nineteenth-century America', *Journal of Church and State*, xlviii (2006), p. 136.

[38] Andrew Hobbs, *A Fleet Street in Every Town: The Provincial Press in*

England, 1855–1900 (Cambridge, 2018), p. 76; Chris Baggs, '"In the Separate Reading Room for Ladies Are Provided Those Publications Specially Interesting to Them" : Ladies' Reading Rooms and British Public Libraries, 1850–1914' , *Victorian Periodicals*, Review, xxxviii (2005), pp. 280–306.

[39] Simon J. Potter, 'Webs, Networks, and Systems: Globalization and the Mass Media in the Nineteenth- and Twentieth-century British Empire' , *Journal of British Studies*, xlvi (2007), p. 623.

[40] Historic England, *Listing Selection Guide: Culture and Entertainment Buildings* (London, 2017), p. 16.

[41] *Cobbett's Political Register*, 25 September 1807.

[42] Hobbs, *Fleet Street*, p. 76.

[43] Ibid.

[44] Andrew Hobbs, 'Local Newspapers in Victorian Era: Early "Rolling News" and Reading as Pub Activity' , www.pressgazette.co.uk,27 December 2018.

[45] Potter, 'Webs, Networks, and Systems' , p. 622.

[46] *The India Office and Burma Office List* (London, 1842); Amelia Bonea, *The News of Empire: Telegraphy, Journalism, and the Politics of Reporting in Colonial India, c. 1830–1900* (Oxford and New York, 2016), p. 169.

[47] Hannah Barker, *Newspapers, Politics and English Society, 1695–1855* (Harlow, 2000), pp. 206–207.

[48] *The Times*, 27 October 1831, quoted in Barker, *Newspapers and English Society*, p. 206.

[49] Ibid., p. 350.

[50] Robert Stewart, 'The Conservative Party and the "Courier" Newspaper, 1840' , *English Historical Review*, xci (1976), pp. 348, 350.

[51] Philip Grant, *The History of Factory Legislation* (Manchester, 1866), pp. 19, 21.

[52] Barker, *Newspapers, Politics, and English Society*, p. 209.

[53] Thomas Milton Kemnitz, 'Chartist Newspaper Editors' , *Victorian*

Periodicals Newsletter, xviii (1972), pp. 1–11; D. G. Wright, *Popular Rad-icalism: The Working Class Experience* (London, 2014).

[54] Christopher A. Casey, 'Common Misperceptions: The Press and Victorian Views of Crime' , *Journal of Interdisciplinary History*, xli (2010), p. 369.

[55] Seba Smith, *The Life and Writings of Major Jack Downing of Downingville: Away Down East in the State of Maine* (Boston, ma, 1834), p. 86.

[56] Charles Mitchell, *The Newspaper Press Directory and Advertisers' Guide* (London, 1846), p. 29.

[57] Ibid., p. 33.

[58] Liz McFall and Elizabeth Rose McFall, *Advertising: A Cultural Econo-my* (London, 2004), p. 144.

[59] *Punch*, xii (1848), p. 31; Nicholas Daly, *The Demographic Imagination and the Nineteenth-century City* (Cambridge, 2015), p. 114.

后记

[1] Editorial Board, '*Donald Trump Too Tame for You? Meet Britain's Boris Johnson*' , www.nytimes.com, 29 June 2019.

[2] Donald Trump (@realDonaldTrump), www.twitter.com, 15 August 2019.

[3] Benedict Anderson, *Imagined Communities: Reflections on the Origin and Spread of Nationalism* (London, 1991), p. 35.

[4] Simon J. Potter, 'Webs, Networks, and Systems: Globalization and the Mass Media in the Nineteenth - and Twentieth-century British Empire' , *Journal of British Studies*, xlvi (2007), pp. 623–624.

[5] 'Decline of Newspapers' , https://en.wikipedia.org, 17 March 2009.

[6] Mark Di Stefano (@MarkDiStef), www.twitter.com, 15 August 2019.

报刊译名对照表

《1789 年协会杂志》*Journal de la société de 1789*

《20 分钟报》*20 minutes*

A

《阿维尼翁信使报》*Courrier d'Avignon*

《艾伦的印度邮报》*Allen's Indian Mail*

《爱丁堡新闻报》*Courant*

B

《巴黎革命》*Révolutions de Paris*

《巴黎纪事报》*Chronique de Paris*

《巴黎日报》*Journal de Paris*

《巴黎先驱报》*Paris Herald*，现名《国际先驱论坛报》（*International Herald Tribune*）

《巴黎新闻报》*La presse*

《北大不列颠人》*North Briton*

《北极星报》*Northern Star*

《贝尔信使周刊》*Bell's Weekly Messenger*

《笨拙》*Punch*

《边境日报》*Journal des frontières*

《宾夕法尼亚公报》*Pennsylvania Gazette*

《宾夕法尼亚日报与广告人周报》*Pennsylvania Journal and the Weekly Advertiser*

《宾夕法尼亚晚邮报》*Pennsylvania Evening Post*

《宾夕法尼亚杂志，即美洲博物馆月刊》*Pennsylvania Magazine; or, American Monthly Museum*

《波多尔全国俱乐部日报》*Journal du club national de Bordeaux*

《波士顿独立纪事报》*Boston Independent Chronicle*

《波士顿公报》*Boston Gazette*

《波士顿晚邮报》*Boston Evening-Post*

《波士顿先驱报》*Boston Herald*

《伯灵顿自由报》*Burlington Free Press*

C

《晨报》*Morning Post*

D

《达科他塔瓦西库族，即达科他之友报》*Dakota tawaxitku kin; or, The Dakota Friend*

《大不列颠政治状况》*Political State of Great Britain*

《当前情报》*Current Intelligence*

《道克斯新闻信》*Dawk's News-letter*

《德里公报》*Delhi Gazette*

《独立纪事与波士顿爱国者报》*Independent Chronicle and Boston Patriot*

《杜歇老爹报》*Le Père Duchesne*

F

《法国公报》*Gazette de France*

《法兰西地铁报》*Metronews*

《法兰西和布拉班特革命报》 *Histoire des révolutions de France et de Brabant*

《法兰西朱尼厄斯报》 *Le Junius français*

《费城公共记录报》 *Philadelphia Public Ledger*

《费城日报》 *Philadelphia Journal*

《费城通讯报》 *The Philadelphia Bulletin*

《费城先驱报》 *Philadelphia Herald*

《弗吉尼亚公报》 *Virginia Gazette*

G

《高地荷兰公报》 *High Dutch Gazet*

《哥伦比亚报》 *The Columbian*

《公报》 *Gazette*

《公共广告人报》 *Public Advertiser*

《公务员公报》 *Civil Service Gazette*

《公众纪事报》 *Public Ledger*

《共同公报》 *Gazette Universelle*

《共同日报》 *Journal universel*

《观察家俱乐部报》 *Club des observateurs*

《广告人报》 *The Advertiser*

《国际先驱论坛报》 *International Herald Tribune*

《国家时代》 *National Era*

《国内情报》 *Domestick Intelligence*

《国内外公共事件报》 *Publick Occurences both Forreign and Domestick*

《国内外情报》 *Intelligence Domestick and Foreign*

《国内新闻报》 *Home News*

《国内邮报》 *Ordinari Post Tijdender*，现名《英里克斯邮报》（*Post-och Inrikes Tidningar*）

《国王之友报》 *L'Ami du Roi*

H

《海军与陆军公报》*Naval and Military Gazette*

《华盛顿星报》*Washington Star*

《华盛顿邮报》*Washington Post*

《祸害》*The Scourge*

J

《吉伦特政治、文学与商业报》*Feuille politique, littéraire et commerciale de la Gironde*

《纪事晨报》*Morning Chronicle*

《加尔各答公报》*Calcutta Gazette*

《加尔各答政府公报》*Calcutta Government Gazette*

《剑桥纪事报》*Cambridge Chronicle*

《解放者报》*The Liberator*

《今日报》*Today*

《今日事件报》*Les Événements du jour*

《金融时报》*Financial Times*

K

《卡拉奇广告人报》*Kurrachee Advertiser*

《科隆公报》*Gazette de Cologne*

《科伦坡观察家报》*Colombo Observer*

《肯特郡公报》*Kentish Gazette*

L

《来自意大利、德意志、匈牙利、波希米亚、巴拉丁伯爵的领地、法兰西和低地国家的新闻的周刊》*Weekly Newes From Italy, Germanie, Hungaria, Bohemia, the Palatinate, France, and the Low Countries*，一般简称《每周新闻》

《来自意大利、德意志等地的时事新闻》 *Courante uyt Italien, Duytslandt, &c.*

《莱顿公报》 *Gazette de Leyde*, 又称《来自各地的特别新闻》（*Nouvelles extraor-dinaires de divers endroits*）

《劳埃德晚邮报》 *Lloyd's Evening Post*

《劳埃德晚邮报与英国纪事报》 *Lloyd's Evening Post and British Chronicle*

《劳埃德新闻》 *Lloyd's News*

《劳埃德周报》 *Lloyd's Weekly Newspaper*

《老科德利埃报》 *Vieux cordelier*

《里士满询问者报》 *Richmond Enquirer*

《里永公民监察报》 *Citizen surveillant en Riom*

《立宪主义者报》 *Le constitutionnel*

《利兹信使报》 *Leeds Mercury*

《联合服务公报》 *United Service Gazette*

《领航报》 *Pilot*

《伦敦公报》 *London Gazette*

《伦敦纪事报》 *London Chronicle*

《伦敦普通广告人与情报员早报》 *London General Advertiser and Morning Intelligencer*

《伦敦晚旗报》 *Evening Standard*

《伦敦晚邮报》 *London Evening-Post*

《伦敦新闻画报》 *London Illustrated News*

《伦敦邮包报》 *London Packet*

《伦敦邮报》 *London Post*

《伦敦与乡村日报》 *London and Country Journal*

《伦敦杂志》 *London Magazine*

《伦敦周刊》 *Weekly London Journal*

《旅行者书信报》 *Lettres d'un voyageur*

M

《马德拉斯信使报》*Madras Courier*

《马德拉斯政府纪事报》*Madras Government Chronicle*

《马萨诸塞侦察报》*Massachusetts Spy*

《曼彻斯特卫报》*Manchester Guardian*

《曼彻斯特信使报》*Manchester Courier*

《曼恩 - 卢瓦尔省日报》*Journal du département de Maine-et-Loire*

《每日电讯报》*The Daily Telegraph*

《每日公报》*Daily Gazetteer*

《每日快报》*Daily Express*

《每日新闻》*Daily Courant*

《每日邮报》*Daily Mail*

《每周回顾》*Weekly Review*

《美洲印第安人》*American Indian*

《孟买电讯报》*Bombay Telegraph*

《孟买公报》*Bombay Gazette*

《孟买卫报》*Bombay Guardian*

《孟买先驱报》*Bombay Herald*

《孟买新闻报》*Bombay Samachar*（*Mumbai Samachar*）

《孟买信使报》*Bombay Hurkaru*

《孟买政府公报》*Bombay Government Gazette*

《米德尔塞克斯日报》*Middlesex Journal*

N

《奈尔斯每周纪事》*Niles' Weekly Register*

《年鉴》*Annual Register*，又名《社科年鉴》《纪事年鉴》《年度纪事》等

《牛津公报》*Oxford Gazette*

《纽约晨报》*amNew York*

《纽约地铁报》*Metro New York*

《纽约公报，即邮差周报》New-York Gazette; or, Weekly Post-Boy

《纽约论坛报》New York Tribune

《纽约每日时报》New York Daily Times

《纽约日报》New York Journal

《纽约时报》New York Times

《纽约世界报》New York World

《纽约太阳报》New York Sun

《纽约先驱报》New York Herald

《纽约邮轮报》New-York Packet

《女士信使报》Ladies Mercury

O

《欧洲人报》European

《欧洲信使报》Courrier de l'Europe

P

《旁观者报》Spectator

Q

《切罗基凤凰报》Cherokee Phoenix，后改名为《切罗基凤凰与印第安人支持
者》(Cherokee Phoenix and Indian Advocate)

《情报员报》The Intelligencer

R

《人民演说家》L' Orateur du Peuple

《人民之友报》L' Ami du peuple，该报最初名为《巴黎政治家》(Publiciste
Parisien)，后改名《法兰西共和国报》(Le Journal officiel de la république
française)

《日志报，即伍德福尔纪事报》Diary; or, Woodfall's Register

《下莱茵省信使报》*Courrier du Bas-Rhin*

《先令杂志》*Shilling Magazine*

《先驱晨报》*Morning Herald*

《香槟日报》*Journal de Champagne*

《新闻报》*Tijdinghen*，现名《安特卫普公报》（*Antwerp Gazette*）

《新闻信报》*Newsletter*

《新闻与论坛报》*Press and Tribune*

《新月刊》*News Monthly Magazine*

《新泽西公报》*New Jersey Gazette*

《信使报》*The Courier*

《星报》*The Star*

《星期日泰晤士报》*Sunday Times*

《旭日报》*Udant Martand*

Y

《雅典公报》*Athenian Gazette*，后改名为《雅典信使报》（*Mercury*）

《伊利诺伊州州报》*Illinois Staats-Zeitung*

《印度公报》*India Gazette*

《印度教爱国者》*Hindoo Patriot*

《印度新闻报》*India News*

《英国公报和周日监督报》*British Gazette and Sunday Monitor*

《英国间谍》*English Spy*

《英国新闻报》*The News*

《有色美国人》*Colored American*

《约克新闻报》*York Courant*

Z

《箴言报》*Moniteur*

《政治信使报》*Mercurius Politicus*

《芝加哥时报》*The Chicago Times*

《周刊，即英国公报》*Weekly Journal; or, British Gazetteer*

图书在版编目（CIP）数据

墨色事业：从英国内战到美国内战的报纸史 /（英）
马修·J.肖著；陈盛译. — 上海：上海教育出版社，
2025.1. — ISBN 978-7-5720-2842-7

Ⅰ. G219.561.9；G219.712.9

中国国家版本馆CIP数据核字第20248WJ037号

上海市版权局著作权合同登记号：图字09-2023-0698

责任编辑　林凡凡

特约编辑　风不动　李　晴

美术编辑　陈雪莲

MOSE SHIYE: CONG YINGGUO NEIZHAN DAO MEIGUO NEIZHAN DE BAOZHI SHI

墨色事业：从英国内战到美国内战的报纸史

[英] 马修·J.肖　著　陈盛　译

出版发行　上海教育出版社有限公司
官　　网　www.seph.com.cn
地　　址　上海市闵行区号景路159弄C座
邮　　编　201101
印　　刷　上海盛通时代印刷有限公司
开　　本　889×1194　1/32　印张8.375　插页4
字　　数　193千字
版　　次　2025年1月第1版
印　　次　2025年1月第1次印刷
书　　号　ISBN 978-7-5720-2842-7/G·2509
定　　价　68.00元

如发现质量问题，读者可向本社调换　电话：021-64373213